KB215601

들뢰즈의 지구행성

신유물론적 비인간주의

들뢰즈의 지구행성

신유물론적 비인간주의

초판 1쇄 발행 2025년 5월 1일

—

지은이 최영송
펴낸이 이방원
책임편집 정조연   **책임디자인** 손경화
기획 김명희 · 박준성   **마케팅** 최성수 · 이지민   **경영지원** 이병은

—

펴낸곳 세창출판사
　　　　신고번호 제1990-000013호   **주소** 03736 서울시 서대문구 경기대로 58 경기빌딩 602호
　　　　전화 02-723-8660   **팩스** 02-720-4579   **이메일** edit@sechangpub.co.kr   **홈페이지** http://www.sechangpub.co.kr
　　　　블로그 blog.naver.com/scpc1992   **페이스북** fb.me/Sechangofficial   **인스타그램** @sechang_official

—

ISBN 979-11-6684-403-4 93130

ⓒ 최영송, 2025

이 책에 실린 글의 무단 전재와 복제를 금합니다.

들뢰즈의 지구행성

신유물론적 비인간주의

최영송 지음

세창출판사

차례

1. 외국의 인명이나 지명, 작품명은 원칙상 국립국어원 한국어 어문 규범의 외래어 표기법을 따라 표기했다. 다만 영화 제목은 국내 개봉명을 따라 표기했으며, 일부 명칭의 경우 학계의 관행에 따랐다.

2. 단행본에는 겹낫표(『 』)를, 논문에는 홑낫표(「 」)를, 영화·소설에는 겹화 살괄호(《 》)를 사용했다.

3. 주요 개념어가 국역본마다 다르게 번역된 경우, 저자가 임의로 하나의 번역어로 통일하여 사용했다. 예) 배치, 배치물, 아상블라주, 아장스망 등으로 번역되고 있는 'agencement'은 '회집체'로 번역하여 사용했다.

4. 원서 인용 시에는 기본적으로 기존의 국역본 번역을 그대로 따랐다. 단 번역문이 매끄럽지 않은 경우, 프랑스 원문을 참고하여 임의로 수정하였다. 이 경우 모두 따로 수정사항을 표시하지는 않았다.

5. 본문에서 인용한 들뢰즈 또는 들뢰즈와 과타리(들뢰즈-과타리로 표기함)의 저서는 모두 국역본의 쪽수를 표기했다. 예) AO: 77.
   인용된 저서의 약어는 다음과 같다.

AO *L'Anti-Œdipe: Capitalisme et Schizophrénie I* (avec Félix Guattari), Minuit, 1972. 『안티 오이디푸스: 자본주의와 분열증』, 김재인 옮김, 민음사, 2014.

AV "L'actuel et virtuel," *Dialogues* (avec Claire Parnet), Flammarion, coll. "Champs," 1996, pp.177~185. 『들뢰즈가 만든 철학사: 생성과 창조의 철학사』, 박정태 엮고 옮김, 이학사, 2007에 일부 수록.

B   *Le Bergsonisme*, PUF, 1966. 『베르그손주의』, 김재인 옮김, 그린비,

2021.

CC *Critique et clinique*, Minuit, 1993. 『비평과 진단』, 김현수 옮김, 인간사
랑, 2000.

C1 *Cinéma I: L'Image-mouvement*, Minuit, 1983. 『시네마 I: 운동-이미지』,
유진상 옮김, 시각과언어, 2002.

C2 *Cinéma II: L'Image-temps*, Minuit, 1985. 『시네마 II: 시간-이미지』, 이
정하 옮김, 시각과언어, 2005.

D *Dialogues* (avec Claire Parnet), Flammarion, 1977, éd. augmentée 1996.
『디알로그』, 허희정 · 전승화 옮김, 동문선, 2005.

DR *Différence et répétition*, PUF, 1968a. 『차이와 반복』, 김상환 옮김, 민음
사, 2004.

ES *Empirisme et subjectivité: Essai sur la nature humaine selon Hume*, PUF,
1953. 『경험주의와 주체성: 흄에 따른 인간본성에 관한 시론』, 한정
헌 · 정유경 옮김, 난장, 2012.

F *Foucault*, Minuit, 1986. 『푸코』, 허경 옮김, 동문선, 2003.

FB *Francis Bacon: Logique de la sensation*, Minuit, 1981a. 『감각의 논리』, 하
태완 옮김, 민음사, 1995.

IV "L'immanence: une vie…," *Philosophie*, no.47, Minuit, 1995, pp.3~7. *L'Île
déserte et autres textes* (Édition préparée par David Lapoujade), Minuit,
2002. 『들뢰즈가 만든 철학사: 생성과 창조의 철학사』, 박정태 엮고
옮김, 이학사, 2007에 일부 수록.

LAT *Letters et Autres Textes* (Edition préparée par David Lapoujade), Minuit,
2015. 『들뢰즈 다양체: 편지와 청년기 저작, 그리고 알려지지 않은
텍스트들』, 서창현 옮김, 갈무리, 2022.

LS *Logique du sens*, Minuit, 1969. 『의미의 논리』, 이정우 옮김, 한길사,
1999.

MP   *Mille plateaux: Capitalisme et Schizophrénie II* (avec Félix Guattari), Minuit, 1980. 『천 개의 고원: 자본주의와 분열증 2』, 김재인 옮김, 새물결, 2001.

N   *Nietzsche*, PUF, 1965. 『들뢰즈의 니체』, 박찬국 옮김, 철학과현실사, 2007.

NP   *Nietzsche et la philosophie*, PUF, 1962. 『니체와 철학』, 이경신 옮김, 민음사, 2001.

P   *Le pli: Leibniz et le baroque*, Minuit, 1988. 『주름: 라이프니츠와 바로크』, 이찬웅 옮김, 문학과지성사, 2004.

PK   *La philosophie critique de Kant*, PUF, 1963. 『칸트의 비판철학』, 서동욱 옮김, 민음사, 2006.

PP   *Pourparlers: 1972~1990*, Minut, 1990. 『대담: 1972~1990』, 신지영 옮김, 갈무리, 2023.

PS   *Proust et les signes*, PUF, 1964, éd. augmentée 1970, 1976. 『프루스트와 기호들』, 서동욱·이충민 옮김, 민음사, 2004.

QP   *Qu'est-ce que la philosophie?* (avec Félix Guattari), Minuit, 1991. 『철학이란 무엇인가』, 이정임·윤정임 옮김, 현대미학사, 1995.

SPE   *Spinoza et le problème de l'expression*, Minuit, 1968b. 『스피노자와 표현 문제』, 현영종·권순모 옮김, 그린비, 2019.

SPP   *Spinoza: Philosophie pratique*, Minuit, 1970, éd. augmentée 1981b. 『스피노자의 철학』, 박기순 옮김, 민음사, 2001.

1.
펼치기:
들뢰즈의 비인간주의

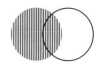

6개월 뒤면 지구가 폭발해 사라지게 된다. 영화 《돈 룩 업》 (2021)의 도입이다. 에베레스트 크기의 소행성이 지구행성과 충돌하여 히로시마 핵폭발의 100배에 달하는 폭발이 일어날 것이라는 설정이다. 이 멸종의 위기를 접한 인간 군상의 적나라한 반응이 영화가 다루고자 하는 주제다. 정치꾼들은 위기를 선거에 이용하고, 기업가는 소행성을 돈으로 보며, 언론은 선정적으로 논점을 흐리고 대중의 눈을 가린다. 영화는 오늘날에 위기 담론이 소비되는 양상을 날것으로 보여 준다. 상황은 하늘에서 급속하게 다가오는 공포를 직시하라는 '룩 업' 분파와 그것은 "빨갱이들의 선동" 이자 괴담에 불과하다는 '돈 룩 업' 분파의 대결로 압축된다. 결국 지구 폭발의 공포는 '내로남불'식의 혐오만 남기고 위기로 치닫는다. 상대만 없앨 수 있다면 지구행성 따위는 폭발해도 좋다는 식이다. 영화는 기후 위기, 전염병 위기, 디지털 위협에 대처하는 우리, 인간 군상의 모습을 꼬집고 있다.

"지구는 자신을 누구라고 생각하는가?" 지구행성은 『천 개의 고원』 3장에서 질 들뢰즈Gilles Deleuze의 입을 빌려 우리에게 이러한 물음을 던진다. 지구행성이 '나는 누구인가?'에 대해 생각한다고? 하고 되묻는 사람들이 많을 것이다. 그러나 인간보다 월등한 지능을 보유한 기계(?)가 등장한 시대에, 그 기계와 인간을 품은 지구행성이 사유한다는 게 놀랄 일만은 아니다. 지구행성의 사유 방식이 정확히 무엇인지는 알 수 없지만, 그것이 반드시 인간의 사유와 같은 방식을 거쳐야 할 필요는 없다. 마치 인간의 사유를 두뇌의 세포, 뉴런, 신경전달물질로 환원할 수 없듯이, 지구행성의 사유를 인간중심적으로 예단할 필요도 없다. 세포핵에서부터 인간, 동·식물, 자동차, 인공위성에 이르기까지를 포함하는 지구행성 단위의 사유가 있다. 이것은 지구행성을 구성하는 비인간 사유라고 할 수 있다. 이 관계를 들뢰즈-과타리식으로 정의해 보면, "기관 없는 신체[지구행성]는 우주적 알, 거대 분자와 같다. 여기는 [비인간들인] 벌레들, 박테리아들, 소인국 사람들, 극미동물들, 난쟁이들, 자신들의 조직과 기계들, 미세한 끈들, 밧줄들, 치아들, 손발들, 지레들과 도르래들, 캐터펄트들을 가진 채 우글거리고 있다."(AO: 470) 이것이 비인간들이 사는 지구행성이다. 지층화, 탈영토화, 홈 패인 공간 등 땅(지구행성)에 빗대어지는 개념들은 지구행성의 사유 방식을 말해 준다. 들뢰즈는 말년에 『철학이란 무엇인가』의 한 장을 할애하여 '지구행성-철학Geo-philosophy'을 다룬 바 있다. 그는 그 장을 시작하면서 사유는 주체나 객체의 것이 아니라 "차라리 영토territoire와 대지terre와의 관계 속에서 이루어진다"고 강조한다(QP: 125). 들뢰즈의 철학은 '인간을 위한 인간적 사유'가 아니라 '인간을 포함한 지구행성적 사유'에 더 가깝다. 그것은 지구행성이 자신의 풍경을 지각하는 방식이다. 그래서 들뢰즈는 "풍경이 본다. … 지각은 인간이 부재하는, 인간 이전의 풍경이다"라고 말한다(QP: 242). 현대 철학의 '비인간적 전회Nonhuman turn'는 반인간주의 또는 탈인간중심주의의 오랜 계보를 거쳐 도달한 지점이다. 들뢰즈는 우리에게 주어진 선택은 "인간의 비인간적 되기들"이라고 강조한다(QP: 243).

우리는 지금 동시에 세 개의 지구행성에서 살고 있다. 인간중심적 지구, 생태 지구, 디지털 지구가 그것이다. 먼저, 생태 지구는 인류세 시대의 기후와 생태 위기에 처한 지구행성이다. 생태 지구는 자신의 위기를 통해 우리에게 가족이나 회사, 국가를 넘어 지구행성적 삶이 있음을 가르쳐 준다. 다음으로, 디지털 지구는 손안의 스마트폰에서 전 지구적 플랫폼에 이르기까지 디지털 정보 네트워크로 뒤덮인 지구행성이다. 육후이가 인공지구artificial earth라고 부른 지구행성이다. 마지막으로, 인간중심적 지구는 여전히 산업자본주의적 환상에서 벗어나지 못한 사람들의 지구행성이다. 그들은 아무리 생태적, 디지털적 위협이 눈앞에 다가왔다고 해도 자신의 일상에 직접적 영향이 없는 한 현실을 무시한다. 실제로 지구인 대부분은 영화 《돈 룩 업》에서처럼 행성이 파괴되는 순간까지도 위험이 없는 것처럼 산다. 굳이 들뢰즈를 빌려 와 지구행성의 분신술을 언급하는 이유도 이런 무감각에서 벗어나는 것이 시급하기 때문이다.

지구를 더 이상 하나의 공통된 행성이라고 부를 수 없다는 생각은 낯선 것이 아니다. 브뤼노 라투르Bruno Latour는 2020 타이베이비엔날레의 총감독을 맡으면서 "우리는 같은 지구행성에 살지 않는다"라는 주제로 다섯 개의 지구를 나열했다. 불확실성의 시대에 지구는 개발주의자 지구, 비관론자 지구, 사회 특권층 지구, 신비론자 지구, 환경주의자 지구로 분열되어 있다는 것이다. 어느 지구행성에서 살아갈 것인가? 일론 머스크Elon Musk와 같은 빅테크 자본가는 우리와 같은 지구에 살지 않는다. 과연 개발주의적이고 사회 특권적인 지구를 선택하는 것이 올바른 선택일까? 라투르는 우리에게 지금이라도 그들에 의해 버려질 것처럼 취급당하는 지구를 위해 나설 것을 요구한다. 물론 이런 다수의 지구들이 따로 존재한다는 말은 아니다. 이것은 이미 다중적 지구 현상에 얽혀 살면서도 인간중심적 지구를 떠나지 못하는 사람들을 위한 수사법이다. 인류세의 위기에 처한 생태 지구와, 지구적으로 네트워크화한 디지털 지구에 의해 완전히 포섭된 상황에서도 일론 머스크의 화성탐사선에 열광하는 사람들에게 경고하기 위한 것이다. 우리는 영화 《돈 룩 업》에서도 최후의 우주선-방주에 오를 수 있었던 사람들은 모래알보다 적었다는 사실을 기억해야 한다.

들뢰즈 철학에서 비인간주의가 중요한 이유는 무엇보다 그것이 들뢰즈 사상의 최전선으로 들어가는 열쇠이기 때문이다. 그는 최근에 사변적 실재론이나 신유물론, 포스트휴먼 논의와 관련해 가장 빈번하게 소환되고 있다. 여기에는 더 근본적인 이유가 있다. 그것은 들뢰즈 철학 자체가 비인간주의에 바탕을 두고 있기 때문이다. 들뢰즈는 인간중심적 지구행성에서 벗어나 다양한 지구행성적 관점을 수용하는 데 필요한 풍부한 전략을 가지고 있다. 이런 맥락에서 들뢰즈의 비인간은 다음의 세 가지 층위를 가진다. 그것은 각각 탈인간, 비인간, 비/인간이다. 첫째, 탈인간적 비인간은 탈인간중심주의anti-anthropocentrism의 층위이다. 이 개념은 현대 철학에서 꾸준히 다루어 온 맥락의 연장선에 있다. 인간을 위한 인간적 지식과 삶은 유럽 중심주의, 백인 우월주의, 남성 중심주의로 이어져, 신자유주의, 재벌 우대 정책, 성소수자 배제 등의 변형된 차별주의를 낳는다. 이런 흐름에 대항하기 위해 인류세의 문제의식을 구체적이고 실천적인 자본세Capitalocene나 쏠루세Chthulucene로 연장해야 한다는 주장이 증가하고 있다. 들뢰즈는 자신의 방법론에 대해 "인간의 이것 또는 저것임이 아니라 오히려 비인간 되기un devenir inhimain, 보편적인 동물 되기가 문제"라고 말한다(PP: 32). 인간이 아니라 비인간의 관점에 서는 것이 그 시작이다. 둘째, 인간 아닌 개체를 가리키는 비인간은 지구행성을 단위통일체unité, 즉 여럿이자 하나로 사유하는 것이다. 한편에는 각각의 단위 생명체나 객체들을 가리키는 여럿으로서의 비인간들이 있고, 다른 한편에는 그 비인간 전체를 가리키는 하나로서의 비인간적 지구행성이 있다. 비인간적 지구행성은 우주적 비인간의 다른 말이다. 비인간적 지구행성의 차원에서 보면 인간조차 하나의 비인간일 뿐이다. 즉 인간은 다른 비인간 개체인 테크노-비인간이나 바이오-비인간과 식별불가능하게 얽혀서만 존재할 수 있다. 인간은 비인간으로서만 존재할 수 있다. 셋째는 여전히 인간중심적 지구행성의 주인공인 인간을 고민하는 비/인간으로서의 비인간이다. 비/인간이라는 개념은 지구행성의 실재와 무관하게 여전히 인간중심적 지구로만 생각하는 절대다수와의 대화의 통로를 마련하기 위한 개념이다. 먼지 같은 인간주의조차 사실은 지구행성적 비인간의 일부다. 비/인간은 인간중심주의를 떠나 비인간주의를 장착한 뒤, 다시 인간의 문제를 다루는 태도다. 인간도 지구행성의 먼지 같은 구성요소일 뿐이다. 지구행성을 비롯한 다양한 비인간 타자들이 곧 인간의 문제를 결정한다. 이런 문제의식으로부터 우리의 사회정치적 문제를 고민하는 것이다. 이는 이자벨 스탕제르Isabelle Stengers가 『코스모폴리틱스』에서 우주(지구행성)와 무관한 정치는 고려할 가치도 없다고 한 주장과 궤를 같이한다. 다시 말해, 지구적 환경이나 생태를 빼고 인간의 정치, 경제, 사회를 논한다는 것이 얼마나 무모한 것인지 알아야 한다는 의미다. 이것이 바로 비/인간적 비인간이 의미하는 바이다.

비인간inhuman; nonhuman은 장프랑수아 리오타르Jean-François Lyotard에 의해 본격적으로 제기된 개념이다. 그는 『포스트모던의 조건』(1979)에서 거대 서사의 종말을 내세우며, 포스트모던을 현대 사회의 조건으로 주창한 인물이다. 그런데 10년도 되지 않아, 그는 현대 사회의 또 다른 조건으로 '비인간주의'를 선언했다. 리오타르의 비인간 개념이 놀라운 것은 대부분이 바이오-비인간을 다루는 데 반해, 그는 테크노-비인간에 대해 통찰하고 있다는 것이다. '테크노-비인간'은 기술 지상주의자들의 비인간을 가리킨다. 『비인간주의』(1979)는 일론 머스크와 같은 기술 지상주의자들에게 보내는 경고로 시작한다. 기술과 과학으로 무장한 다국적 기업이 인간의 미래를 비인간 인공지능에 갖다 바칠 것이라는 것이다. 리오타르는 "'정치'라고 남아 있는 것이 이 비인간에게 저항하는 것 말고 뭐가 있는가?"라고 하소연한다(Lyotard, 1988/1991: 7). 그가 이처럼 다급한 이유는 이렇게 비인간들에게 밀리다 보면, 45억 년 뒤, 태양의 열사망Heat Death 후 살아남는 것은 인간이 아니라 비인간들일 것이라고 생각하기 때문이다. 그런데 리오타르의 비인간주의는 반은 맞고 반은 틀렸다. 비인간이 지구행성에 끼치는 영향력이 인간보다 더 커지고 있다는 진단은 맞다. 그러나 비인간을 적대시하고 저항의 대상으로 파악한 것은 옳지 않다. 비인간에 의한 미래의 위협은 인간과 비인간을 따로 떼어 놓고 보는 것이기 때문이다. 들뢰즈식으로 말한다면, 인간은 원래 비인간과 떼려야 뗄 수 없는 존재이다. 안경이나 보청기 같은 소품에서부터 심장박동기나 혈액투석기에 이르기까지, 그리고 인터넷이나 스마트폰까지, 인간은 철저하게 테크노-비인간과 하나로 엮여 있다. 비인간에 의한 인간 파괴조차 사실은 인간중심적인 자기 파괴 시나리오인 경우가 많다. 인간 없는 비인간을 상상하기는 어렵다. 인간/비인간의 미래는 둘 모두에게 달렸다. 리오타르는 "인류에게 '고유한' 것을 비인간이 차지하게 된다면 어쩔 거냐"고 따지지만(Lyotard, 1988/1991: 2), 오히려 처음부터 그 둘이 얽혀 있는 존재라면 어떻게 할 것인가? 영화 《돈 룩 업》의 정점은 임박한 지구행성적 위기를 인간중심적으로 해석할 수밖에 없는 한계를 적나라하게 보여 준 데 있다. 온 우주가 인간의 것인 양 행동하는 오만함이 그것이다. 영화의 웃지 못할 결론을 보며, 우리는 인간중심적 사유가 인류세의 위기만큼 위험한 것임을 확인한다. 이 책은 영화 《돈 룩 업》이 인간과 지구행성의 문제를 다루는 방식으로 들뢰즈의 철학을 다루려고 한다. 그 논의의 중심에서는 리오타르의 개념에서 출발했으나 그 반대 방향에 자리 잡은 더 넓은 비인간을 확인하게 될 것이다.

들뢰즈의 비인간 개념은 최초의 자연주의 철학자 가운데 한 사람인 티투스 루크레티우스 카루스Titus Lucretius Carus를 다루면서 나타난다. 들뢰즈는 세계 자체의 다양성에 대해 "종종 서로 다른 종들로 구성된 세계들이면서도 때로는 유사한 세계들, 그러나 언제나 이질적인 요소들로 구성된 세계들이 셀 수 없을 만큼 많이 존재한다"(Deleuze, 1961/2007: 55)고 말한 바 있다. 세계의 모든 종은 특수성, 개체성, 이질성을 통해 독립적으로 존재한다. 그리고 그 존재 전체를 아우르는 유일한 세계나 전체적 우주는 없다. 비인간은 그 셀 수 없이 많은 다양체를 가리킨다. 수많은 하위 비인간으로 구성된 지구행성조차 우주의 상위 비인간들의 일부다. 세계는 인간을 중심으로 휘어져 배열되어 있는 것이 아니다. 비인간 지구행성은 인간 외부의 무수한 다양체를 부르는 이름이다. 이 다양체들이 지구행성을 꿀렁이며 움직이도록 한다. 이것이 들뢰즈가 "세계 전체는 하나의 알이다"라고 말하는 이유다(DR: 464). 그러므로 들뢰즈의 비인간주의를 살펴보는 작업은 비인간이라는 틀로 그의 사상을 읽어 내는 것이 아니라, 들뢰즈 철학 자체가 비인간주의임을 확인하는 작업이다. 『이 행성의 먼지 속에서』라는 책의 제목처럼, 먼지 같은 인간중심주의로부터 고개를 들어, 지구행성의 비인간주의가 다가오고 있음을 보아야 한다. 들뢰즈의 주요 개념인 일관성의 면, 내재성의 면, 존재의 일의성, 기관 없는 신체 등등은 인간만을 위한 것이 아니다. 그는 인간을 포함한 "셀 수 없을 만큼 많은" 비인간의 시각에서 세계를 읽을 것을 요구한다.

비인간 지구행성의 맥락에서 이 책의 내용을 개괄해 보면 다음과 같다. 여기 1장에서는 들뢰즈 철학에서 지구행성이 갖는 의미는 무엇이며, 그의 차이 철학을 왜 비인간주의로 읽어야 하는지를 살펴보았다. 이것은 최근의 철학적 흐름 속에서 들뢰즈가 차지하는 위상을 확인하면서, 그의 철학적 지향점 자체가 비인간주의를 향하고 있음을 확인하는 것이었다. 2장은 『차이와 반복』이전의 시기를 다룬다. 『경험주의와 주체성』이후 약 15년의 시간 동안 들뢰즈는 철학사에서 자신의 아군을 확보하는 작업에 몰두했다. 그 과정에서 그는 자신의 철학적 행로를 결정하고 거기에 걸맞은 방법까지 마련했다. 그 수확물이 바로 『차이와 반복』이다. 거기에 도달하는 과정을 통해 우리는 들뢰즈의 문제의식이 무엇인지를 생생하게 확인할 수 있다. 특히 거기서는 왜 들뢰즈에게 있어서 지구행성과 비인간이 중요한지를 확인할 수 있다. 3장은 『차이와 반복』을 다룬다. 『차이와 반복』에서 분명하게 규명되거나 모호하게 암시된 부분들을 통해 들뢰즈의 존재론이 그려 내는 비인간적 지도를 살펴본다. 특히 차이 존재론의 서술 과정에 등장하는 다양한 이분법적 개념들은 크게 인간 대 비인간의 구도를 따르고 있음을 확인할 수 있다. 이것이 단순한 이분법이 아닌 이유는 비인간 속에 이미 인간이 포함되어 있기 때문이다. 이를 통해 차이화는 결국 인간중심주의에서 비인간주의로 향하려는 반복적 시도를 가리킨다는 것을 알 수 있다. 4장은『의미의 논리』를 통해 인간의 기호체계를 역추적하면서 그것의 한계가 무엇인지를 밝힌다. 우주의 시궁창에서 기관 없는 신체가 발생하고, 그 위에서 이루어지는 인간화 과정을 살핀다. 그것은 의미의 논리가 어떻게 인간중심적인 것으로 길들게 되는지 그 과정을 보여 주면서, 그것을 뒤집어 역설을 도입하여 창발하는 의미의 논리에 대한 복원을 시도하고 있다.『의미의 논리』는『차이와 반복』에서 제시된 비인간 존재론의 문화적 사례 연구에 해당한다. 여기에서 제시되는 사례 영역은 정치사회적으로 얼마든지 확대할 수 있는 다양한 아이디어를 제공할 것이다. 5장은『안티 오이디푸스』를 통해 비인간적 무의식을 다룬다. 정신분석의 협소한 가족 삼각형과 오이디푸스적 무의식을 비판하면서, 무의식은 오히려 지구행성적 정보를 담고 있는 비인간적 무의식이라는 것을 알아본다. 들뢰즈가 공공연하게 말하는 우주적 무의식이 바로 비인간 무의식이다. 6장에서 다루는『천 개의 고원』은 그것이 비인간주의의 차원에서 살펴본 인간적 사례 연구라는 데 의미가 있다. 지금까지 추상적으로 다루어진 철학적 객체가 회집체의 '되기'라는 이름으로 서술된다. 이 논리는 들뢰즈가 『차이와 반복』에서 밝힌 '차이와 반복의 변증법'을 따른다. 이와 더불어 정치, 언어, 예술의 문제를 통해 인간중심적 틀이 얼마나 엉성한 그물인지를 밝힌다. 7장은 『시네마』 I권과 II권에서 영화 이미지로 제시되는 들뢰즈의 비인간적 이미지를 살펴본다. 들뢰즈는 시네마를 비/인간의 뇌로 생각한다. 시네마는 누군가의 뇌를 스크린으로 옮긴 것이다. 그 가운데서도 비인간 존재의 뇌를 담은 이미지에 주목한다. 들뢰즈는 이것이 인간의 뇌로는 볼 수 없는 세계를 보여 주는 새로운 사유 매체라고 보았다. 이로부터 우리는 "영화 이미지가 철학을 대체할 것이다"라는 들뢰즈 말의 의미를 확인할 수 있을 것이다. 끝으로 8장은 들뢰즈 최후의 메시지인 「내재성: 생명…」을 통해 들뢰즈가 자신의 철학으로 그려 내는 꿀렁이는 지구행성이 생명 자체라는 것을 알아본다. 지구행성적 생명, 이 우주적 삶을 구성하는 모든 작고 미세한 생명은 매 순간의 우연적이고 수동적인 삶을 긍정적으로 살아 낸다. 비인간적 사유를 통해 주어진 삶을 겸손하게 살아가는 방법을 배우는 것이다. 들뢰즈는 인간의 삶을 규정하는 어떠한 보편법칙이나 외부 목적에 자신을 내맡겨서는 안 된다고 충고한다. 비인간적 사유만이 진정한 인간적 삶을 보장한다. 인간중심적 지구에서 생태 지구와 디지털 지구로의 아찔한 전환을 겪으며, 우리는 왜 들뢰즈를 사유의 중심으로 다시 불러들일 수밖에 없는가를 확인하는 것이 이 책의 목적이다.

『차이와 반복』이전:
비인간적 논리

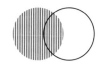

안드레이 타르콥스키Andrey Tarkovsky의 영화 《솔라리스》(1972)에는 두 개의 행성이 등장한다. 지구행성과 솔라리스행성이다. 솔라리스행성은 의식을 가진 행성이다. 생각한 것을 곧장 물질로 만들어 내기도 한다. 솔라리스 우주정거장에서는 지구에서는 도저히 이해할 수 없는 일들이 벌어지고 있다. 주인공 켈빈에게는 자살한 아내가 멀쩡하게 찾아온다. 자살할 당시의 주삿바늘 자국도 같고, 기억도 똑같다. 영화에서 켈빈과 아내는 다음과 같은 대화를 나눈다. "당신은 재생된 것뿐이야. 형태의 기계적 재생, 매트릭스의 복제야." "하지만 난, 인간이 되어 가고 있어요." 이 영화는 작게는 켈빈 내면의 인간적 갈등을, 크게는 지구행성이 도저히 받아들일 수 없는 상황을 맞아 어떻게 대응하는가를 보여 준다. 솔라리스행성의 존재 자체를 부정하려는 지구 과학자들의 태도는 오늘날 지구행성의 위기를 알면서도 아무것도 해결하지 못하는 우리의 역설적 모습을 보여 준다. 이 영화는 생태 지구와 디지털 지구를 맞아 인간중심적 지구인들이 맞닥뜨린 혼란을 성찰하게 만드는 영화다. 시간이 지나면서 켈빈은 과학 신봉자에서 솔라리스행성에 적응하여 새로운 우주를 받아들이는 인물로 변화한다. 이는 들뢰즈가 2500여 년간 서구를 지배해 왔던 인간중심적 형이상학에서 비인간 형이상학을 찾아가는 과정과 다르지 않다. 솔라리스행성은 들뢰즈 지구행성론의 SF 버전이다.

들뢰즈의 철학은 그의 주저이자 박사논문인 『차이와 반복』(1968)을 기준으로 세 시기로 구분된다. 그 이전의 1기는 철학사 연구 시기로 바뤼흐 스피노자Baruch Spinoza를 비롯해, 데이비드 흄 David Hume, 이마누엘 칸트Immanuel Kant, 프리드리히 니체Friedrich Nietzsche, 앙리루이 베르그손Henri-Louis Bergson 등을 연구했다. 2기는 펠릭스 과타리Félix Guattari와 공동 작업한 70년대를 가리킨다. 『안티 오이디푸스』(1972), 『카프카: 소수적 문학을 위하여』(1975), 『천 개의 고원』(1980)의 시기이다, 마지막 3기는 80년대의 이미지 연구 시기이다. 『감각의 논리』(1981), 『시네마』 I권(1983)과 II권 (1985), 『철학이란 무엇인가』(1991)가 이 시기의 작품이다. 이 가운데 1기의 철학사 연구 시기는 특별한 의미가 있다. 들뢰즈가 이들과의 관계를 풀어내는 방법으로부터 그의 초기 사유의 궤적과, 그 지향점을 알 수 있다. 도제 시기 이후 저작들에 등장하는 개념들의 기원과 의미를 명확하게, 또는 더 풍부하게 알 수 있고, 그 개념을 정립하는 결정적 순간을 들여다볼 수 있다. 이 과정에서 우리는 들뢰즈가 알고 있었음에도 그냥 지나친 아이디어들을 만날 수 있다. 최근 논의되는 사변적 실재론이나 신유물론에서 그 일부를 확인할 수도 있다.

들뢰즈는 이러한 1기를 회고하면서 자신의 방법론에 대해 "철학사는 어떤 철학자가 말한 것을 다시 말하는 것은 아니지만, 그가 필연적으로 생략한 것, 그가 말하지 않은 것, 그러나 그가 말한 것 속에 현존하는 것을 말해야 합니다"라고 강조한다(PP: 250). 들뢰즈는 이것을 '괴물 낳기'라고 불렀다. 선배 철학자들을 연구하되, 그들이 알고 있으면서도 지나친 것에 집중한다. 들뢰즈는 이러한 자신의 방법에 대해 "나는 저자의 등 뒤로 가서 그의 아이를 낳는 상상을 했다네. 아이는 그의 아이일 수 있지만 괴물 같은 것이기도 할 거야"라고 말한다(PP: 22). '괴물 낳기' 전략은 주어진 개념이나 주제를 비틀어서 원래의 맥락을 뒤집는 들뢰즈의 고유한 방법을 가리킨다. 『차이와 반복』에서 칸트의 초월론적 주체의 자리에 초월론적 경험을 놓는다거나, 『안티 오이디푸스』에서 지크문트 프로이트Sigmund Freud와 자크 라캉Jacques Lacan의 정신분석을 분열분석으로 뒤집는 식이다. 『시네마』에서는 인간의 뇌-스크린을 우주의 뇌-스크린으로 대체한다. 이러한 들뢰즈 특유의 방법론이 바로 '괴물 낳기'이다. 괴물은 먼지 같은 인간의 통제구역을 넘어 우주적인 비인간 지대를 향한다. 말하자면 들뢰즈의 존재론은 지구행성의 존재론이다. 지금 우리 앞에 닥친 인류세의 파국에 필요한 겸손한 존재론이다. 우리는 이 책에서 들뢰즈의 비인간주의가 『차이와 반복』 전후로 어떤 궤적을 그리고 있는지 보게 될 것이다.

그렇다면 들뢰즈가 자신의 철학사 연구 시기에서 발견한 최대 성과는 무엇이었을까? 그는 한 인터뷰에서 그동안 자신이 몰두한 것은 "모두 스피노자-니체의 위대한 동일성을 향하고" 있었다고 말한 바 있다(PP: 250). 스피노자와 니체가 공통적으로 지향하고 있는 지점에 집중하고 있었다는 말이다. '스피노자-니체적 동일성'은 무엇일까? 니체는 친구에게 보낸 한 편지에서 스피노자에 대해 "난 너무나도 놀라고 있다네. 완전히 매혹당했다네. 난 한 명의 선구자를 가지고 있다네"라고 적고 있다(Hardt, 1993/2004: 178, 주4, 재인용). 두 사람의 공통점은 그들이 자연주의자 또는 신체주의자라는 데 있다고 할 수 있다. 이들은 공통적으로 그 신체, 즉 들뢰즈가 말하는 기관 없는 신체 또는 지구행성을 살아 있는 것으로 만드는 힘이 있다고 보았다. 여기에 베르그손을 빼놓을 수는 없다. 베르그손도 스피노자의 추종자였다고 한다. 그는 한 편지에서 "모든 철학자는 두 가지 철학, 즉 그 자신의 철학과 스피노자의 철학을 갖고 있다고 말할 수 있다"라고 썼다(Hardt, 1993/2004: 183, 주8, 재인용). 결국 들뢰즈는 스피노자의 '역량', 니체의 '힘에의 의지', 베르그손의 '엘랑 비탈'의 동일성을 보고 있었던 것이다. 이 힘들이 들뢰즈의 주요 개념들로 이어지는데, 그 가운데 대표적인 것이 회집체agencement이다. 회집체의 어원(agencer)에 따르면, 행위능력agency을 가진 하위 회집체들이 서로 힘을 주고받으며 앙상블을 이룬 것이 회집체다. 그런 힘의 교환이 차이화, 탈영토화, 되기를 만든다. 작은 돌에서 꽃, 인간, 지구행성에 이르기까지, 회집체는 기계적이고 언표적인 힘의 복합체다. 들뢰즈는 그 힘의 기원을 스피노자와 니체, 베르그손에게서 찾은 것이다. 그 힘의 동일성이 이 책에서 말하려는 비인간적 지구행성을 작동시킨다. 우리는 이

장의 본문에서 스피노자-니체-베르그손의 동일성을 구체적으로 확인할 수 있을 것이다.

들뢰즈의 철학적 여정은 『경험주의와 주체성』(1953)에서 시작되었다. 그리고 8년 동안의 공백. 이것은 흄에게서 찾은 아이디어의 충격이 그만큼 컸다는 것을 말하는 것은 아닐까? 들뢰즈는 『경험주의와 주체성』 전체에서 마법 주문처럼 "모든 관계는 그 항들에 외재적이다"라고 되뇐다(ES: 197). 그리고 이것이 모든 경험주의의 공통점이라고 강조한다. 들뢰즈는 이것을 '초월론적 경험주의'라고 부른다. 칸트에게는 초월론적 '주체'였지만, 들뢰즈는 그 주체의 자리에 '경험'을 놓았다. 이렇게 초월론적 경험은 '경험의 조건은 경험뿐'이라는 의미가 된다. 사건들의 창발, 모든 사물의 되기는 오직 경험에 의한 것이다. 매 순간 모든 장소에서 새로운 사건이 일어나고 새로운 경험이 벌어진다. 칸트의 경험이 인간의 것을 다룬다면, 들뢰즈의 경험은 인간을 넘어선 비인간의 것을 다룬다. 영화 《솔라리스》의 원작은 SF 철학자 스타니스와프 렘 Stanisław Lem의 동명 소설(1961)이다. 소설은 원래 지구인들이 이해할 수 없는 외계의 경험에 대한 "생기발랄한 호기심"이 주제였다. 소설에서 영화로 제작되면서, 《솔라리스》의 문제의식은 희석되고 변질되었다. 원작자인 렘은 타르콥스키의 영화를 보고 "그가 찍은 것은 《솔라리스》가 아니라 《죄와 벌》이었다"라고 비판했다. 솔라리스행성을 통해 지구행성의 자기성찰을 제기했던 원작자의 의도가 인간중심적 휴머니즘으로 바뀌었다는 것이다. 그런데 이 영화는 2002년, 할리우드에서 조지 클루니George Clooney를 주연으로 리메이크되었다. 휴머니즘물에서 심지어 로맨스물로 바뀐 것이다. 이 과정은 비인간적 초월론적 경험이 어떻게 초월론적 인간학으로 축소되는지를 보여 준다. 솔라리스도 지구도, 인간을 위해 의인화될 운명을 벗어나기는 어려웠다. 들뢰즈의 비인간 지구행성이 인간중심주의에 대한 일관된 공격을 멈추지 않는 이유다.

홈의 주요 테제인 '모든 관계는 그 항들에 외재적이다'도 초월론적 경험을 말하기 위한 것이었다. 새로 생겨난 관계항은 그 이전의 항들과 아무 상관이 없다. 만약 상관이 있다면 그것은 기존 항의 변형이지, 새 항의 발생은 아니다. 들뢰즈 철학이 차이화의 철학인 이유는 매번 새로운 관계항들이 발생하기 때문이다. 들뢰즈는 "우주는 지속이고 차이다. 우주는 매 순간 변한다. 그래서 차이(변한다)의 반복(매 순간)이다"라고 말한다(B: 167). 끊임없이 누적된 시공간이 초월론적 경험의 조건이 된다. 경험의 조건으로서의 경험은 무한히 누적된 시공간 자체이다. 초월론적 경험은 결국 지구행성에 누적된 경험이다. 초월론적 경험, 매 순간 지난 항들과 달라지는 관계의 창발. 새롭지 않으면 경험이 아니다. 경험마다 새롭다면, 얼마나 대단한 삶을 살 수 있을까. 이것은 들뢰즈가 니체의 영원회귀를 다루는 방식이기도 하다. 지금/여기의 순간적 수행이 과거를 바꾸고 미래를 바꾼다. 이것이 들뢰즈가 홈에게서 처음 발견하고 자신의 철학에서 '차이와 반복'이라는 이름으로 끝까지 밀어붙인 이념이다.

스피노자,
지구행성을 말하다

들뢰즈는 스피노자에 대해 그는 "철학자들의 그리스도이며, 가장 위대한 철학자들이란 … [스피노자의] 사도들에 지나지 않는다"고 평가한다(QP: 90). 실제로 들뢰즈가 전범으로 삼고 있는 베르그손과 니체도 스피노자를 자신들의 선구자로 평가하고 있다. 들뢰즈는 스피노자의 철학을 구약에서 신약으로의 위대한 전환을 일군 그리스도의 업적에 비유하고 있다. 그렇다면 철학사에서 스피노자의 '새로운 약속'은 무엇이었을까? 우선 스피노자 철학의 전복적 면모를 따라가면서, 그것을 가능하게 만든 '새로운 약속'을 알아보자. 스피노자는 철학사에서 고정불변의 실체 개념을 뒤집어, 생성변화 하는 '신 즉 자연Deus sive Natura'이라는 개념을 세웠다. 초월적 신에 의해 창조된 자연이 아니라, 스스로 생산하고 생산되는 자연, 즉 능산적이고 소산적인 자연이다. 그런 자연을 신으로 불러도 좋을 것이다. 들뢰즈는 유일 실체와 모든 속성이라는 스피노자의 제1 원리보다 "제3, 제4, 제5의 원리, 즉 유일한 자연과 모든 신체, 유일한 자연과 모든 개체, 무한히 많은 방식으로 변화하는 그 자체로 하나의 개체인 자연이라는 원리"를 강조한다. 들뢰즈는 스피노자의 제5 원리를 통해 제1 원리를 전복한다.

실체와 속성은 양태로부터 역으로 산출된 개념들이다. 들뢰즈는 "현실적으로 무한하게 합성되지 않은 실존 양태는 없다"고 말한다(SPE: 249). 돌에서 해바라기, 인간, 지구행성에 이르기까지, 크고 작은 양태들이 바로 차이화하는 자연들이다.

스피노자의 실체도 데카르트의 실체처럼 사유속성과 연장속성을 가지지만, 그는 데카르트와 달리 연장속성(신체)을 사유속성(정신) 아래에 두지 않았다. 정신과 실체는 동일한 것의 두 측면에 불과하다. 스피노자의 평행론parallelism에 따르면, "사유하는 실체와 연장된 실체는 동일한 실체이며, 그것은 때로는 이런 속성으로, 그리고 때로는 저런 속성으로 파악된다. 또한 연장의 양태와 이 양태의 관념은 동일한 것이며, 그것은 단지 두 가지 방식으로 표현되어 있을 뿐이다."(Spinoza, 1677/1990: 73) 정신과 신체는 속성의 양태로서 그렇게 '표현'되었을 뿐, 서로 평행한 것이다. 들뢰즈는『스피노자와 표현 문제』에서 스피노자 철학을 '표현' 개념을 중심으로 뒤집는다. 데카르트식으로 실체에서 속성이나 양태로 나뉘어서 나오는 것이 아니라, "평행론은 양태들에 대해서, 오직 양태들에 대해서만 이야기되어야 한다. … 실체는 속성들로 자신을 표현했고, 각 속성은 표현이었으며, 실체의 본질은 표현되었다. 이제 속성이 자신을 표현하고, 그에 의존하는 양태들은 표현들이며, 변양만이 표현된다."(SPE: 128) 영화의 솔라리스행성도 지구 과학자들이 규정할 수 없는 양태들, 변용들, 표현들로 넘쳐난다. 솔라리스 바다 위의 "모든 물체의 형태를 모방하는 성질을 고려한 결과물"들은 "광막한, 살아 있는 바다"를 이룬다. 솔라리스행성은 그런 양태들에 사후적으로 붙인 실체적 이름이다. 그 들끓는 유동적 속성을 지구 과학자들이 '파도' 같은 성질이나 '골화 종양'과 같다고 부를 뿐이다. 오직 양태=변양=표현일 뿐이다. '신 즉 자연'이나 '능산적이고 소산적인 자연'은 결국 표현하고 표현되는 자연일 뿐이다. 스피노자의 삼항 관계도 표현으로만 설명된다. 그 변형은 '실체-표현-속성'과 '속성-표현-양태'이다. 거꾸로 뒤집으면 양태들의 표현이다. 문제는 이 유물론적 신체(자연)들의 표현이다.

들뢰즈는 이 유물론적 신체(자연, 양태) 철학을 '새로운 유물론'이라고 불렀다. 여기서 우리는 들뢰즈가 왜 스피노자를 또 다른 그리스도라고 불렀는지 그 이유를 짐작할 수 있다. 그것은 단순히 '신 즉 자연'을 선언했기 때문이 아니라, 그것을 이전과 다른 방식으로 입증했기 때문이다. 들뢰즈는 철학이란 개념을 창조하거나 갱신하는 것이라고 말한다. 그는 스피노자에게서 발견한 '표현'도 "자연과 그 역량의 재발견, 논리학과 존재론의 재창조를, 즉 신'유물론'과 신'형식주의'를 함축한다"고 강조한다(SPE: 397). 들뢰즈의 신유물론은 고전적 유물론과 달리, '표현'할 수 있는 것은 모두 물질로 본다고 할 수 있을 것이다. 고전적 물질이 아니라, '표현 역량'이 들뢰즈의 유물론을 결정한다. 들뢰즈는 "신[자연]은 무한히 많은 방식으로 변용될 수 있는 능력pouvoir, 즉 그의 역량puissance 또는 포텐치아potentia에 대응하는 포테스타스potestas를 갖는다"고 말한다(SPE: 118). 이제 그것이 물질인지 관념인지는 중요하지 않다. 차이화하는 행위 역량만 가진다면, 그것은 신유물론의 주체다. 들뢰즈는 스피노자의 역량 개념을 그대로 계승한다. 니체와 베르그손도 들뢰즈처럼 이 역량 때문에 스피노자를 자신들의 친구, 선구자, 그리스도라고 생각한 것이다. 그들의 '힘에의 의지', '엘랑 비탈'도 스피노자의 '역량'의 변주에 해당한다. 위 인용문에서 들뢰즈가 신유물론의 다른 이름으로 '신형식주의'를 들고 있다는 사실도 주목해야 한다. 신형식주의가 곧 신유물론이기 때문이다. 들뢰즈는 『천 개의 고원』 3장 "지구는 자신을 누구라고 생각하는가"라는 일종의 지구행성 유물론에서 표현과 형식의 문제를 다룬다. 신유물론자 들뢰즈는 "신[자연]은 '가재' 또는 이중집게, 이중구속이다"라고 말한다(MP: 86). 지구행성은 이미/항상 이중분절되어 있다. 흙(질료)은 항상 쌓이는 퇴적작용(내용)과 반죽되는 습곡작용(표현)을 한다. 따라서 이제 관념적인 이중분절인 '내용-형식'이 아니라, 유물론적 이중분절인 '내용-표현'이 신형식주의가 된다. 들뢰즈는 "표현은 내용 못지않게 실체를 갖고 있으며, 내용은 표현 못지않게 형식을 갖고 있기 때문이다"라고 말한다(MP: 93). 들뢰즈의 지구행성을 질료라는 일관성의 면이자 내재성의 면이라고 보면, 지구행성은 퇴적작용에 의해 특정한 내용이 되어, 습곡작용을 하는 표현만 있다. 이것이 들뢰즈의 신유물론이자 신형식주의다. 지구행성에서 인간은 어디에 있냐고 물어서는 곤란하다. 인간도 지구행성의 내용이자 표현, 또는 퇴적과 습곡의 일부에 불과하기 때문이다.

『천 개의 고원』의 "지구는 자신을 누구라고 생각하는가"라는 물음은, 사실 『스피노자와 표현 문제』의 14장 "신체는 무엇을 할 수 있는가"의 진화된 반복이다. 우리는 지구행성 유물론의 기원을 스피노자의 신체론에서 발견할 수 있다. 철학적 그리스도, 스피노자의 지팡이는 '신체corps'였던 것이다. 이 신체는 단순히 인간의 몸뿐만 아니라, 비인간 신체나 관념적 신체, 나아가 지구행성으로까지 확장된다. 들뢰즈는 스피노자 이전에는 "신체가 무엇을 할 수 있는지, 어떤 힘들이 그것에 속하는지, 그것이 무엇을 준비하고 있는지에 대해서 알지" 못했다고 강조한다(NP: 85). 스피노자의 후예들에게 그는 정신의 지도 없이 신체 스스로 무엇을 생산할 수 있음을 보여 준 최초의 철학자였다. 들뢰즈는 그의 신체-물음을 중심에 놓고, 이 꿀렁이는 능산적 지구행성에서, 개체화하는 소산적 신체들을 경도와 위도라는 두 가지 지질학적 개념으로 구분한다. 지구행성의 경도는 자오선이라고도 하는데, 여기서 자오子午는 동양의 십이간지, 즉 '자축인묘진사오미신유술해'의 그 '자오'이다. 그것은 그리니치 천문대를 기준으로 북극과 남극을 잇는다. 지구행성 신체의 경도는 마치 쥐, 소, 범, 토끼…처럼 서로 다른 신체들의 개체화를 구분하고 있다. 말과 소는 그것을 구성하는 하위 신체들도 다르고, 말과 소가 참여하는 상위 신체와의 관계도 다르다. 경도는 이처럼 서로 다른 신체들과, 그것들의 다른 신체들과의 관계를 말한다. 꿀렁이는 지구행성이라는 신체는 하위 신체들이 서로 합성하고 해체하는 역량에 따라 운동한다. 한 신체는 특정한 관계에서 수많은 하위 관계를 갖는다. 이것은 들뢰즈의 회집체들의 회집체에 해당한다. 역량에 따라 기계적이고 언표적으로 회집하는 앙상블이 회집체다. 이는 행위능력agency에 따라 하나의 회집체를 이룬다. 이에 반해 위도는 같은 쥐, 소, 범, 토끼…라는 신체인데도 다른 역량을 가지는 경우를 가리킨다. 같은 말(경도)이지만 그 역량(위도)에 따라 적토마처럼 달리는 말이 있고, 로시난테처럼 비루한 말이 있는 것이다. 관광지에서 같은 코스를 반복적으로 다니며 사람들을 실어 나르는 말은 차라리 말이 아니라 밭을 매는 소에 더 가깝다. 들뢰즈가 지구행성의 경도와 위도를 통해 보여 주려는 것은 인간의 인간중심적인 생물학적 분류를 뒤집는 것이다. 들뢰즈는 "인간은 비인간적 형식을 위한 형식들과 실체들을 위한 외피에 불과하다. 그렇다. 샴쌍둥이는 갑각류이다"라고 답한다(MP: 98). 문제는 지구행성적 비인간 분류를 수용하는 것이다. 들뢰즈의 지구행성 신유물론은 비인간 형식주의이기 때문이다.

신체의 속도와 역량은 들뢰즈의 행동학éthologie으로 이어진다. 행동학은 신체의 경도와 위도에 따라 사는 것으로, 들뢰즈 윤리학의 기초를 이룬다. 들뢰즈에 따르면, 스피노자의 윤리학은 외부의 초월적 판단을 전복시켜서 "가치들(선-악)에 대립하여 존재 양태들의 질적 차이(좋음과 나쁨)가 들어선다."(SPP: 40) 행위 역량은 강도적으로 좋음과 나쁨의 방향을 가질 뿐이다. 신체의 역량은 그 행위능력을 통해, 좋거나 나쁘게 변용될 역량을 가진다. 신체는 자신의 행위능력을 좋고 기쁜 것으로 만들 윤리적 의무를 갖는다. 들뢰즈는 『에티카』에서 "'보다 많은 방식으로 변용될 수 있도록 신체를 배치하는 것'(4부, 정리38)은 좋은 것이다. '신체를 규정하는 운동과 정지의 관계를 유지하도록 하는 것' 또한 좋은 것이다 (4부, 정리39)"라는 것을 확인한다(SPP: 84). 들뢰즈가 행동학과 관련해 가장 많이 드는 사례가 바로 진드기의 역량이다(SPP: 185 참고). 진드기의 역량은 세 개뿐이다. 그 세 개의 역량이 새로운 신체, 또 다른 회집체를 만든다. 첫째, 진드기는 나무에 올라 매달린다. 이것은 시각적 변용이다. 하늘을 향해 자라는 나무의 역량, 빛의 밝은 역량 등이 하나의 신체(회집체)를 이룬다. 홀로 발현되는 역량은 없다. 들뢰즈는 "변용 역량은 한결같이, 그리고 필연적으로 그것을 실행시키는 [다른] 변용들을 통해 실현된다"고 강조한다 (SPP: 148). 둘째, 진드기는 지나가는 동물의 냄새를 맡고 떨어진다. 진드기의 후각 역량, 지나가는 동물의 냄새 역량, 그 순간의 바람의 역량 등이 일종의 낙하 신체를 구성한다. 셋째, 진드기는 피를 빤다. 털 없는 동물의 피부, 적절한 온도, 진드기의 빨기가 하나의 회집체를 구성한다. 고유한 정체성을 가진 하나의 진드기는 없다. 신체의 역량과 속도에 따라 매번 다른 진드기들이 될 뿐이다. 나무에 올라가 매달린 진드기는 박쥐 신체가 되고, 떨어질 때는 낙엽 신체가 되며, 피를 빨 때는 거머리 신체가 된다. 신체는 매 순간의 정동affect에 따라 변용affection된다. 이것이 행위 역량이다. 마치 마차를 끄는 말은 경주마보다는 쟁기를 끄는 소에 가깝듯이, 진드기는 고유한 무엇이 아니며, 단지 경도와 위도에 따라 매번 달라지는 신체들만 있을 뿐이다. 그리고 진드기는 다시 나무에 올라가 기다린다. 만일 자신의 역량을 발휘할 수 있는 다른 신체의 역량이 나타나지 않는다면, 수년을 더 기다려야 할지도 모른다.

지금까지 우리는 신체를 경도와 위도, 내용과 형식으로 나누어 논의를 진행해 왔다. 그러나 이런 구분에 앞서 거기에는 유동하는 신체(자연, 지구행성)밖에 없다는 사실을 잊어서는 안 된다. 들뢰즈에 따르면, "아무리 복잡하고 다양하다 할지라도 일차적인 것은 일관성의 면 또는 기관 없는 신체(절대적으로 탈영토화된 '지구행성La Terre')의 절대적 탈영토화이며 절대적 도주선ligne de fuite이다. 그것들이 상대적으로 되는 때는 이 면, 이 신체 위에서 지층화가 일어날 때뿐이다."(MP: 115) 들뢰즈는 바로 이 지점에 서서 "지구는 자신을 누구라고 생각하는가"라는 물음에 답하고 있다. 거기에는 신체의 속도와 그 속도가 만드는 관계들, 그리고 그 역량이 만드는 에세이테heccéité(이것임)만 있다. 영화《솔라리스》의 결정적 충고에도 귀를 기울여야 한다. 우리는 인간중심주의에서 벗어나야 한다. "인간이 존재하지 않는 곳에서는 인간적인 동기를 찾는 일 자체가 불가능한 것이다." 우리는 지금/여기의 경험에 충실해야 한다. 우리에게 주어진 것은 지구행성의 차이화, 개체화, 현행화, 탈영토화, 되기 등등의 유동하는 순간들뿐이다. 들뢰즈는 "기계적 회집체는 절대적인 것으로 향하는 탈영토화의 첨점들pointes을 가지고 있다"고 말한다(MP: 116). 실재하는 것은 오직 이 탈영토화(차이화, 되기)의 첨점들뿐이다. 비인간 지구행성은 지금/여기마다 번개처럼 자기를 다르게 생각한다. 지구행성은 자신을 그렇게 사유한다. 들뢰즈의 신유물론을 사유하기 위해서, 우리도 그 꿀렁이며 생성변화 하는 지구행성의 명멸하는 첨점에 서야 한다.

베르그손,
지구행성은 이렇게 움직인다

들뢰즈의 베르그손 연구서인 『베르그손주의』(1966)는 다른 연구서에 비해 얇은 편이다. 그러나 그 연구서 이전에 발표된 두 편의 논문인 「베르그손, 1859~1941」(1956)이나 「베르그손에 있어서의 차이의 개념」(1956)을 같이 고려하면, 그 연구의 밀도는 매우 높다. 여기에는 흥미로운 배경이 있다. 베르그손에 대한 들뢰즈의 관심은 매우 예외적이었다는 것이다. 당시 베르그손은 한물간 철학자 취급을 받고 있었다. 제2차 세계대전을 거치면서 그의 생기론이나 의식의 흐름, 엘랑 비탈élan vital(생의 약동) 등의 개념은 모호하고 신비적이며 무용한 관념론 취급을 받았다. 그의 철학은 떠오르는 실존주의나 현상학, 구조주의에 의해 철학의 무대에서 밀려나고 있었다. 그렇다면 들뢰즈는 베르그손에게서 무엇을 보았던 것일까? 베르그손을 복권시킨 들뢰즈의 방법론은 들뢰즈 특유의 방법론이기는 하다. 남들이 보지 못하는 모티프를 잡아서 원본 전체를 재정의하는 것이다. 그 '괴물 낳기'는 과연 베르그손에게서 어떤 것을 탄생시켰을까?

그것은 유물론이다. 들뢰즈의 괴물 낳기 전략 가운데 가장 급진적인 결과다. 누가 봐도 관념론인데, 들뢰즈는 그것을 뒤집어 반대 방향에 갖다 놓았다. 들뢰즈는 "많은 사람이 베르그손의 철학을 일종의 관념론으로 이해하고 있지만, 실은 베르그손만큼 유물론적인 사상가는 없다"고 보았다(宇野邦一, 2001/2008: 40, 재인용). 들뢰즈가 베르그손에게서 찾아낸 유물론은 고전적 유물론은 아니다. 고전적 유물론이 뉴턴 운동역학의 몰적molaire 물질에 대한 것이라면, 들뢰즈의 신유물론은 열역학이나 양자역학의 분자적molécuaire 입자와 관련된다. 들뢰즈의 중심 개념인 회집체agencement도 물질이 아니라 행위능력agency의 결합을 가리키는 개념이다. 물질뿐만 아니라 관념조차, 행위능력을 가진다면 그것은 유물론적인 것이 된다. 들뢰즈가 주목한 베르그손의 유물론은 다음과 같은 문장에서 살펴볼 수 있다. "나는 이미지들의 전체를 물질이라고 부르고, 나의 신체라는 어떤 결정된 이미지의 가능적 행동에 관련된 이 같은 이미지들을 물질에 대한 지각이라고 부른다."(Bergson, 1896/2005: 45) 들뢰즈가 말하는 베르그손의 유물론은 정확히 이 '이미지image'에서 출발한다. 베르그손은 실재론과 관념론의 대결을 해소하기 위해 이미지라는 개념을 발명했다. 실재는 인간의 정신과 무관하게 외부에 존재하는 것이라는 입장과, 인간의 관념에 의해 승인받은 것만 실재한다는 입장 사이에 이미지라는 개념을 삽입해, 둘을 하나로 통일한 것이다. 이제 실재하는 것도 이미지고, 관념도 이미지다. 베르그손에 따르면, "우리에게 물질은 '이미지들'의 총체이다. 그리고 우리가 '이미지'로 의미하는 것은 관념론자가 표상이라고 부른 것 이상의, 그리스의 실재론자가 사물이라 부른 것보다는 덜한 어떤 존재 ―즉 '사물'과 '표상' 사이의 중간 길에 위치한 존재― 이다."(Bergson, 1896/2005: 22)

　이미지의 이 특수한 위상은 실재하는 사물 이미지뿐만 아니라, 관념으로 존재하는 것들의 이미지도 포함한다. 『안티 오이디푸스』에서는 물질과 관념을 가리지 않고 접속 가능하면 그것에 기계machine라는 이름을 붙였다. 자본주의-기계, 인터넷-기계, 지구촌-기계, 우정-기계 같은 방식이다. 과타리가 가져온 '기계' 개념이 들뢰즈에게도 낯설지 않았던 것은 베르그손의 이미지 개념 때문이었다. 이미지 개념은 『시네마』 I, II권과 『감각의 논리』로 이어지면서 그 논리가 실재와 분리할 수 없는 것임을 보여 준다. 이미지는 표상이 아니라 존재이다. 영화 《솔라리스》에도 이미지 존재들이 있다. 솔라리스행성에 파견된 우주인들에게는 '손님'이라는 인조 생명이 방문한다. 이 손님들은 개인의 기억이 물질화된 존재들이다. 켈빈에게 돌아온 자살한 아내. 그녀는 실재일까? 관념일까? 영화의 손님들은 결국 솔라리스행성이 만들어 낸 이미지들이다. 그러나 솔라리스행성에는 정신과 물질이라는 구분이 없다. 영화의 모든 소란은 그런 구분이 없는 솔라리스행성과, 그것을 이분법적으로 나눌 수밖에 없는 지구행성인들 사이의 메울 수 없는 간격 때문에 벌어진 일이다. 렘은 "우리[인간]는 모든 별과 모든 행성에 [우리식으로] 이름을 붙였어. 그렇지만 그 모두가 처음부터 자기 이름을 가지고 있었을지도 모르잖나?"라고 묻는다. 들뢰 즈에게는 베르그손이야말로 의인화 없이 우주를 사유한 전형적 인물이었다. 우노 구니이치 눈에 비친 들뢰즈도 마찬가지였다. 그 는 들뢰즈의 철학도 "시간과 일체인 차이, 불확정성 속에서 창조 하는 활동으로서의 잠재성, 분할 불가능한 열린 전체, 베르그손 의 이러한 논리 위에 선 '자연주의'와 '유물론'"이라고 말한다(宇野 邦一, 2001/2008: 45). 들뢰즈는 베르그손의 이미지 개념을 타고, 뉴 턴 역학의 유물론에서 양자역학의 신유물론으로 넘어간 것이다. 이제 들뢰즈의 신유물론은 베르그손의 주요 개념인 이미지, 직관 intuition, 지속durée, 엘랑 비탈 등을 통해 그 구체적 논리를 드러낼 것이다. 『차이와 반복』으로부터 후기의 『시네마』까지, 들뢰즈는 그런 개념들을 통해 비인간 지구행성의 작동 논리를 보여 준다.

베르그손은 자신의 방법을 '직관'이라고 불렀다. 베르그손에 게 직관은 개념이 아니라 사유 방식이다. 일반적으로 직관은 엄 밀하지 못한 비과학적 개념으로 알려져 있다. 그러나 베르그손은 세상의 모든 이분법을 벗어나는 이미지의 전략으로 직관을 선택 했다. 그리고 들뢰즈는 이 직관을 "사물과의 또 다른 관계, 따라서 결과적으로 또 다른 앎을" 세우는 방법으로 확장시켰다(Deleuze, 1956/2007: 281). 사물과의 또 다른 관계는 이분법을 벗어나는 이미 지 유물론의 방법이다. 정신과 물질의 대립을 하나의 전체로 사유 하는 능력이다. 그렇다면 하나의 전체로 본다는 것은 어떻게 보는 것일까? 사물을 직관적으로 본다는 것, 대상을 이미지로 본다는 것은 구체적으로 무엇을 말하는 것일까? 그것은 무엇보다 대상을 고정된 실체가 아니라 생성변화 하는 것으로 본다는 의미다. 운동 중인 하나의 실재가 인간이 가진 신체의 한계 때문에 두 측면으로 드러나는 것이다. 들뢰즈는 우리에게 드러나는 것은 "사물의 존재를 이루는 사물의 차이, 사물이 저것이 아니라 바로 이것, 다른 것이 아니라 바로 이것이게끔 하는 바로 그 사물의 차이이지, 결코 사물 자체가 아니"라고 강조한다(Deleuze, 1956/2007: 285). 베르그손은 차이를 통해 사물을 무한히 나눌 수 있다고 생각했다. 이 무한한 나눔은 현실의 물질적 나눔 이전에 정신적으로 가능하다. 이런 의미에서 두 개의 나눔은 다른 것이 아니다. 무한한 정신적인 것이 유한한 물질적인 것으로 다양하게 현상하는 것이다. 그래서 들뢰즈의 사유 이미지는 결국 반이분법적·유물론적인 엘랑 비탈(삶의 약동)을 사유하는 방식을 가리킨다. 이미지로부터 지속, 엘랑 비탈을 관통하는 베르그손의 직관은, 들뢰즈가 신유물론을 사유하는 주요한 방식이 된다.

베르그손은 직관 개념을 통해 표상, 즉 세계 경험으로부터 얻은 이미지를 전면에 내세웠다. 이미지는 물질과 기억, 지각과 회상, 객관적인 것과 주관적인 것을 동시에 가진다. 이미지의 이 독특한 성격이 현재의 경험적 지각과 함께 과거의 기억을 동시에 불러온다. 여기서 이미지-직관-지속이라는 베르그손 벨트가 형성된다. 그러나 이미지-직관은 오직 지속이 전개되는 구체적 맥락에서만 의미를 부여받는다. 들뢰즈는 그 이유를 "직관은 자신이

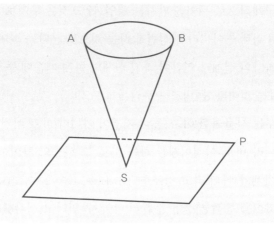

베르그손의 역원뿔 도식

무엇이라고 할 때의 그 무엇 모두를 지속에 의존하고 있기 때문이다"라고 말한다(Deleuze, 1956/2007: 280). 이것을 가시화한 것이 위의 그림에서 보여 주는 베르그손의 역원뿔 도식이다. 지속에 관한 이 도식은 철학사에서 부분과 전체, 개별자와 보편자, 여럿과 하나, 소산적 자연과 능산적 자연 등의 이름으로 제기되었던 물음들에 대한 응답 가운데 가장 유명한 것으로 알려져 있다.

이 도식은 바닥 위의 팽이로 이루어져 있는데, S(주체)는 P(공간) 위에서 현재라는 시간을 산다. 그 심리적 삶은 주체가 ABS 역원뿔이라는 지속 안에 있어서 가능하다. 이것은 순수과거 또는 기억이라고 불리는 시간이다. 우리는 그 바닥 위의 S에 서서, 또는 그 바닥에서 위치를 옮기는데, 그와 동시에 이미/항상 역원뿔을 위아래로 왕복하고, 역원뿔 각각의 저장 디스크 하나하나를 검색한다. 이 심리적 기제에서 역원뿔의 기억이 현행화하려면 두 가지 운동이 필요하다. 첫 번째는 병진운동translation이다. 경험이 주체에게 주어지면, 그와 동시에 기억에서 유사한 이미지들이 함께 수축contraction되어 경험에로 나아간다. 둘째는 회전운동rotation이다. 기억은 가장 유용한 방향을 찾아 자신의 저장 디스크를 회전시킨다. 이 기억의 디스크를 들뢰즈는 얇은 층nappe; sheet이라고 부른다. 사실 이 도식의 핵심은 주체의 의식에는 바닥에서의 경험과 기억이 동시에 작동한다는 것, 즉 우리의 의식이 작동하는 방식은 우리가 무언가를 경험한 다음에 기억을 당겨 오는 식이 아니라는 것이다.

그런데 이 도식의 진정한 놀라움은 다른 것에 있다. 이 도식은 단순히 기억이 깨어나 현행화하는 것을 설명하는 것이 아니다. 들뢰즈는 이 도식을 유물론적인 것으로 확장한다. 이 도식이 인간의 의식의 흐름을 설명하는 데 그치지 않고, 지구행성의 작동 방식도 설명해 준다면 어떻게 할 것인가? 전자는 심리적이고 인간적인 도식이고, 후자는 지구행성을 위한 비인간적 도식이다. 사실 역원뿔 도식은 지구행성의 유물론적 작동 방식을 더 잘 설명한다. 어떤 공간(P)에서 누적적으로 경험되는 사건들은 지구행성적 시간들(ABS)과 함께 운동한다. 인간을 중심에 두면 경험이 먼저고 이것이 기억을 자극하며, 그래서 잊고 있던 것이 살아난다고 오해하기 쉽지만, 지구행성에서는 모든 것이 동시에 원인이고 결과이다. 모든 것은 이미/항상 동시에 일어난다. 첫째 운동인 병진운동에서는 계열체적인 유사성의 원리가 작동한다. 이것이 바로 지구적 경험들이 자기 관성을 벗어나기 힘든 이유다. 비슷한 사건들이 비슷한 방식을 통해 해결되기 때문이다. 둘째 운동인 회전운동은 통합체적인 인접성의 원리에 따른다. 새로운 경험이 발생하면 지구 기억은 거기에 반응하여 자기를 다르게 리셋한다. 지구적 경험의 강도에 따라 지구는 매번 자신을 리셋하는 것이다. 폭발적 경험은 지구행성을 파괴적으로 리셋한다. 예컨대, 지구행성은 지난 300여 년 동안의 자본주의적 경험이 누적되어, 오늘날 인류세라는 지구행성으로 리셋되었다. 들뢰즈는 역원뿔 도식을 이런 존재론적 맥락에서 사용한다. 대표적인 것이 현행적인 것Le Actuel과 잠재적인 것Le Vertuel이다. 앞에서 본 역원뿔 도식에서 주체(S)의 자리에 굳이 인간을 놓을 필요는 없다. 공간(P)에서 작동하는 현행적인 실재와, 시간(ABS)에서 작동하는 잠재적 실재가 동시에 무한한 순환을 이룬다. 이 역동적 구조는 이후 『차이와 반복』의 '시간의 세 가지 종합'이나, 『의미의 논리』의 '계열의 세 가지 종합', 『안티 오이디푸스』의 '욕망의 세 가지 종합', 『시네마』 I권과 II권의 '운동-이미지'와 '시간-이미지'를 다룰 때 끊임없이 소환된다.

들뢰즈는 『의식에 직접 주어진 것들에 관한 시론』(1889)과 『물질과 기억』(1896) 사이에 베르그손 철학의 주목할 만한 이행이 있다고 주장한다. 그것은 심리적 지속으로부터 유물론적 지속으로의, 인간적 무의식으로부터 우주적 무의식으로의 이행이다. 들뢰즈는 "베르그손 이론의 이 첫째 양상은 심리학을 넘어선 범위가 강조되지 않으면 모든 의미를 잃어버리리라. … 베르그손이 '무의식'이란 단어를 의식 바깥의 심리적 현실을 가리키기 위해서가 아니라 비심리적 현실, 즉 즉자적으로 있는 그런 존재를 가리키기 위해 채용했다는 것을 이해해야만 한다"라고 강조한다(B: 63). 이어서 그는 심리적인 것은 현재뿐이고, 과거는 존재론적인 것이라고 말한다. 이것이 바로 들뢰즈가 베르그손을 유물론자라고 강조하는 이유다. 따라서 들뢰즈가 보기에 핵심은 "존재론으로의 도약이다."(B: 64) 베르그손은 이런 도약을 감행하기 위해 이미지-직관-지속이라는 신유물론적 벨트를 『물질과 기억』에서부터 팽팽하게 당겨 왔던 것이다. 이 신유물론적이고 비인간적인 감각은 들뢰즈의 『시네마』로 직접적으로 계승된다. 『시네마』를 『물질과 기억』에 대한 주석서라고 부르는 이유다. 『시네마』 I, II권의 구조도 『물질과 기억』의 문제의식을 그대로 반복하고 있다. 『시네마』 I권은 인간적·심리적 무의식을 다루고 있고, 『시네마』 II권은 물질적·우주적 무의식을 다루고 있다. 특히 『시네마』 II권 후반부의 스크린-뇌는 인간적인 것을 넘어선 비인간적 우주적 세계를 다룬다. 베르그손의 『창조적 진화』나 『시네마』 II권 후반부에서 끊임없이 우주를 환기시키는 것도 같은 맥락이다. 베르그손은 "전 우주에 내재하는 지속이 우리가 사는 세계의 작은 부분에까지 바로 이 실을 따라서 전달되는 것이다"라고 말했다(Bergson, 1896/2005: 35). 들뢰즈는 일찍이 이 우주적 지속에서 "베르그손이 보편적이고 비인간적인 유일한 '시간'의 실존을 지지하는 방식"을 본 것이다(B:

92). 베르그손의 이 비인간적 논리는 들뢰즈의 저작 전체에서 지속적으로 반복된다. 이 논리가 비인간 지구행성의 전형적 작동 논리이기 때문이다.

니체,
다른 지구행성이 가능하다

들뢰즈의 니체 연구서인 『니체와 철학』(1962)은 그의 첫 저작인 『경험주의와 주체성』이 출간된 지 9년째 되던 해에 나왔다. 그동안 니체만 연구한 것은 아니겠지만, 그동안 누구보다 니체에게 충실했다. 그 공백기 동안 들뢰즈는 '프랑스 니체 연구 협회'나 '니체 전집'의 편집위원으로 활동했다. 『니체와 철학』이 니체 주석서 가운데 가장 탁월한 것으로 평가받는 이유다. 들뢰즈는 니체에게서 무엇을 보고 있었던 것일까? 니체 철학은 오늘날 엉뚱하게도(?) 일종의 실존적 자기계발서로 소비되고 있다. 사는 것이 힘들 때, 나를 위로해 주는 잠언의 철학자로 유통되는 것이다. 이런 분위기는 철학계 일부에서 그를 이방인으로 취급하는 것과 비슷한 맥락이다. 이에 반해 들뢰즈는 철저하게 니체를 형이상학자로 정립하려는 목표를 세운다. 들뢰즈는 니체의 실존적 위로조차 그의 형이상학으로부터 나온다고 본다. 형이상학에서 형이하학까지, 그리고 보편적 이념에서 개인의 삶까지를 관통하는 것이 다른 철학에서 찾아보기 힘든 니체의 매력이라는 것이다. 들뢰즈는『니체와 철학』의 한 대목에서 그 책의 핵심 개념인 영원회귀를 '우주론'적인 동시에 윤리적인 이념으로 다룬다. 이를 통해 우리는 니체의 형이상학적 파괴력과 함께 실존적 위로를 느낄 수 있다.

들뢰즈는 니체의 신체론에 주목한다. 니체는 신체를 정신이나 영혼에 앞선 것으로 보기 때문이다. 니체에 따르면, "네가 '정신'이라고 부르는 너의 작은 이성, 그것 또한 너의 신체의 도구, 이를테면 너의 커다란 이성의 작은 도구이자 놀잇감에 불과하다."(Nietzsche, 1883/2000: 52) 니체는 신체를 이성에 앞서는 '커다란 이성'으로 본다. 니체가 형이상학과 실존주의를 탁월하게 아우를 수 있는 비밀도 이 신체에 있다. 정신이나 이성에 부차적인 것으로 취급받아 왔던 신체를 형이상학적 차원으로 복권시킨 것이 니체다. 들뢰즈도 "정신의 모든 발전에서 신체만이 문제일 것이다"라고 강조한다(NP: 86). 이것은 의식이나 정신에 대한 일종의 경고다. 이 경고가 니체의 신체 철학을 주위를 떠도는 충동, 욕망, 지각에 주목하도록 만든다. 이 정동적 힘이 형식화의 힘, 또는 "조형적 힘 ― 즉 변신의 힘"이다(NP: 91). 신체화는 미분적 차이화가 현행화하는 형식화이다. 이것은 들뢰즈가 말하는 미/분화different/ciation 또는 잠재적인 것의 현행화를 가리킨다. 들뢰즈는 이것이 "니체 철학의 주된 부분인 유형학typologie과 분리되지 않는다"고 말한다(NP: 78). 이 유형학적 힘이 미시적 신체들을 거시적 신체들로 다양하게 엮어 낸다. 니체의 신체는 관점주의의 바탕이 되고,

그 관점에 따른 신체들의 관계가 힘들의 의지로 드러난다. 그렇게 다수의 신체들의 공존하는 역동성은 매 순간 변형된다. 이것이 니체 철학의 핵심을 이루는 '힘에의 의지Wille zur Macht'나 '영원회귀 Ewige Wiederkunft'로 이어진다. 들뢰즈의 신유물론은 니체의 신체가 가진 힘에의 의지와 영원회귀를 거치면서 완성된다.

모든 신체는 각자의 관점을 갖는다. 이것이 니체 철학의 출발점이다. 니체는 "관점적 평가와 가상성에 바탕을 두지 않는 한, 삶이란 것은 전혀 존립할 수가 없을 것이다"라고 말한다(Nietzsche, 1886/2002: 65). 신체는 각각의 관점을 갖는다. 그리고 그 관점들은 오직 그 신체에게만 해당한다. 신체가 '관점주의적 가상'으로 불리는 이유다. 니체는 우리가 믿는 진리나 법칙도 가상에 불과하다고 말한다. 니체는 이것을 색에 비유한다. 칠할 때마다 그 색의 정도가 달라지듯이, 인간적 진리나 법칙도 달라진다는 것이다. 온전하게 주어지는 보편적 진리란 애초에 없다. 신체에 따른 관점에 의해 제한되는 가상들만 있을 뿐이다. 니체는 그런 믿음이 종적 한계를 가진 "삶의 관점주의적 시각Perspektiven-Optik에 속하는 하나의 표면적인 믿음"일 뿐이라고 말한다(Nietzsche, 1886/2002: 29). 니체의 관점주의는 결국 인간중심적 관점에 대한 경고다. 인간의 관점은 지구행성의 여러 신체-관점 가운데 일개 관점에 불과하다. 그것을 유일하고 지배적인 것으로 생각하는 것은 인간중심적 가상에 지나지 않는다. 영화《솔라리스》에서 켈빈의 임무는 솔라리스행성 탐사 계획을 중단하기 위한 것이었다. 솔라리스행성으로부터 비과학적인 보고가 계속 보고되었기 때문이다. 심지어 어린아이가 바다 위를 걷는 장면까지 보고된 것이다. "이건 독가스에 의한 환상에 지나지 않아." 지구 과학자들에게 솔라리스행성이 만들어 낸 "형상물이나 모양들은 암덩어리이며, 바다 표면의 모든 활동은 혼돈과 무질서함의 표현으로 간주된다." 렘은 이것을 "지구 중심적 태도", "인간중심주의 내지는 동물 중심주의"라고 부른다. 과학으로 해명할 수 없다면 그만두어야 한다. 인간의 결정적 한계다. 니체는 철학자에게 그 오래된 문법(보편 진리, 실체, 본질 등)에 대한 믿음을 넘어서라고 충고한다. 니체 자신도 끊임없이 스스로에게 물었다. "내가 생각하는 것처럼 이것은 하나의 새로운 관점주의였을까? 오늘날에도 여전히 새롭고 낯선 관점주의인 것일까?" 들뢰즈의 차이 철학이 가능했던 것도 니체의 이 철저하고 창발적인 태도 때문이었을 것이다.

들뢰즈는 동시대 프랑스 철학자들과 마찬가지로 니체의 자식으로 불린다. 프랑스 68혁명 세대는 권위적 보편 철학을 거부하고 억압된 욕망을 해방하려는 니체의 근본 가치로부터 세례를 받았기 때문이다. 들뢰즈는 그 시대적 이념인 욕망을 니체의 '힘에의 의지'로 읽어 냈다. 『안티 오이디푸스』의 욕망하는 생산과 욕망하는 기계가 니체의 힘puissance에 해당한다. 이 힘들이 자기 생성하는 것이 들뢰즈의 차이화이다. 차이와 반복이 가능한 것은 바로 이 힘들의 차이화 때문인 것이다. 관점을 가진 모든 신체는 반응적으로는 살아남으려는 의지를, 적극적으로는 영향력을 행사하려는 의지를 갖는다. 관점을 가진 모든 신체는 '힘에의 의지'를 갖는다. '힘에의 의지'는 신체화하는, 또는 신체화를 가능하게 만들어 주는 힘이다. 이 힘이 욕망하는 것이 바로 의지이다. 신체들의 신체들, 또는 회집체들의 회집체가 이 관점들의 힘에의 의지에 의해 작동한다. 어떤 관점이 지배적 위치를 차지하게 되면, 그 관점은 나머지 관점들과 위계를 형성한다. 들뢰즈는 "신체를 정의하는 것은 지배하는 힘들과 지배받는 힘들 간의 관계"라고 말한다(NP: 87). 명령하는 적극적actives 힘과, 열등한 반응적réactives 힘의 차이에 위계가 생겨나는 것이다. 이 위계가 단순히 부정적인 것은 아니다. 위계적 차이가 신체-관점들의 관계 속에서 생성변화를 만들기 때문이다. 들뢰즈는 "힘에의 의지는 미분적인 동시에 발생적인 힘의 계보학적 요소"라고 말한다(NP: 103). 힘에의 의지는 인간적 권력을 가능하게 하지만, 꼭 그렇게 될 하등의 이유가 없는 미시적인 비인간의 힘이면서 매 순간 창발하는 에너지인 것이다. 이 힘에의 에너지가 영원회귀를 창발시킨다.

들뢰즈는 니체의 힘에의 의지를 영원회귀로 수렴시킨다. 들뢰즈는 관점주의적 신체들의 "영원회귀는 힘에의 의지를 원리로 하는 종합"이라고 규정한다(NP: 103). 영원회귀는 니체의 『즐거운 학문』 341절에 나오는 악령의 제안에서 시작된다. 악령은 만약 "지금의 삶을 한 치의 오차도 없이, 같은 차례로 한번 더 살아야 한다면 어떻게 할 것인가?" 심지어 그런 삶을 무수히 반복해서 살아야 한다면 어떤 선택을 할 것인가를 묻는다. 남을 부러워하며 자신의 삶을 하찮게 생각하는 것을 니체는 노예도덕, 또는 르상티망 ressentiment(분노와 원한)이라고 부른다. 그리고 그 대표적인 태도로 '모든 것이 내 탓이오'라고 자책하는 양심을 든다. 들뢰즈는 영원회귀의 윤리적 선택에 대해 니체가 그 악령에게 저주를 퍼부을 것이라고 한 부분에 주목한다. 니체는 오히려 아모르 파티Amor Fati라는 삶의 태도를 선택한다. 동일성의 반복이라도 자신은 하루를 영원처럼 살겠다는 것이다. 자책하는 르상티망의 인간이 아니라, 자기의 삶을 창조적으로 만드는 위버멘쉬Übermensch가 되어야 한다는 것이다. 그래서 들뢰즈의 영원회귀는 "'동일한 것'이 회귀하는 것이 아니다. 회귀한다는 것은 다양한 것, 다수성, 생성하는 것으로서만 파악되는 '동일한 것'의 근원적인 형태"가 회귀하는 것이다(N: 57). 영원회귀 속에서 되돌아오는 것은 동일자가 아니라 차이화의 반복이다. 이것이 들뢰즈의 주요 개념인 차이화, 탈영토화, 되기, 도주선 등의 개념으로 이어진다.

니체의 영원회귀는 결국 지금/여기의 순간Augenblick을 긍정하는 것이다. 이 순간의 사유와 행위가 존재 전체를 움직이고 재규정한다. 이 운동성 때문에 영원회귀에는 실체나 본질이 들어설 여지가 없다. 이 수행성이 매번 존재의 과거를 바꾸고 미래를 바꾼다. 여기서의 과거-현재-미래가 선형적인 시간은 아니다. 그 시간들은 하나로 얽혀 있으며, '순간'이 시간 자체를 흐르게 하는 것이다. 영원회귀에는 오직 순간들의 명멸만 있을 뿐이다. 이 순간 순간들을 인간중심적으로 종합한 것이 과거, 현재, 미래라는 선형적 시간이다. 들뢰즈가 '매 순간'이라고 부르는 이 시간은 "시간의 형식으로 오로지 영원회귀 안의 비형상을 드러내기 위해서" 있는 시간이다(DR: 213). 들뢰즈는 이런 시간을 아이온Aion의 시간이라고 부른다. 자의적으로 종합한 인간의 시간인 크로노스chronos와 달리, 아이온은 오직 차이화할 뿐이다. 그 위에서 명멸하는 순간인 카이로스Kairos의 시간이 차이 지으며 반복한다.『차이와 반복』의 세 가지 시간의 종합은 그런 차이들을 시간이라는 이름으로 종합하는 세 가지 방법을 다룬다. 그 가운데 세 번째 종합이 영원회귀이다. 첫 번째의 습관이나 두 번째의 순수과거와 달리, 영원회귀는 차이화로서의 시간 자체를 다룬다. 여기에는 오직 '결정적인 매 순간들', 즉 차이들밖에 없다. 이런 맥락에서 들뢰즈의 차이 철학은 니체의 영원회귀를 구체적으로 변주한 것이라고 말하는 것이다.

들뢰즈는『니체와 철학』에서 영원회귀를 두 가지 측면으로 다루고 있다. 우주론적 측면과 윤리적 측면이다. 전자가 영원회귀로 귀결되는 존재론이라면, 후자는 속칭 실존주의적 자기계발과 관련된다. 들뢰즈는 영원회귀의 윤리적 측면을 다른 철학자들에게선 찾아보기 힘든 영역으로 평가한다. 들뢰즈와 니체는 삶에서 실리만 챙기고, 이득만 따지는 노예도덕에 대해 경고한다. 들뢰즈는 "그르상티망의 인간가 원하는 것은 사랑받고, 먹을 것과 마실 것이 제공되며, 쓰다듬어지고, 잠재워지는 것이다. 그는 무능한 자, 소화불량자, 불감증, 불면증에 걸린 자, 노예이다"라고 비판한다(NP:

212). 우리는 영원회귀를 통해 르상티망과 니힐리즘을 극복해야한다. 그는 잘못을 전가하고, 책임을 돌리며, 비난을 멈추지 않는 태도에서 벗어날 것을 권한다. 우리는 나약하고 반응적인 허무주의적 삶의 태도를 적극적으로 파괴해야 한다. 니체의 실존적 자기계발은 통속적인 자본주의적 인간계발과는 정반대의 윤리다. 들뢰즈는 니체를 따라 "인간들 가운데서 가장 흉악한 자는 반응적 허무주의를 대표한다"고 선언한다(NP: 287). 영원회귀의 윤리학은 지금 이 순간 나의 실존적 선택이 과거를 바꾸고 미래를 바꾼다는 논리다. 인간의 도덕에서 고개를 돌리는 비인간의 윤리이다.

니체는 '진리란 무엇인가'가 아니라, '누구의 진리인가'를 물어야 한다고 했다. 부동의 실체적 진리를 거부하고, '누구인가'에 따라 달라질 수 있는 가변적이고 다수적인 진리를 내세우는 것이다. 이것이 니체의 관점주의이다. 하나의 진리만 갖는 절대주의와 달리, 관점주의에는 다른 관점마다 다른 세계가 존재한다. 들뢰즈는 관점주의가 단순히 인식론에 그치는 것이 아니라 존재론적 다수성을 가리킨다고 생각한다. 니체의 관점주의는 들뢰즈의 '일관성의 면'으로 계승되어 모든 존재자가 갖는 관점들의 동등한 존속을 가리키게 된다. 하찮은 돌에서 생명체, 지구행성이라는 모든 신체가 존재론적으로 동등한 관점들을 갖는다는 의미다. 들뢰즈는 이것을 해석해 내는 것을 징후학이라고 부른다. 니체를 계승하는 들뢰즈는 "철학 그 자체는 징후학적이고, 유형학적이며, 계보학적이다. 사람들은 '미래의 철학'의 니체적 삼위일체를 알아본다"라고 말한다(NP: 143). 관점을 장착한 신체들의 유형들은 그 내부와 외부에서 서로를 비추며 징후학적으로 작동한다. 이렇게 드러나는 어떤 가치나 의미는 배후의 다양한 신체들의 미시적 힘에의 의지에 따른 것임을 밝히는 것이 바로 계보학이다. 그리고 이것이 들뢰즈와 니체의 삼위일체적 신체 철학이다. 이것은 결국 인간을 가능하게 하는 힘에의 의지인 비인간을 계보학적으로 탐구하는 작업으로 연장된다. 들뢰즈에 따르면, "니체의 긍정적 임무는 이중적이다. 즉 초인과 가치전환. '누가 인간인가'가 아니라, '누가 인간을 극복하는가'이다."(NP: 285) 이것이 바로 들뢰즈와 니체의 비인간주의 선언이다.

비베이루스 지 카스트루의
비인간 형이상학

『식인의 형이상학』은 '레비스트로스의 우화'를 소개하며 시작한다. "[정복자인] 스페인인들이 원주민에게도 영혼이 있는지 탐색하려고 조사단을 파견하는 동안, [피지배] 원주민들은 백인의 시체도 썩는지를 오랜 관찰을 통해 검증하려고 백인 포로들을 물에 빠트리는 데 열중했다."(Castro, 2009/2018: 32) 정복자들은 원주민에게 영혼이 있기는 할지 의심한 반면, 원주민들은 모든 존재가 영혼을 소유한다고 보았다. 단 그 영혼은 신체마다 다르기 때문에 어떤 신체-영혼인지를 알고 싶어 했다. 신체가 썩지 않는다면 신의 영혼을 소유한 것이라는 식이다. 이 이야기는 브라질의 인류학자 에두아르두 비베이루스 지 카스트루Eduardo Viveiros de Castro에게 신체에 대한 흥미로운 영감을 제공했다. 아마존 숲 공동체에서는 인간뿐만 아니라 닭, 파파야, 날씨, 귀신까지 모든 비인간이 서로 다른 신체-영혼으로 사유하며 살아간다. 카스트루에 따르면, 원주민들은 "인간 이외의 비인간적인 다른 주체들도 정확히 '그들처럼' 사유한다고 사유한다."(Castro, 2009/2018: 247) 그의 『식인의 형이상학』은 비인간의 신체 형이상학을 다룬다. 매 신체는 서로 다른 각각의 관점을 갖는다. 다양한 신체들에 의해 발산하는 관점주의perspectivisme가 숲 공동체의 구성원들마다 서로 다른 다多자연주의multinaturalisme로 이어진다. 카스트루의 철학을 '관점주의적 다자연주의'라고 부르는 이유다. 비인간들의 신체-관점마다 그것에 고유한 자연진리관을 보유한다. 그 무수한 신체-관점들이 다자연으로 얽혀 숲 공동체를 이룬다. 이로부터 백인 중심적이고 인간중심적인 전통적 인류학과 단절하는, 원주민과 비인간을 위한 새로운 인류학이 출현한다. 카스트루에 따르면, "신체성의 다양한 양식들[에 의해]… 관점주의에 관한 원주민의 이론이 출현한다. … 이제 원주민의 차례다."(Castro, 2009/2018: 91~92) 카스트루는 이런 전도된 인류학을 '역逆인류학'이라고 부른다. 원주민의 낯선 인류학에서 출발해 거꾸로 유럽 중심적 인류학으로 거슬러 올라가며 교정하려는 것이다.

'식인cannibalisme'의 형이상학은 신체들이 먹고 먹히는 것을 긍정한다. 포식성을 통해 서로 접고 접히는 신체-관점들 전체가 숲 공동체라는 기관 없는 신체를 이룬다. 인류학적인 먹고 먹힘의 입체적이고 연쇄적인 얽힘은 들뢰즈의 비인간 지구행성의 원리와 다르지 않다. 물론 여기서의 식인이 단순히 신체-고기를 먹는 것만을 의미하는 것은 아니다. 어쩌면 신체-관점으로서의 영혼을 먹는 행위가 더 중요할지도 모른다. 왜냐하면, 작은 신체-영혼들의 포식성이 큰 영혼인 '기관 없는 신체'를 가능하게 하는 것이기 때문이다. 말하자면, '포식성의 차이와 반복'이다. 이것은 아마존의 숲 공동체에만 있는 것이 아니다. 국가나 대도시, 민족도 일종의 숲 공동체다. 카스트루에 따르면, "포식 역량의 등급 위에서 차지하는 상대적 위치의 용어로 정의될 수 없는 존재자는 거의 없다."(Castro, 2009/2018: 43~44) 최근의 인류학만큼 들뢰즈 철학을 풍부하게 설명하는 분야도 없을 것이다. 특히 카스트루는 들뢰즈주의적 인류학을 대표하고 있다. 그는 숲 공동체를 통해 '되기 중의 회집체'가 무엇인지를 탁월하게 보여 준다. 그렇다면 우리가 비인간적 지구행성이라고 부르는 '회집체의 되기', 그리고 카스트루가 말하는 우주적 '타자-되기'는 어떻게 작동하는 것일까? 포식성 또는 먹고 먹힘의 무한한 연쇄는 빠른 속도로 서로 접어드는 회집체-되기다. 바로 이 되기(차이화) 순간의 민첩한 얽힘이 카스트루 형이상학의 이미지인 동시에, 들뢰즈 차이 철학의 전형적 형상이다. 비인간들이 끊임없이 얽히며 꿀렁이는 지구행성이다. 카스트루는 자신의 "관점주의와 다자연주의는 아메리카 종족학의 어떤 들뢰즈주의자-되기와 들뢰즈·과타리 철학의 어떤 원주민-되기가 만난 결과"라고 밝힌다(Castro, 2009/2018: 100). 들뢰즈의 이미지론에 따르면, 그것은 수없이 많은 면面이 서로 비추고 비치는 '크리스탈-이미지'이다. 인간 주체조차 그 크리스탈-이미지 속의 한 면에 불과하다. 우주 전체가 무수한 미세 미러볼의 산란散亂에 의해 무한히 서로를 비추는 거대한 미러볼이다. 매 순간 빠르게 점멸하는 디지털식 지구행성이다. 이로부터 별과 바람과 우주선과 에이리언이라는 신체-관점들이 떨어져 나온다. 물론 그 신체-관점들은 다시 지구행성이라는 기관 없는 신체를 움직이는 동력이 된다. 카스트루는 이 초분절적이고 비평형적인 되기를 "정신물리학의 다중안정적 객체multistable object… 쉴 새 없이 반대 상태로 변형되는 것"이라고 부른다(Castro, 2009/2018: 66). 이는 다양체 multiplicité(다중)가 들끓는 준안정적metastable 상태를 가리키는 개념이다. 들뢰즈의 되기 중인 회집체에 가장 가까운 개념이 바로 이 다중안정체인 것이다.

카스트루의 '관점주의적 다자연주의'가 크게 의지하고 있는 들뢰즈의 개념은 '되기'다. 카스트루의 숲 공동체를 가능하게 만드는 것은 신체-관점들의 민첩하게 뒤얽히는 되기(차이화)라는 것이다. 지구행성에 거주하는 비인간들은 서로를 먹고 먹히면서 식별불가능하게-되기를 목표로 타자-되기를 수행한다. 카스트루가 "모든 되기는 동맹이다"라고 말하는 이유다(Castro, 2009/2018:

209). 되기를 통해 인간은 동시에 재규어가 된다. 어떻게 인간이면서 동시에 재규어일 수 있는 것일까? 인간의 재규어-되기, 또는 재규어의 인간-되기는 인간이라는 한 극과 재규어라는 다른 한 극의 관계가 아니다. 되기는 인간과 재규어가 원래 하나임을 말하는 개념이다. 다중안정적으로 급변하는 신체-관점들의 되기는 빨라질수록 식별불가능하다. 속도가 느려지면 인간과 재규어를 구분하려는 힘들이 강해지지만, 그것은 원래 구분조차 힘든 것이다. 그래서 인간에게 피인 것이 재규어에게 맥주 같은 것이 된다. 숲 공동체를 구성하는 객체들은 '인간 | 재규어…'로, '피 | 맥주…'로 존재한다. 숲 공동체에는 분자적인 '인간 | 재규어…'는 있지만, 몰적인 인간이나 재규어는 없다. 유식학의 '일수사견一水四見'은 하나의 객체를 신체-관점마다 네 가지 다른 물(水)로 본다고 말한다. 천상계에서 보면 땅에 박힌 보석이고, 아귀에겐 피고름, 인간에겐 마시는 것, 물고기에겐 집이다. 중요한 것은 이 네 가지가 실재하는 객체라는 것이다. 다중안정적인 이 존재 형상은 크리스탈처럼 서로를 비추고 비치며 매 순간 되기를 수행한다. 카스트루에게 "되기는 이질적인 것 사이의 포획, 공생, 횡단적 연결이라는 순간적 운동"이기 때문이다(Castro, 2009/2018: 205). 특정한 신체-관점 때문에 특정한 객체로 보일 뿐이다. 사실 점멸하는 이 형상은 무어라 할 만한 것이 없다. 되기에는 차이화하는 끊임없는 탈영토화만이 있을 뿐이다. 카스트루는 "교환, 또는 관점들의 무한한 순환. 이것은 교환의 교환, 변신의 변신, 시점에 대한 시점, 다시 말해 되

기다"라고 말한다(Castro, 2009/2018: 300). 되기는 고정된 극들 사이를 이동하는 것이 아니라, 오히려 그런 극들을 해체한다. '모든 관계는 그 항들에 외재적이다'라는 들뢰즈의 테제가 성립하는 이유도 바로 이 되기 때문이다. 그래서 되기의 결정적 이미지는 정중동靜中動이다. 되기는 제자리에서 급변하는 다중안정적 회집체다. 카스트루도 "제자리에서 일어나는 그 순간적인 운동, 들뢰즈가 되기라고 부르게 될 운동의 일반성을 예감한다. 되기는 이중의 비틀림이다."(Castro, 2009/2018: 286) 이것이 바로 산란하는 숲 공동체 또는 디지털 방식으로 꿀렁이는 지구행성이다.

카스트루는 『식인의 형이상학』에서 들뢰즈의 신유물론을 주로 참고하지만, 그 배경에는 들뢰즈를 통해 신유물론적으로 소환된 스피노자와 니체, 베르그손의 신체 개념이 자리하고 있다. 들뢰즈의 '기관 없는 신체'가 가진 큰 영혼을 카스트루의 작은 신체-관점들이 나누어 갖는다. 이것은 잠재적인 것이 현행화하는 것을 가리킨다. 신체적 유물론의 맥락에서 스피노자와 니체, 베르그손이 들뢰즈의 과거라면, 카스트루는 들뢰즈의 미래다. 다음으로는 들뢰즈주의 전통의 신체와 되기 개념이 카스트루의 '관점주의적 다자연주의'에서 어떻게 변주되는지 간단히 살펴보자. 첫째, 관점주의는 카스트루가 브라질 북동부의 원주민 부족을 20여 년에 걸쳐 연구한 결과다. 관점주의는 니체에게서 가져온 개념이다. 절대주의가 하나의 진리에 매달려 있는 반면, 니체의 관점주의는 신체마다 각자의 진리를 보장한다. 카스트루는 관점주의를 숲 공동체의 유물론적 관점주의로 확장시키고 있다. 그런 존재론적 확장은 스피노자의 '심신평행론'이라는 기원을 가진다. 심신평행론은 정신과 신체가 주체의 두 측면이라는 진부한 이야기는 아니다. 스피노자의 유물론적 전통은 신체가 정신보다 우선한다는 입장이다. 이것은 '일체유심조一切唯心造'라는 교리조차 신체 중심적으로 해석할 수 있는 공간을 마련해 준다. 생긴 대로 살고, 그렇게 살아서 그런 신체가 되는 것이다. 신체가 영혼을 결정한다는 발상은 카스트루의 관점주의가 유물론적 애니미즘이라는 것을 말해 준다. 그는 '레비스트로스의 우화'가 보여 준 "그 인류학적 교차는 그 당시에 애니미즘적이라고 막 정의되었던 존재론들의 핵심 자체에서 신체성의 경제 전체가 가진 중요성을" 보여 준다고 말한다(Castro, 2009/2018: 38). 애니미즘의 중심에 신체성이 자리하고 있다는 말이다. 그런데 편재하는 영혼을 말하는 애니미즘이 물질적이라는 것이 가능한 것일까? 만약 애니미즘이 단순히 영혼을 소유하는 문제가 아니라면 어떻게 할 것인가? 카스트루에게 영혼은 신체-관점과 떼려야 뗄 수 없다. 기관 없는 신체를 공유하고 있는 큰 영혼은 신체-관점을 통해 작은 영혼들로 나누어진다. 이 종적인 신체들에 따라 다른 영혼과 다른 인격을 가지게 된다. 카스트루는 "바로 이러한 유물론적[신체적]이면서 사변적인[영혼의] 이중적 얽힘이 우리가 관점주의라고 부른 것이고 그런 얽힘이 애니미즘에 관한 통상적 재현"이라고 주장한다(Castro, 2009/2018: 39). 서구 중심적 인류학은 원주민의 애니미즘을 미신에 가까운 영혼 물신주의로 취급해 왔다. 카스트루는 유물론적 애니미즘으로부터 신체와 영혼의 관계를 '역逆서술'하여 유럽 중심적 편견을 교정하려고 한다.

둘째, 다자연주의는 하나의 자연이 아니라, 하늘의 별만큼 많은 자연(진리세계)을 긍정한다. 우리는 권력과 자본에 의해 고정된 획일적 자연진리에 노출되어 있지만, 그것의 그림자에는 수많은 자연진리가 억압된 채 숨을 죽이고 있다. 카스트루가 관점주의적 다자연주의를 통해 복원시키려고 하는 것이 바로 그 숨어 있는 자연진리들이다. 인류학에서는 이런 시도들을 '존재론적 전회 Ontological Turn'라고 부른다. 카스트루에 따르면, "관점적 다자연주의는 개념 중의 개념이라는 왕좌를 두고 다투는 인류학적 주장 중 하나다."(Castro, 2009/2018: 78) 카스트루와 함께 인류학의 존재론적 전회를 이끌고 있는 필리프 데스콜라Philippe Descola는 전통적 토테미즘totémisme을 네 가지 개념들로 확장한다. 인간과 비인간의 관계를 애니미즘, 자연주의, 토테미즘, 유비추리analogisme로 나누어 보는 것이다. 이 네 가지는 '신체와 영혼'의 관계에 대응하는 '물질성과 내부성'의 관계를 통해 정의된다. 애니미즘은 인간과 비인간은 다른 신체라도 유사한 영혼을 갖는다고 보는 데 반해, 자연주의는 비슷한 신체라도 다른 영혼을 갖는다고 본다. 토테미즘은 인간과 비인간은 신체와 영혼이 모두 유사하다고 보는데 반해, 유비추리는 인간과 비인간은 신체와 영혼이 모두 이질적이라고 본다. 이런 구분은 레비스트로스의 우화에 그대로 적용된다. 유럽의 정복자들이 자연주의적 태도를 취했다면, 아마존 원주민들은 애니미즘적 태도를 보인 것이다. 특히 숲 공동체의 수많은 신체-영혼은 각자 자신의 자연진리를 갖는다. 신체-영혼들 사이에 우위는 없다. 이 때문에 데스콜라의 자연주의는 카스트루에게는 다자연주의가 된다. 애니미즘과 자연주의가 밀접하게 얽혀 든 관점주의적 다자연주의다. 이런 얽힘의 작동 방식이 들뢰즈가 베르그손으로부터 가져온 현행적인 것과 잠재적인 것의 순환 구조다. 베르그손의 우주는 이미지들의 난반사로 구성되어 있다. 이는 바로 들뢰즈의 크리스탈-이미지이자 카스트루의 신체-관점들이다. 그런 난반사가 특정한 관계에 따라 물질화하고 현실화한다. 베르그손은 『창조적 진화』에서 이것을 용기의 균열을 통해 분출하는 뜨거운 수증기에 비유한다. 수증기는 온도의 감소라는 차이화에 의해 물방울로 결정화한다. 들뢰즈는 이것을 잠재적인 것의 현행화로 발전시킨다. 들뢰즈는 실재적인 것$_{Reel}$이 드러나 있는 현행적인 것$_{Actuel}$뿐만 아니라 배후의 잠재적인 것$_{Virtuel}$도 갖는다고 강조한다(R=A+V). 이런 구도 위에서 '차이와 되기의 변증법'이 세 단계로 진행된다. 첫 단계는 현행적인 것을 중심으로 실재를 다룬다. 현행적인 것과 잠재적인 것은 배타적이고 대립적인 것으로 다루어진다(A≠V). 여기서는 실재적인 것이 뚜렷이 구분되는 연장적, 몰적인 것으로 간주된다. 이 때문에 실재를 이원론으로 다루게 되는 한계를 보인다. 두 번째 단계는 잠재적인 것을 중심으로 실재를 본다(A⊂V). 여기서는 겉으로 드러난 현행적인 것을 가능하게 만드는 강도적이고 잠재적인 힘에 주목한다. 카스트루에 따르면, "외연적-현실적 극이 제기한 이원론[현행적인 것은, 강도적-잠재적 극에 놓인 분자적인 다양체[잠재적인 것]의 몰적인 겉모습이자 [정지된] 위상, [이차적] 메아리에 불과한 것으로 밝혀진다."(Castro, 2009/2018: 139) 되기(차이화)는 헤겔적인 보편성을 지양하면서 다시 보편성으로 돌아오는 것이 아니라, 매 순간 이전의 특수자들과 무관한 새로운 보편성의 블록을 생성한다. 그러나 그 다원론적 장점에도 불구하고, 잠재적인 것은 추상적이고 원리적인 한계를 갖는다. 이 때문에 구체적 현실에 적용하는 문제는 아직 숙제로 남아 있다. 세 번째 단계는 실재가 현행적인 것과 잠재적인 것이 서로 얽혀 있는 것임에 주목한다(A=V). 현행화된 것들과 아직 현행화하지 않은 것(잠재적인 것)들이 서로 난반사하면서 실재를 구성한다. 카스트루는 이것에 대해, 실재는 비대칭적이고 불균형적이어서 "서로 연관시킨 항들이나 관점들 사이의 비대칭적 상호 함축의 운동"의 연속이라고 말한다(Castro, 2009/2018: 129). 이것을 게슈탈트(형상/배경)로 보면, A 중심에선 전경의 형상만 보고, V 중심에선 배후의 배경을 강조하는 것이다. 반면 R 중심에선 형상과 배경이 식별불가능한 하나이면서 되기를 통해 빠르고 연속적으로 교환되는 것으로 본다. 일원론인 동시에 다원론인 다중안정체 또는 크리스탈-이미지이다. 중요한 것은 그 배경이 무수한 다른 형상으로 이루어진 다중안정체임을 아는 것이다. 형상을 분석하는 데 치중하면 배경의 다양한 형상들과의 관계를 놓친다는 것이다. 이것이 꿀렁이는 비인간 지구행성의 실재다.

셋째, 카스트루는 차이와 되기의 변증법을 통찰하는 능력을 샤머니즘이라고 부른다. 일반적 인간은 재규어에게 피가 맥주 같은 것이라는 것을 모른다. 또 인간은 물이 아귀에게 피고름이라는 것을 모른다. 샤먼만이 이질적인 신체-관점들 사이의 급변하는 그 객체를 제대로 통찰할 수 있다. 카스트루에 따르면, "샤먼들은 다른 종들이 자기 자신을 바라보는 것과 같은 식으로 그 종들을 바라볼 능력이 있다."(Castro, 2009/2018: 187) 샤먼은 있는 그대로의 꿀렁이는 지구행성을 볼 수 있는 자이다. 그 지구행성이 다중안정체이자 크리스탈-이미지, 되기-회집체라는 것을 통찰하고 있는 자이다. 샤머니즘의 다중안정적 작동 방식은 니체의 영원회귀를 닮아 있다. 영원회귀에는 과거-현재-미래가 하나로 얽혀 눈 깜빡하는 순간Augenblick의 차이와 반복으로 드러날 뿐이다. 샤머니즘에 있어 객체도 보석-피고름-음료-집이 동시적인 하나의 형상으로 존재한다. 양자역학quantum mechanics의 이중슬릿 실험의 경우를 보자. 여기서 문제는 양자가 입자이면서 파동이라는 모순적 양상을 보인다는 것이다. 그러나 양자가 원래 입자인 동시에 파동이라면 어떻게 할 것인가? 그것을 모순이라고 하는 것은 인간뿐이라면 어떻게 할 것인가? 어쩌면 모든 실재가 입자와 파동처럼 여러 형상이 중첩된 것인지도 모른다. 이 중첩된 다중안정체를 통찰할 수 있는 존재가 바로 샤먼이다. 샤먼은 꿀렁이는 지구행성을 있는 그대로 본다. 양자는 처음부터 무어라 할 수 없는 객체이다.

인간-신체만 그것을 동시에 볼 수 없을 뿐이다. 샤먼만이 마치 슈뢰딩거의 고양이처럼 "아직 어머니 배 속에 있는 아이는 '그 자체가 쌍둥이다.' 대립하는 성의 잠재적 중복을 지니고 있기 때문"이라고 설명한다(Castro, 2009/2018: 239). 이 미분적 쌍둥이 관계인 잠재적 중복 상태를 볼 수 있는 자가 바로 샤먼이다. 카스트루는 지구 위기의 시대에 우리 모두 샤먼이 되어야 한다고 말한다. 샤먼-되기는 들뢰즈의 타자-되기 능력이다. 타자-되기는 단순히 나와 다른 것으로 되기에 그치는 것이 아니라, 타자가 다중안정체임을 알고 나도 거기에 얽혀 있음을 보는 것이다. 타자-되기가 궁극적으로 식별불가능하게-되기인 이유다. 지구행성의 모든 비인간은 원래 샤먼의 능력을 타고났지만, 일종의 샤먼-망각에 의해 인간 중심적인 인류세 위기에 처하게 되었다. 오늘날의 지구 위기는 샤먼-망각에 의한 일종의 게슈탈트 붕괴다. 눈앞의 현행적인 것에만 몰두하면 하이데거식의 존재-망각의 폐해에 이르게 된다는 것이다. 그 결과, "샤먼의 우주론적 브리콜라주는 종말을 고하고, 사제의 신학적 기술 작업이 시작된다."(Castro, 2009/2018: 197) 카스트루는 이 사태를 뒤집어 숲 공동체를 해방시키는 전략으로 '역逆변증법'을 내세운다. 이것은 헤겔식의 보편적이고 관념적인 변증법의 반대편에 서 있는 샤먼의 역변증법이다. 개별자의 신체-관점은 더 이상 결과가 아니라 원인으로, 끝이 아니라 시작으로 자리 잡아야 한다. 꼬리를 흔들어 머리를 재편해야 한다. 샤먼적 통찰을 통해 역으로 보편자 행세를 하는 사제권력에 저항해야 한다. 카스트루는 "객체에 대한 [진정한] 해석은 그 객체를 역해석하는 것"이라는 태도를 강조한다(Castro, 2009/2018: 52). 타자-되기의 동맹은 목적으로 고정된 혈연이 아니라 분자적으로 되기 중인 결연을 가리킨다. 되기는 매 순간 기존의 항들을 해체하면서 차이를 도입하는 것이다. 카스트루는 이것을 "종들을 뒤섞고, 더 나아가 함축적 종합에 의해 연속적 차이들을 역逆실행"하는 것이라고 말한다(Castro, 2009/2018: 209). 유럽 백인 중심적 인류학의 실행은 인과적 사슬을 엮어 보편을 강요하지만, 역실행은 그 보편적 권위를 해체하려는 역逆인류학이다.

카스트루는 전 지구적 위기를 맞아 세계의 종말을 거부하기보다는 우선 겸손하게 그것을 인정할 필요가 있다고 말한다. "세계의 종말(생명, 행성, 태양계 등의 종말)은 피할 수 없다. 레비스트로스의 유명한 문장을 인용하자면, '세계는 인간 없이 시작되었고, 인간 없이 끝날 것이다.'"(Castro, 2019/2024: 87) 이 겸손한 태도에 기초하여 전통적 사유 방식을 완전히 뒤집는 사변적 사유 실험이 필요하다는 것이다. 지금까지 보편적이고 절대적이라고 믿어 왔던 것들에 대한 도발적 문제제기가 필요하다. 카스트루는 자신의 '식인의 형이상학'이 "형이상학'들'Metaphysiqueﾟ"이라는 프로젝트 가운데 하나라고 강조한다(Castro, 2011/2022: 169). 형이상학'들'은 유일한 보편적 형이상학만 있는 것이 아니라, 신체-관점을 공유한 공동체마다 자기의 형이상학을 가진다는 의미다. 아마존 원주민의 형이상학이 있고, 한민족의 형이상학이나 북극의 형이상학이 따로 있다. 심지어 샤먼은 우리 모두 자기만의 형이상학을 발견하기를 요구한다. 카스트루는 "형이상학의 좋은 점은 … 모두가 그것을 다르게 가지고" 있다는 것이라고 밝힌다(Castro, 2011/2022: 163). 카스트루는 샤머니즘이 예술가나 철학자의 몫으로 남아서는 안 된다고 말한다. 지구 위기를 맞아 그 다양한 형이상학마다의 역실행을 통해 각각의 대안을 찾아야 한다. 이제 형이상학'들'은 우리의 권리이자 의무로 돌아왔다. 개별자들의 샤먼-되기와 함께, 보편자들의 역실행은 우리의 몫이 되었다. 이를 위해 우리는 카스트루식 물음에서 시작해야 한다. 우리의 형이상학은 무엇인가? 또는 나의 형이상학은 무엇인가?

3.
『차이와 반복』:
비인간적 차이

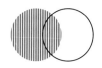

　드니 빌뇌브Denis Villeneuve의 영화 《컨택트》(2016)에서 주인공
은 외계인의 언어를 배우면서 다른 시간의 체계 속으로 들어간다.
그것은 과거와 현재, 그리고 미래가 공존하는 시간이다. 연대기적
이고 인과적인 인간의 시간적 매듭이 풀어진out of joint 시간이다.
주인공은 하나로 얽힌 시간 속에서 자신이 미래에 여자아이를 갖
게 될 것이고, 그 아이가 15년밖에 살 수 없다는 것을 알게 된다.
영화의 원작인 테드 창Ted Chang의 소설 《당신 인생의 이야기》에
서 '당신'이 그 딸이다. 이런 의미에서 이 이야기는 '당신 없는 당
신의 이야기'라는 모순에 직면한 이야기이다. 자, 아이를 낳을 것
인가? 이 갈등의 순간은 현재 대 미래의 충돌이자, 연대기적 시간
대 하나로 얽힌 시간의 대립, 인간중심적 시간 대 비인간적 시간
의 대결이다. 이처럼 다른 시간이 창조된다면, 우리는 사유 전체
와 삶 전체를 바꾸어야 할지도 모른다. 아니, 다르게 살고 싶다면,
먼저 시간을 다르게 읽고, 세계를 다르게 보아야 한다. 우리도 지
금 그런 새로운 시간 앞에 서 있다. 생태 지구와 디지털 지구라는
지구행성의 낯선 분신들이 전면에 부상했다. 자, 어떻게 할 것인
가? 들뢰즈 철학을 여기로 소환하는 이유는 그의 사유가 이 순간
에 우리에게 어떻게 할 것인가를 말해 줄 수 있는 몇 안 되는 사유

이기 때문이다. 나머지는 우리의 몫이다. 우리는 이 위기와 혼란의 시기에 들뢰즈를 어떻게 이용할 것인가?

들뢰즈의 주저인『차이와 반복』이 출판된 1968년도 격변기였다. 현상학에서 실존주의로, 실존주의에서 구조주의로, 그리고 구조주의에서 후기구조주의로, 짧은 시간 동안 빠르게 서구의 사유 구도가 변하고 있었다. 68혁명을 전후로 사유는 다시 계급에서 욕망으로, 전체가 아니라 개인으로 급속하게 휘어지고 있었다. 들뢰즈는 개인적으로도 힘든 시간을 보내고 있었다. 결핵으로 인한 폐절제 수술을 받아야 했고, 이것은 평생의 고통으로 지속된다. 이런 상황에서 박사학위 논문으로 발표한 것이『차이와 반복』이다. 『차이와 반복』은 개인적이고 사회적인 변화가 학문적으로 응축된 결과물이다. 2차 세계대전 이후 철학을 접하면서 들뢰즈는 기존의 철학이 시대에 어울리지 않는다는 것을 느끼게 된다. 대학에서 가르치는 철학은 이미 패스트푸드처럼 획일적으로 유통되고 있었다. 그 불만은 소리 없이 68혁명의 시대 감각에 반영되었고, 새로운 철학에 대한 목소리가 높아지고 있었다. 들뢰즈를 비롯한 자크 데리다Jacques Derrida, 미셸 푸코Michel Foucault 등이 비슷한 고민 속에서 태어났다. 당시에는 전통적 철학사와 권위적 개념들에서 벗어나는 것이 시대적 소명으로 주어졌다. 이런 분위기 속에서 쓰인 『차이와 반복』의 기본적 위상은 철학사적 단절이다.『차이와 반복』이 아무리 기존의 철학적 이슈를 다루고, 철학적 전통을 잇고 있는 것처럼 보이더라도, 우리는 그 연속보다는 단절에 주목해야 한다. 뒤에서 다루겠지만, 『안티 오이디푸스』의 기본적 종합 원리에서 보이듯이, 오직 단절만이 흐름을 보장한다. 단절이라는 시대적 소명이 들뢰즈의 차이화, 되기, 탈영토화, 도주선 등의 핵심 개념들을 탄생시켰다. 들뢰즈가 말하는 모든 흐름, 접속, 종합이 사실은 어떤 단절의 첨점을 가리킨다는 것을 놓쳐서는 안 된다.

들뢰즈의 저작 가운데 가장 대중적으로 널리 알려진 것은 『안티 오이디푸스』와 『천 개의 고원』이다. 68혁명이라는 시대정신과 직접 소통하고 있기 때문일 것이다. 그런데 정작 1968년에 출간된 『차이와 반복』은 전문가들 사이에서만 소리 없이 알려졌다. 일부에서는 그 이유를 그 책들의 성격이 다르기 때문이라고 말하기도 하고, 두 저작의 시기를 나누어 한쪽을 지지하기도 한다. 알랭 바디우Alain Badiou나 슬라보예 지젝Slavoj Žižek은 과타리와 함께한 시기가 『차이와 반복』의 존재론을 오염시켰다고 비판한다. 『차이와 반복』의 문제의식을 혼자 더 밀고 나갔더라면 『안티 오이디푸스』나 『천 개의 고원』보다 더 나았을 것이라는 이유다. 이들은 들뢰즈-과타리의 협업 시기를 동떨어진 것으로 놓고 싶어 한다. 이에 반해, 이를 『차이와 반복』을 중심으로 한 다른 속도와 리듬을 가진 이어달리기로 보아야 한다는 입장도 있다. 들뢰즈 자신의 개념에 빗대어 보면, 『차이와 반복』이 분자적moléculaire 차원의 세계를 중심으로 다룬다면, 『안티 오이디푸스』와 『천 개의 고원』은 몰적molaire 차원의 세계를 주로 다룬다. 한 분자와 한 몰의 차이는 한 인간과 지구 사이의 크기와 같다. 몰적인 이야기는 감각 가능한 것들이어서 이해가 쉽지만, 분자적 이야기는 감각을 떠나 있어 이해가 더 어렵다. 『차이와 반복』이 『안티 오이디푸스』와 『천 개의 고원』보다 이해하기 쉽지 않은 이유다. 그러나 지구행성적 차원에서 보면, 하나의 세포나 기관, 인간, 사회, 국가, 지구행성은 그리듬이나 속도는 다르지만 '차이화'라는 들뢰즈의 핵심 테제 안에서 하나로 묶인다. 이것이 바로 들뢰즈가 말하는 실재의 정체다. 실재는 분자적인 것과 몰적인 것의 얽힘, 잠재적인 것과 현행적인 것의 이어달리기와 같다. 『안티 오이디푸스』와 『천 개의 고원』조차 잠재적 차원의 분자적 욕망이 어떻게 현행적 차원의 몰적 현상으로 드러나는가를 다룬다. 『안티 오이디푸스』와 『천 개의 고원』은 모두 『차이와 반복』이 발명해 낸 차이소들의 차이화의 영향권 안에 있다. 이것은 『차이와 반복』도 마찬가지다. 영화 《컨택트》에서 주인공은 자기 딸이 15살에 죽을 것을 알면서도 결혼을 하고 딸을 낳는다. 뒤늦게 그것을 알게 된 남편은 화를 내며 떠난다. 남편은 미래의 고통을 뻔히 알면서 그것을 선택하는 것은 무책임하다고 생각한 것이다. 그러나 주인공의 시간은 다르다. 하나로 얽혀 있는 시간에서 결과를 확정하는 원인은 없다. 오직 사건이 발생할 뿐이다. 예컨대, 봄의 꽃들은 흐드러지게 피어날 뿐이다. 봄이 와서 꽃이 피는 것이 아니다. 시간은 사후에 온 것이다. 차이화하는 우주를 인간적 틀 안에 가둔 것이 선형적 시간이다. 동시적으로 얽힌 시간 안에서는 모두가, 주인공의 딸도 만화방창萬化方暢할 뿐이며, 지구행성은 차이화할 뿐이다. 『차이와 반복』과 『안티 오이디푸스』및『천 개의 고원』의 차이도 결국 비인간 지구행성을 어느 수준에서 다루는가의 문제일 뿐이다. 세포핵에서 지구행성에 이르기까지, 모든 회집체는 다른 회집체들로 구성되며, 또 다른 회집체를 구성해 간다. 어느 단계에서 그것을 다루더라도, 그것은 결국 지구행성적 차이화를 향하고 있다.

오늘날에는 인간중심적 지구에서 생태적이고 디지털적인 지구로의 이행이 가시화하면서, 사변적 실재론과 신유물론을 비롯한 새로운 사상이 등장하고 있다. 이들은 더 이상 인간을 상수로 두지 않고 지구행성의 일부로 편입시키면서 대안적 사유를 제시하고 있다. 이런 흐름의 현대적 발원지 가운데 하나가 들뢰즈의 철학이다. 그의 테제 가운데 대표적인 것이『차이와 반복』의 비인간적 차이화 테제다. 그는 인간중심적 동일성을 벗어나 지구행성적 차원의 차이화를 사유하게 만들어 주었다. 오늘날 우리는 거의 신의 관점에서 태풍의 이동 경로를 관찰하고, 지구 전체에서 벌어지는 이상기후와 그 피해를 실시간으로 들여다볼 수 있게 되었다. 생태 지구와 디지털 지구가 거의 동시에 우리의 삶을 뒤흔드는 것은 우연이 아니다. 디지털 지구를 가져온 자본주의가 그 이면에서 인류세의 위기를 낳았다. 이제 인간은 어쩔 수 없이 인간중심주의를 내려놓고 생태 지구와 디지털 지구로의 이주를 받아들이지 않을 수 없게 되었다. 모든 비인간이 지구행성에 대해 동등한 권리를 갖는다는 생각은 점점 더 설득력을 얻고 있다. 우리가 오랫동안 믿어 온 것들에 대한 전면적 반성과 급진적 해체가 진행되고 있다. 들뢰즈는 우리가 지금에서야 알게 된 사실들을 일찌감치 통찰하고 있었다. 우리 믿음의 대부분은 흐름의 일시적 단면이라는 것, 그렇게 정지한 것들은 사실 차이화하는 흐름의 극히 짧은 중단에 불과하다는 것이다. 인간의 관점을 조금만 비켜서면 실재가 얼마나 변화무쌍한지 금방 알게 된다. 저 창문의 유리조차 다소 시간이 걸릴 뿐, 2500년이 지나면 액체처럼 완전히 흘러내린다. 100년도 못 사는 인간이 볼 때 유리는 고체지만, 지구행성적 시간에서 보면 유리는 액체인 것이다. 지구적 생태 위기와 AI(Artificial Intelligence)에 대한 공포 앞에서, 우리는 인간중심주의에 대한 익숙한 경고를 떠올린다. 카를 마르크스Karl Marx는 『공산당 선언』에서 "모든 딱딱한 것은 공기 중으로 사라질 것이다"라고 예고했다. 푸코는 『말과 사물』의 마지막 페이지에서 "언젠가 인간의 얼굴은 백사장의 모래 위 낙서처럼 사라질 것이다"라고 경고했다. 이들의 선언적 주장을 존재론적으로 해명한 것이 들뢰즈의 차이 철학이다. 격변과 불안 속에서 들뢰즈의 심정을 헤아리면서 비인간 지구행성을 탐사해야 하는 이유다.

차이들이
차이화하면서 반복한다

『차이와 반복』은 들뢰즈가 자신의 이념인 '차이'를 정립한 책이다. 『차이와 반복』은 기존의 '차이' 개념과 '반복' 개념을 전복하기 위해 쓰였다. 개념의 전복은 존재론 전체를 뒤집는 것이기도 하다. 흔히 반복은 동일한 것의 반복이고, 차이는 그런 반복들 사이의 격차를 가리키는 것으로 이해되어 왔다. 동일성에 대한 이런 믿음은 실체주의와 본질주의의 기원을 이룬다. 그러나 인간 관점의 동일성이 다른 존재들에게도 동일한 것일까? 오히려 인간을 위한 동일성이 인간의 본질적 한계인 것은 아닐까? 『차이와 반복』은 차이 존재론이다. 들뢰즈의 반복은 동일성이 아니라 차이를 가리킨다. 그에 따르면, "차이는 두 반복 사이에 있다. 이는 역으로 반복이 또한 두 차이 사이에 있으며, 우리로 하여금 차이의 한 질서로부터 다른 한 질서로 이동하게 만든다."(DR: 182) 사실 존재하는 것은 차이화뿐이다. 반복도 또 다른 차이의 시작이다. 차이는 반복하면서 점점 더 세분화하고 정교화한다. 차이와 반복은 분리되어 따로 존재하는 것이 아니다. 다만 "차이가 차이화하면서 나아가는 차이"라는 것이 중요하다(DR: 144). 이것은 반복만이 차이화한다는 의미이기도 하다. 『차이와 반복』의 난해함은 '차이와 반복'을 독립된 것으로 보려는 인간적 한계 때문이다. 영화 《컨택트》에서 인간은 외계인과 소통할 수 없었다. 인간의 언어가 가진 한계 때문에 훨씬 발달된 외계의 문명어를 수용할 수 없었던 것이다. 들뢰즈에게 동일성이란 끊임없는 차이화의 흐름이 어느 지점에서 일시적으로 정체되거나 정지된 것에 불과하다. 수많은 흐름속에서 극히 일부에 지나지 않는 인간중심적 리듬과 속도를 동일성이라고 부르는 것이다. 우리는 인간의 동일성을 무시할 수 없지만, 그것을 배타적인 불변의 진리로 간주해서는 안 된다. 생태 지구나 디지털 지구에서 그런 인간중심적인 사고는 부메랑이 되어 돌아온다. 그런 사고는 더 이상 세계를 이해할 수 없고 고립을 자초할 뿐이다. 그래서 들뢰즈는 인간적 차원을 벗어나지 않으면 이해할 수 없는 개념들을 멈추지 않고 나열한다. 거기에 더해 들뢰즈는 니체를 따라, 이미 주어진 진리가 '무엇'인지 묻지 말고, 그 진리가 '누구'의 것인지를 물어야 한다고 충고한다. 진리는 관점을 가진 모두의 수만큼 많다. 일시적으로 다수가 공명하는 진리가 존재할 수는 있지만, 그때에도 그것을 동원하는 권력을 읽어 내야 한다. 동일성을 볼 것이 아니라 차이의 흐름으로 세계를 보고 그 패턴의 변화에 민감해야 한다. 우리는 무엇보다 먼저 탈인간적이어야 하고 비인간적이어야 한다.

『차이와 반복』을 읽는 사람들이 이 책을 읽기 힘들어하는 이유 가운데 하나는 '차이화' 또는 '차이화의 반복'에서 주어를 발견할 수 없기 때문이다. 누가 또는 무엇이 차이화하느냐고 물어보고 싶을 것이다. 사람들은 손에 잡히는 대답을 원하지만, 『차이와 반복』에서는 당연한 듯 주어를 생략한다. 『차이와 반복』에 주어가 없는 이유는 모든 존재가 주어이기 때문이다. 들뢰즈의 주인공은 인간이 아니라 비인간 전체이다. 분자에서 몰까지, 세포핵에서 인간까지, 인간을 넘어 지구행성, 우주까지 모든 존재는 동등하게 차이화한다. 『차이와 반복』이 쉽지 않은 진짜 이유는 '모두가 존재론적으로 동등한 주인공이다'(존재의 일의성)라는 인간이 받아들이기 어려운 사실을 말하고 있어서일 것이다. 이 곤란함을 해결하려면 우리는 '비인간 지구행성'을 『차이와 반복』의 주어로 두어야 한다. 독해의 편의를 위해서이기도 하지만, 그것이 정확한 사실이기 때문이다. 사전적 탐색으로는 차이와 반복 개념에 대해 아무것도 얻을 수 없다. 사전이야말로 권력의 이해관계를 반영한 동일성의 논리 자체이기 때문이다. 들뢰즈는 차이와 반복의 개념들을 구조와 패턴으로 읽을 것을 권한다. 이는 다른 개념들과의 관계와 그 속에서 차지하는 의미, 그리고 그 위치의 출현 패턴 같은 것이다. 비인간적 지구행성이라는 들뢰즈의 존재들도 실체적인 존재들이기 이전에 어떤 에너지 덩어리로 읽어야 한다. 들뢰즈의 개념들은 뉴턴적Newtonian 물체 이전의 양자역학적 에너지를 가리킨다. 실체적 물체들은 들뢰즈 개념의 스펙트럼의 극히 일부에 지나지 않는다. 비인간 지구행성은 광물, 동식물, 인간, 자동차, 컴퓨터 등등을 포함하지만, 그 구체적 사물들에 도달하기 이전의 잠재적 에너지를 먼저 고려해야 한다. 들뢰즈의 개념들은 그런 실체나 주체, 객체 이전에 그것들을 가능하게 만든 미시적 차원의 힘(역량, 역능)을 다루기 때문이다. 『차이와 반복』에서 말하는 차이와 반복이 인간중심적 동일성의 반복이 아닌 이유다.

　비인간 지구행성은 다양체적 회집체다. 지구행성 자체가 하나의 회집체인 동시에, 그것을 구성하는 여럿의 회집체다. 하나이면서 내재적으로 여럿인 것을 들뢰즈는 다양체라고 부른다. 하나의 회집체는 그것을 구성하는 또 다른 회집체들로 이루어져 있다는 의미에서 모든 회집체는 다양체적 회집체다. 거시적 지구행성을 가리키는 들뢰즈의 궁극적 개념들에는 일관성의 면, 내재성의 면, 존재의 일의성, 기관 없는 신체, 임플렉스Implexe, 그리고 알(卵)이 있다. 이것들은 결국 알 같은 지구, 꿀렁이며 생성변화 하는 지구행성의 형상이다. 미시적 지구행성은 다양한 비인간들로 이루어지지만, 들뢰즈는 이를 주체 이전의 애벌레주체, 자아 이전의 작은 자아, 개체 이전의 분할개체라고 부른다. 이 미시존재들은 크기가 아니라 차이화를 특성으로 한다. 감정화affection 이전의 정동affect, 지각화perception 이전의 지각percept, 개념화conception 이전의 개념concept, 분화differenciation 이전의 미분화differentiation 등이다. 이는 인간화되기 이전의 비인간들이다. 이처럼 거시적이면서 동시에 미시적인 회집체들의 다양체가 비인간 지구행성의 실재다.

『차이와 반복』의 핵심은 4장 '차이의 이념적 종합'과 5장 '감성적인 것의 비대칭적 종합'이다. 『차이와 반복』은 결국 이념과 감성을 다루는 책이다. 소제목에서 알 수 있듯이, 들뢰즈는 의도적으로 인간 이성 너머의 '이념l'idée'과 인간 이성 이전의 '감성le sensible'을 다룬다. 칸트식의 이성적 범주들에 포획되기 이전의 감성과 그 너머의 이념을 다루는 것이다. 말 그대로 비인간적 이념과 감성을 다룬다. 『차이와 반복』이 비인간 지구행성학인 이유이다. 먼저 '차이의 이념적 종합'을 살펴보자. 들뢰즈의 이념이 플라톤Plato의 이념(이데아)의 반대편에 서 있다는 것은 널리 알려져 있다. 플라톤

이 모방의 모방이라며 쓰레기통에 처박은 시뮬라크르simmulacre가 들뢰즈의 이념이다. 하나의 이데아에 대립하는 수없이 많은 이념의 역동적 운동이다. 그 다양체적 회집체마다의 끊이지 않는 문제제기와 물음이 차이화를 만들어 낸다. 들뢰즈는 "이념들은 본질적으로 '문제제기적'이다"라고 선언한다(DR: 369). 그가 물음을 이념이라고 말하는 이유는 물음만이 차이화를 발생시키기 때문이다. 철학의 임무는 개념의 창조를 통해 새로운 물음을 묻는 것이다. 주어진 틀 안에서 묻는 것이 아니라, 새로운 틀을 만드는 물음이다. 주어진 게임을 주재하는 초월적 이념이 아니라, 이전에 없던 새로운 게임을 제안하는 것이다. 들뢰즈의 이념 도식은 "개체-극-미/분화indi-drama-différent/ciation"이다(DR: 525). 이것은 미분화된 잠재적인 것으로부터 분화하여, 개체가 발생하는 현행화하는 것을 보여 준다. 이는 전개체적인 것으로부터 개체로, 미분화로부터 분화로, 잠재적인 것으로부터 현행화로 나아가는 것을 말한다. 들뢰즈는 이 도식에 대해 "이념이 얼마만큼?과 어떻게?의 물음들에 응답했다면, 그와 마찬가지로 개체화는 누가?의 물음에 대해 응답한다. 누구냐고? 그것은 언제나 어떤 강도이다…. 개체화는 강도의 활동이다"라고 설명한다(DR: 525). 들뢰즈의 모든 개념은 사실 바로 이 이념 도식이라는 태양 주변을 도는 행성들이다. 들뢰즈의 모든 개념은 비인간적 '차이화'라는 바탕 위에 올려놓지 않고는 그 전모를 파악하기 힘들다.

다음은 '감성적인 것의 비대칭적 종합'이다. 여기서 감성적인 것은 인간에 의해 좌표화되지 않은 강도intensité를 가리킨다. 예를 들어, 아픈 부위가 욱신거린다거나 정신이 얼얼하다는 표현은 양적인 단위로 말하기 어렵다. 그것은 0과 1 사이, 즉 없음과 있음 사이에서 정도degree를 말할 수 있을 뿐이다. 공간과 좌표의 관계도 마찬가지다. 들뢰즈는 좌표를 측정 가능한 공간space과 구분하며, 원천적 깊이는 "강도량에 해당하는 공간, 즉 순수한 공-간spatium이다"라고 말한다(DR: 493). 매 순간 차이화하는 잠재적 공간을 가리키기 위한 표현이다. 실체 철학에서 최소단위로 부르는 개체individual는 더 이상 분할할 수 없는 것을 가리킨다. 그러나 들뢰즈에게는 개체조차 매 순간 차이화하는 강도적 분할개체dividual다. 분할개체는 나누어지는 정도에 따라 속성이 바뀌는 강도적 존재다. 들뢰즈에게 "'강도의 차이'라는 표현은 동어반복이다. 강도는 감성적인 것의 이유에 해당하는 차이의 형식이다. 강도는 변별적이며 차이 그 자체이다."(DR: 476) 같은 맥락에서 강도의 비대칭성도 동어반복이다. 모든 강도는 비대칭적이기 때문이다. 비대칭이 만드는 차이화의 다른 이름이 강도이다. 감성적인 것의 종합이 강도적인 것의 비대칭적 종합인 이유다. 그래서 강도를 다룰 때 빈번하게 등장하는 것이 '불균등성', '비동등', '불일치'라는 개념들이다. 모든 운동(차이화)을 가능하게 하는 것이 바로 강도적 불일치이다. 들뢰즈에 따르면, "일어나는 모든 것, 나타나는 모든 것은 어떤 차이들의 질서들, 가령 고도차, 온도 차, 압력 차, 장력 차, 전위電位차, 강도 차 등이 상관항이다."(DR: 476) 그래서 분화의 막바지는 차이화의 불가능, 강도의 소멸, 즉 "차이의 감소, 잡다의 균일화, 비동등한 것의 동등화"를 가리킨다(DR: 479). 차이화 또는 강도가 없다면 더 이상 생명은 없다. 존재를 구성하고 그것이 살아 있도록 만드는 것이 강도 내부의 차이화이기 때문이다. 결국 『차이와 반복』의 핵심에 자리하고 있는 이념과 감성의 종합은 차이화로 수렴한다. 4장 '차이의 이념적 종합'과 5장 '감성적인 것의 비대칭적 종합'은 차이화하는 지구행성을 지시하는 두 얼굴이다.

들뢰즈의 이념적 종합이 감성적 종합이라는 테제는 그것의 유물론적 배경을 암시하고 있다. 강도적 차이는 이념과 감성을 관통하는 역학적 운동을 그려 낸다. 들뢰즈의 신유물론은 '물질 대 의식'이라는 인간적인 이분법에 기반하는 것이 아니라, 의식조차 물질적 힘을 가진다고 믿기 때문이다. 그것은 물질 대 의식이라는 양극이 아니라 그 사이의 무수한 힘을 대상으로 한다. 인간이 관념적인 것이라 부르는 것조차 그것이 행위능력을 갖는다면 얼마든지 물질적 힘을 가진다. 그렇게 사이를 가로지르는 힘에 해당하는 것이 강도다. 강도는 구별 짓는 모든 것이 사실은 내재적으로 얽혀 있는 하나라는 사실에서 출발한다. 지구행성의 모든 힘은 강도적으로 작동한다. 고전적 유물론은 물질이 정신에 우선한다고 보았다. 정신은 물질의 반영에 불과하다는 것이다. 사실 고전적 유물론의 문제는 물질이 의식보다 우선한다고 보는 데 있는 것이 아니라, 물질과 의식을 이분법적으로 나누고 있다는 데 있다. 이에 반해 신유물론은 모든 존재는 물질과 의식이 하나로 얽혀 있는 내재적인 힘이라고 믿는다. 예를 들어, 돌과 같은 무생물조차 희박하지만 정신을 가진다. 돌의 정신은 관성과 관련된다. 구르는 돌은 계속 굴러가려는 정신을 갖고, 서 있는 돌은 계속 정지하려는 의지를 갖는다. 인간중심적으로 보면 어불성설로 들리지만, 모든 것이 타자와의 유물론적 네트워크라면, 돌의 정신이 인간, 신발, 도로, 마찰력 등으로 이루어진 힘의 표현과 다를 것도 없다. 돌의 정신은 인간중심적 단위로는 측정할 수 없는 강도를 가진다. 또 다른 예를 보면, 남성과 여성이라는 구분은 그 사이의 수많은 성차sexual difference를 단 둘로 환원시킨 억압적 개념이다. 실재는 남성과 여성이라는 생물학적 구분 안팎으로 수많은 강도적 차이가 존재한다. 어쩌면 오늘은 여성적이었다가 내일은 남성적인 인간이 훨씬 더 많을 것이다. 들뢰즈는 이를 n개의 성이라고 불렀다. 생물학적으로 남성이면서도 여성적 정체성을 타고나거나, 여성의 신체를 가졌지만 사회적으로 강력한 남성성을 가진 인간으로 성장할 수도 있다. LGBTQ+의 관점에서 보면 전통적인 남녀 구분이 오히려 어불성설이다. 성적 차이는 강도적으로 말할 수 있을 뿐이다.

들뢰즈는 차이와 강도를 수학의 미분을 통해 설명하기도 한다. 미분적인 dx, dy는 양적으로는 '미규정적'(0/0)이지만, dx/dy라는 상호규정(미분적 관계)으로 현행화한다는 의미에서 '규정 가능한 것'이다. 그리고 그 해에 해당하는 dx/dy의 값은 '완결된 규정'이다. 이처럼 들뢰즈의 잠재적 다양체는 규정 가능성과 상호규정성, 완결된 규정을 동시에 가진다. dx, dy는 현행화하기 이전에 이미 잠재적으로 실재하고 있다는 말이다. 들뢰즈는 이것을 분화 이전의 미분화로 구분하고 있다. "우리는 이념의 잠재적 내용이 규정되는 과정을 미분화라 부른다. 우리는 이 잠재성이 서로 구별되는 종이나 부분들 안에서 현실화되는 과정을 분화라 부른다."(DR: 446) 이것은 현행성과 잠재성 구도의 다른 버전이다. 같은 구도이지만 미/분화différent/ciation는 분화, 또는 현행화의 양상을 조금 더 구체적으로 보여 준다. 『차이와 반복』에서 현행성과 잠재성의 구도를 가장 복잡하게 다루는 대목이 여기에서 시작된다. 그것은 현행화와 분화 위에서 진행되는 또 다른 층위를 보여 준다. 잠재성에서 현행화로, 현행화에서 다시 일종의 물화로, 3개의 층위를 가로지른다.

미분화/분화/물화라는 들뢰즈의 3층 도식은 결국 인간중심주의, 또는 실체주의가 어떻게 나타나는가를 보여 준다. 미분화는 '미분비에 의한 관계 변이'와 '그 변이의 값인 특이성'으로 나뉘고, 분화는 변이의 현행화인 '질質과 종種', 그리고 특이점들의 현실화인 '수數와 부분들'로 나뉜다. 이 구도는 현행적 차원에서 인간을 중심으로 다시 기표화되고 주체화한다. 언어 장치를 통해 의미를 제한하고 이를 바탕으로 주체 중심의 세계를 조작해 내는 것이다. 기표화와 주체화라는 종점에서 되돌아보면, 미분비와 특이성은 상보적이어서 질/종과 수/부분은 뒤섞여 있다. 들뢰즈에 따르면, "부분들이 종의 수를 가리키는 것처럼, 종들은 부분들의 질을 가리키기 때문이다."(DR: 467) 그럼에도 불구하고, 기표화되고 주체화된 것들이 완전히 고정되는 경우는 드물다. 현행적 차원에서도 개체는 끊임없이 생성변화 한다. 들뢰즈에게는 개체individual는 없고 강도적 분할개체dividual, 또는 개체화individuation만 있다. 그에 따르면, "차이 나는 것을 그러모으는 차이의 차이가 있는 것처럼, 분화된 것을 통합하고 접합하는 분화의 분화가 있다."(DR: 467) 이것에는 잠재성과 현행성의 관계, 그리고 현행화된 각각의 경우 모두의 실체적 인과관계가 아니라, 역동적인 내재적 관계가 우선한다. 이 단순한 형상이 복잡한 개념들에 의해 설명될 수밖에 없는 까닭은 비인간적 지구행성의 운동을 인간중심적 언어로 설명해야 하는 부담 때문일 것이다.

들뢰즈의 차이 이념의 최소단위인 미분화된 dx, dy는 개체나 사물 이전에 실재하는 것들이다. 들뢰즈는 이 차이소들에 대해 "비-존재는 있다. 그렇지만 부정적인 것[비존재]이나 부정은 없다. … 이 (비)-존재, 이 ?-존재를 나타내는 상태는 0/0이다"라고 말한다(DR: 437). 만약 인간을 중심으로 존재를 배열한다면, 이로부터 탈각된 모든 비-존재가 바로 비인간 존재이다. 비록 들뢰즈가 비-존재를 미분비와 특이성에 해당하는 것으로 증명하고 있기는 하지만, 그 미분비와 특이성은 철저하게 유물론적인 것으로 보아야 한다. 들뢰즈는 "소란스럽게 벌어지는 커다란 사건들 아래에는 소리 없이 일어나는 작은 사건들이 있다. 이는 자연의 빛 아래에 이념의 작은 미광들이 빛나고 있는 것과 같다"라고 말한다(DR:

359). 이것은 인간이 포착할 수 없는 감성이나 지각, 또는 이미 포착했지만 재현할 수 없는 객체들에 관한 것이다. 이 크고 작은 비인간 존재들은 인간중심적일수록 놓칠 수밖에 없는 것들이다. 들뢰즈에게 "기관 없는 신체와 그 강도들이 물질 자체라는 것은 전혀 은유가 아니다."(AO: 474) 그는 이념으로부터 개체와 사물이 생겨나는 발생을 추상적 언어로 서술하고 있는 것이 아니다. 들뢰즈가 지구행성은 알이라고 할 때, 그것은 비유가 아니라 역학적 실재를 가리킨다. 그가 이념의 기본 과정으로 제시하는 미/분화 도식은 문학적인 것이 아니라 생물학적이고 수학적인 것이다. 들뢰즈가 "이념 전체는 미/분화différent/ciation의 수리-생물학적 체계 속에 붙들려 있다"고 말하는 이유다(DR: 473). 결국 이념 도식인 '개체-극-미/분화'는 비인간 지구행성의 신유물론적 도식이다.

차이, 또는 시간은
세 가지로 종합한다

들뢰즈는 우리가 아는 반복의 계기를 세 가지로 제시한다. 그것은 각각 현재라는 습관의 계기, 과거라는 기억의 계기, 미래라는 우연의 계기이다. 이것은 차이의 반복이 어떻게 동일성의 반복으로 퇴행하는가를 묻는 것이기도 하다. 아무런 기준이 없는 우연한 반복들이 어쩌다가 누적된 기억이 되고, 결국 인간적인 습관으로 축소된 것일까? 인간은 왜 세계의 시간이 자기를 중심으로 향하도록 휘어 놓은 것일까? 들뢰즈는 차이화하는 우연의 세계를 복원하기 위해, 뉴턴식의 시공간 그릇과 구분되는 세 가지 시간의 종합을 제시한다. 영화 《컨택트》도 인간중심적인 체계에 포획되어 있던 '시간이 풀려나' 비인간적인 자기 자리를 찾아가는 이야기다. 이것을 다루는 것이 들뢰즈의 '시간의 세 가지 종합'이다. 들뢰즈의 시간론은 본격적인 내용 탐구보다 전체적 조망이 반드시 필요하다. 세부 내용보다 전체 구도 안에서 세 가지 종합 사이의 역학 관계를 파악하는 것이 더 중요하기 때문이다.

들뢰즈의 시간의 세 가지 종합은 각각 현재의 습관, 순수과거, 영원회귀를 다룬다. 세 가지 종합을 역순으로 배치해 보면 이해하기 쉬울 수 있다. 시간의 세 번째 종합인 영원회귀에는 시간이라는 개념이 없다. 미래가 있지 않냐고 물을 수 있지만, 엄밀하게 미래는 아직 없는 시간이다. 영원회귀에서 시간이 없는 이유는 그것이 오직 차이로만 존재하기 때문이다. 영원회귀에는 무어라 이름 지을 수 없는 차이화밖에 없다. 이런 의미에서 들뢰즈의 '시간의 세 가지 종합'은 '차이의 세 가지 종합'이다. 두 번째 시간의 종합은 누적된 기억, 즉 순수과거라고 본다. 여기서 순수 시간 개념이 탄생한다. 이는 지금을 가능하게 하는 누적된 기억들이다. 여기에 기초한 첫 번째 종합은 인간의 시간을 포함한 개체적 시간이다. 바로 현재의 습관이다. 이로부터 인간적 효용성을 위해 시계가 지배하는 시간이 나온다. 인간중심적 시간은 시계로서의 시간밖에 없다. 원래 시간의 세 가지 종합이 차이를 종합하는 세 가지 방법이라는 것을 생각해 보면, 인간의 시간은 차이화하는 지구행성으로부터 너무 멀리 떨어져 나왔다. 그래서 들뢰즈는 『차이와 반복』에서 인간적 시간으로부터 비인간적 차이화를 향해 거슬러 올라가는 시간에 관한 사유 실험을 시도한 것이다.

시간의 세 가지 종합을 자세히 살펴보기 전에, 이 '종합'의 성격을 파악하고 있어야 한다. 이것이 시간의 세 가지 구분을 분명하게 만들어 주기 때문이다. 시간의 세 가지 종합에서 말하는 종합은 '수동적 종합'이다. 수동적 종합은 에드문트 후설Edmund Husserl의 작업을 들뢰즈의 괴물 낳기 전략에 따라 재해석한 것이다. 후설에게 수동적 종합은 인간중심적인 지향성을 위한 부차적 요소인 데 반해, 들뢰즈에게 그것은 종합 자체가 중심을 차지하고 인간이 부차적인 역할을 수행한다. 수동적 종합은 후설의 '파지retention' 개념에서 온 것이다. 들뢰즈는 후설의 파지와 재생reproduktion을 구분한다. 재생은 주체의 능동적 기억을 가리키는 반면, 파지는 현재의 순간에 이미/항상 묻어 있는 '과거 지향적 시간'이다. 예를 들어, 우리가 "동해물과~"라는 선율을 듣는 순간, 우리에게는 그다음 소절이 떠오르고(1차 파지), 우리는 금방 이 노래가 애국가임을 알아차린다(2차 파지). 이 수동적 종합은 미래의 시간도 마찬가지로 미리 당긴다(미래 지향성). 1차 예지와 2차 예지의 시간도 현재 속에 수동적으로 얽혀 있다. 현행화된 모든 사물에는 그것의 잠재적인 것들이 수동적으로 종합된다. 지구행성의 모든 면은 각각의 만남에서 의도적인 의미를 초과하는 수동적 종합을 경험하게 된다. 만약 그 경험을 인간적인 범주에 가두지 않는다면, 더 풍부한 차이화를 경험하게 될 것이다. 수동적 종합이 칸트식의 인식론이나, 후설식의 지향성을 넘어설 수 있는 이유는 그것이 지구행성에서 벌어지는 물질적 종합들의 일반적 양상이기 때문이다. 들뢰즈가 말하는 모든 종합, 즉 시간의 세 가지 종합뿐만 아니라, 이후 다루게 될 연접적 종합, 이접적 종합, 통접적 종합도 모두 비인간적인 수동적 종합에 기초하고 있음을 기억해야 한다.

첫 번째 시간의 종합은 데이비드 흄의 문제제기에서 시작한다. 오늘까지 해가 떴다고 해서 내일도 해가 뜬다는 보장은 없다. 그런데도 왜 사람들은 내일도 해가 뜰 것이라고 믿는 것일까? 흄은 그것이 습관에 불과하다고 했다. 들뢰즈가 시간의 첫 번째 종합으로 말하는 현재라는 습관이다. 모든 것은 순간적으로 생성소멸 하기에 자신이 반복한다는 것은 알 수가 없다. 매번 새로운 것이 반복되기 때문이다. 들뢰즈는 헤겔을 참고하여 "즉자로서의 반복은 없다"고 말한다(DR: 169). 들뢰즈는 앨프리드 노스 화이트헤드Alfred North Whitehead를 따라, 모든 존재는 원자 단위에서 점멸한다고 말한다. 하나의 현실적 존재는 다른 현실적 존재의 파악prehension을 위해 합생concrescence하며 사라진다. 들뢰즈는 "어떤 것이 나타나기 위해서는 반드시 다른 것이 사라져야 한다"고 말한다(DR: 169). 들뢰즈식 연기론이다. 들뢰즈는 이것을 라이프니츠를 인용해 "순간적 정신mens momentanea에 해당하는 물질의 상태"라고 한다(DR:

169). 그렇다면 순간을 반복하는 물질의 상태는 어떻게 연속적인 것으로 보이는 것일까? 서로 독립적인 점멸들은 어떻게 현재라는 습관을 형성하는 것일까? 들뢰즈는 그 반복이 응시하는 정신에 의해 가능하다고 답한다. 그는 이 대자적 반복은 "정신이 반복에서 훔쳐 내는 어떤 차이를 통해서만" 습관이라는 "현재를 구성한다"고 말한다(DR: 170). "훔쳐 내는"이라는 표현에서 알 수 있듯이, 원래는 그렇지 않은 반복을 정신이 자의적으로 수축한 것이다. 예를 들어, 우리의 몸조차 원래는 차이화하는 에너지일 뿐인데, 정신이 그것을 훔쳐 내어 피와 뼈, 신경, 근육, 기관으로 만들고 유기체를 완성한다. 들뢰즈에 따르면, "수용적이고 지각적인 요소들 안에서, 그리고 또한 내장內臟들 안에서 볼 때, 유기체는 수축, 파지, 예지 안에 놓여 있다"는 것이다(DR: 175). 우리 인간이 믿는 세계는 사실 역동적인 에너지 흐름을 자의적으로 수축, 파지, 예지해서 만든 유기체들의 세계다. 필요에 의해 "훔쳐 낸" 세계. 이것이 시간의 첫 번째 종합인 습관에 의한 것들이다. 이에 반해, 들뢰즈는 그런 유기체 이전의 '기관 없는 신체', 즉 에너지로 엮어진 알 같은 세계가 실재라고 본다. 그는 "우리는 수축된 물, 흙, 빛, 공기이다. 우리는 그것들을 식별하거나 표상하기 전에, 심지어 그것들을 느끼기 전에 이미 수축된 물, 흙, 빛, 공기이다"라고 말한다(DR: 175). 습관에 의해 인간화되기 이전에 우리는 이미 비인간적 물, 흙, 빛, 공기이다. 따라서 실재는 비인간적 지구행성이다.

들뢰즈의 시간은 일방향의 질서 잡힌 시간(크로노스chronos)이 아니다. 니체의 영원회귀에서 빌려 온 들뢰즈의 시간은 지금/여기의 순간을 자기결정하면서 만들어지는 영원의 시간(아이온Aion)이다. 들뢰즈가 반복의 기본적 도식으로 제시하는 시간의 세 가지 종합은 결국 크로노스의 시간으로 축소되고 파지되고 예지되기 이전의, 아이온의 시간을 구분하는 작업이다. 아이온의 시간은 특히 중세 말 상업자본주의가 등장하면서 자본 생산과 교환의 효율을 위해 급속하게 크로노스의 시간으로 수축되었다. 인간은 삶의 편의를 위해 시계를 발명했고, 이제는 그 시계가 지시하는 시간에 이끌려 살아간다. 자기계발을 부추기는 어떤 책에서는 1초 단위로 자기를 착취할 것을 권하기도 한다. 크로노스의 시간은 강박적이다. 시간의 첫 번째 종합이 낳은 결과다. 크로노스 시간의 주체도 습관이 낳은 결과다. 주체라는 고유한 정체성은 현재적 습관의 최소단위인 개체individual 개념에서 온 것이다. 무질서하고 역동적인 에너지 흐름을 더 이상 분할 불가능한 고유한 무엇으로 축소하고 파지하고 예지한 덕분에 생긴 개념이다. 들뢰즈는 개체를 부정하며 분할개체dividual, 또는 개체화individuation라는 개념을 내세운다. 이는 매 순간 차이화하는 개체이다. 차이화하지 않으면 개체로서 존재할 수 없는 것들이다. 들뢰즈가 주체 개념 대신 사용하는 분열주체, 애벌레주체, 작은 자아도 같은 맥락에 있다. 그는 "자아들은 어떤 애벌레-주체들이다. 수동적 종합들의 세계는 규정되어야 할 어떤 조건들 안에서 자아의 체계를 구성한다. 하지만 그것은 분열된 자아의 체계이다"라고 말한다(DR: 187). 대조적으

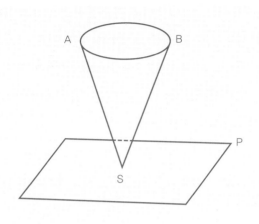

베르그손의 역원뿔 도식

로 정의되는 시간이나 개체, 주체 개념들을 통해 우리는 들뢰즈가 왜 시간의 종합을 세 가지로 구분하고 있는지 짐작할 수 있다.

시간의 두 번째 종합은 기억이다. 첫 번째 반복과 두 번째 반복을 구분하려면 베르그손의 역원뿔 도식을 참고하면 된다. 위 그림에서 주체(S)는 바닥(P)과 역원뿔(ABS) 사이에 자리하고 있다. 첫 번째 종합은 바닥의 평면에서 감각의 작용과 반작용에 따라 일어나는 행위적 반복에 기초한 것이다. P 위에서 일어나는 반복을 S가 정신적으로 수축한다. 논리적으로 아직 ABS의 개입을 말하고 있지는 않지만, 시간의 첫 번째 종합에는 필연적으로 기억(ABS)이 필요하다. 우리는 P 위의 감각-운동 도식에 따라 행동한다고 생각하지만, 기억의 도움 없이는 아무것도 할 수 없다. 베르그손에 따르면, 밥을 먹는 것과 같은 단순한 행위도 역원뿔 하층의 '자동적 재인'이 있어야 하고, 어려운 책을 본다거나 낯선 곳을 여행할 때는 역원뿔의 깊은 곳에서 가져오는 '주의 깊은 재인'이 동시에 작동해야 한다. 역원뿔 도식에서 평면의 수평적 반복은 반드시 역원뿔의 수직적 반복을 동시에 불러온다. 이것은 수평적 시간과 수직적 공간의 동시성 같은 것이다.

들뢰즈는 베르그손이 『물질과 기억』에서 의식의 흐름을 설명하기 위해 고안한 심리적 도식을 자신의 존재론적 도식으로 바꾸어 사용한다. 그는 기억의 역원뿔에 '순수과거'라는 이름을 부여한다. '순수'가 의미하는 것은 개별 내용을 제거한 순수한 형식이라는 말이다. 철수의 과거나 영희의 과거가 아니라, 그렇게 누적된 모두의 과거 일반이다. 개별자의 개인적 기억은 회상souvenir인데 반해, 순수과거는 기억mémoire이다. 역원뿔(ABS)은 지구행성에 누적된 존재론적 기억으로서의 순수과거다. 누적된 기억은 사라지지 않고 현재와 공존한다는 의미에서 베르그손이 '지속'이라고 부른 영역이다. 들뢰즈는 지속의 역동성을 자극하는 정도를 '옷 입은 반복'과 '헐벗은 반복'으로 구분한다. 역원뿔의 수직적 반복은 일상적이고 동일한 것이라서 '헐벗은 반복'이고, 생성변화를 가져온다면 '옷 입은 반복'이다. 여기서 옷은 니체의 가면처럼 차이화를 비유한 것이다. 헐벗고 옷 입은 다양하고 수많은 반복이 순수과거에 누적된다. 이렇게 누적된 데이터들이 시간의 두 번째 종합이다.

들뢰즈의 존재론적 도식에서 시간의 첫 번째 종합과 두 번째 종합은 특별한 관계를 가진다. 베르그손의 심리적인 역원뿔 도식은 경험과 기억의 동시작동을 강조했다. 들뢰즈는 이 동시작동을 지구행성 단위에서 존재론적으로 설명한다. 들뢰즈는 첫 번째 종합이 시간을 정초하고, 두 번째 종합이 시간을 근거 짓는다고 말한다. 그에 따르면, 시간의 첫 번째 종합인 "습관은 시간의 정초 지점이고, 지나가는 현재에 의해 점유된 움직이는 땅이다."(DR: 189) 습관이 시간을 정초한다는 것은 이후의 두 번째, 세 번째 시간의 종합은 현재의 습관이 누적된 것들 위에서 정립된 종합이라는 의미다. 지구행성의 수많은 존재자의 현재적 행위들이 그 위에 누적된 두 번째 시간의 종합과 그것의 창조적인 세 번째 종합의 바탕을 이룬다. 들뢰즈가 현재의 습관을 지구행성의 '움직이는 땅'이라고 말하는 이유다. 이렇게 시간은 꿀렁이는 지구행성의 공간적 면들의 이합집산(종합)이다. 역원뿔 도식에서 역원뿔(ABS)의 지속을 꿀렁이게 만드는 것은 공간(P) 위에서 그 첨점의 이동에 달려 있다. 도래할 미래는 공간(P)에 의해 결정된다. 이것은 공간(P)과 시간(ABS)을 매개하는 행위자(S)의 아직 가지 않은 공간들이 도래할 시간이다. 들뢰즈가 『차이와 반복』에서 말하는 보르헤스의 "'볼 수 없고 끝없이 이어지는' 미로" 말이다(DR: 252). 이 '가지 않은 길'이야말로 들뢰즈가 철학의 임무라고 부른 개념 창조의 모험이 발생하는 지점이다. 그러나 땅만으로는 아무것도 생산할 수 없다. 시간의 두 번째 종합인 '하늘'이 필요하다. 그래서 들뢰즈는 역원뿔의 근거를 하늘에서 불러온다. 들뢰즈는 이러한 첫 번

째 종합과 두 번째 종합의 관계를 "하늘과 대지의 연대"라고 말한
다(DR: 189). 현재와 과거 사이의 이 연대를 들뢰즈는 네 가지 역
설로 정리한다. 현재와 과거는 '동시간성'을 갖고, '공존'하며, 나아
가 '과거의 선재'(먼저 있음)와 '과거의 자기공존'(과거의 시트들)을
갖는다는 것이다. 네 가지 역설은 베르그손의 심리적 도식과 들뢰
즈의 존재론적 도식의 차이를 설명해 주는 것이기도 하다. 인간의
선형적 시간에서 현재와 과거의 동시성이나 공존은 모순이지만,
비인간 지구행성에서는 모든 것이 가능하다. 오히려 그런 모순이
차이 존재론의 주요 논리가 된다.

　세 번째 시간의 종합은 영원회귀의 반복이다. 앞에서 확인했
듯이, 들뢰즈에 따르면, "영원회귀는 단지 여기서[지금 이 순간]만
규정될 수 있을 뿐이다. 바로 그렇기 때문에 영원회귀는 문자 그
대로의 의미에서 미래에 대한 믿음, 미래 안에서의 믿음이라 불리
는 것이다. 영원회귀는 오로지 새로운 것에만 관계된다."(DR: 212)
위의 그림을 참고해 보면, 세 번째 종합은 역원뿔 도식의 와해를
가리킨다. 여기에는 시간의 종합에서 어떤 정초나 근거도 없다.
들뢰즈는 "영원회귀는 근거 전체를 파괴하고 삼켜 버린다"고 강조
한다(DR: 163). 도식의 와해는 당연한 것인지도 모른다. 원래 그것
이 인간의 심리적 도식에서 나온 것이기 때문이다. 들뢰즈는 이것
을 존재론적으로 사용하면서 현재와 과거의 관계를 해명했지만,
매 순간 거기서 창발하는 차이 시간을 표현하기에는 무리가 있다.
들뢰즈의 세 번째 시간과 차이는 발생 자체를 다루기 때문이다.

그것은 차이화 자체라서 도식화할 수가 없다. 들뢰즈가 세 번째 종합을 "시간의 텅 빈 형식, 또는 시간의 세 번째 종합[으로]… 빗장이 풀린 시간은 미친 시간을 의미한다"라고 말하는 이유다(DR: 208). 와해된 시간은 영원회귀의 순간Augenblick을 가리킨다. 매 순간 지금 여기서 점멸하는 차이들이다. 그것은 매번 와해된 도식 전체를 재배치하고 다른 것-되기를 감행한다. 존재하는 모든 것의 행위가, 그 자체로, 또는 관계들을 통해 지구행성을 움직인다. 현재의 행위가 과거를 변형시키고 미래를 바꾼다. 꿀렁이는 지구행성의 형상이다. 들뢰즈는 프로이트의 죽음충동을 영원회귀의 도래할 시간과 연결시켜 "증식하고 또 분기分岐해 가는 상이한 시간들을 창조"하는 것으로 해석한다(DR: 262). 프로이트는 인간의 본능은 쾌락원칙을 희생하고서라도 도달하려는 외부를 가진다고 밝혔다. 바로 죽음충동이다. 들뢰즈는 이 죽음충동이 인간화되기 이전의 비인간적 차이화에 가깝다고 본다. 이것은 죽음을 보는 들뢰즈의 태도에서 분명하게 드러난다. 보통 죽음은 삶에 대립하는 것으로 간주되지만, 들뢰즈는 그런 생물학적 죽음에서 벗어나야만 삶을 긍정할 수 있다고 강조한다. 인간적인 자기애에서 벗어나야 죽음에서 역동적인 생명을 볼 수 있다. 들뢰즈의 비인간적인 영원회귀는 시간의 첫 번째 종합인 살아 있는 습관이나, 두 번째 종합인 기억조차 '죽이고 나서야' 도달할 수 있는 비인간적 지구행성의 시간이다. 들뢰즈는 이 경지에 도달해야 "죽음충동은 죽음의 '다른' 얼굴 안에서 어떤 무제약적인 진리를 드러낸다"고 말한다(DR: 259). 영화 《컨택트》에서 주인공과 그 남편은 자기 딸의 피할 수 없는 죽음을 알고 난 다음에 전혀 다른 태도를 보인다. 남편은 일관되게 그 죽음을 슬퍼하고 부정하고 싶어 하는 전형적인 인간적 태도를 보인다. 이에 반해 주인공은 딸의 죽음도 그 삶만큼 충분히 아름답다는 것을 깨달은 태도를 보인다. 그녀는 외계인의 언어를 배우면서 그들의 시간관념에 동조하게 된다. 그렇게 알게 된 시간의 비밀은 영원회귀의 사유, 즉 비인간 지구행성의 사유다. 그것은 상상할 수 없을 정도로 빠른 속도로 잴 수 없는 크기의 차이화를 수행한다. 이것이 바로 들뢰즈가 인간 "자아에게는 너무 벅찬 이미지로 다가오는 어떤 시간"이라고 말하는 것이다(DR: 210). 흔히 들뢰즈를 계승하는 신유물론자들이 그의 시간론을 불교의 '공空'이나 '절대무'와 관련짓는 것도 이런 맥락이다. 인간은 살아남기 위해 무언가가 '있다'고 믿으며, 세계를 자기중심적으로 휘어서 붙잡고 있다. 그러나 그것은 단지 인간의 것일 뿐이다. 인간처럼 존재마다 자기를 위해 휘어진 세계를 갖는다. 인간의 세계가 그것들의 중심이라고 할 만한 근거는 없다. 너무 크고 너무 많은 비인간 세계가 자기들의 세계를 가진다. 그래서 '있다'고 할 만한 것은 없다. 지구행성의 차이화 시간은 찰나마다 점멸하기에 무언가가 '있다'고 하기에는 너무 크고 빠르다.

초월론적 경험,
경험을 가능케 하는 우월한 경험이 있다

　『차이와 반복』에서 가장 많이 등장하는 이름은 플라톤, 칸트, 헤겔이다. 『차이와 반복』은 이들과의 대결을 통해 쓰인 책이라는 말이다. 『차이와 반복』에서 칸트의 위치는 특별하다. 칸트는 플라톤이나 헤겔처럼 일방적인 비판의 대상이 아니다. 칸트를 극복하는 과정이 들뢰즈가 자신의 철학을 정립하는 과정이기 때문이다. 이런 의미에서 『차이와 반복』은 칸트와의 대화를 통해, 또는 칸트를 비틀어서 생산한 '괴물 낳기 전략'의 가장 뛰어난 결과라고 할 수 있을 것이다. '괴물 낳기 전략'이라는 관점에서 볼 때도 칸트는 특이한 위치를 차지하고 있다. 들뢰즈는 자신의 철학적 도제 시기를 거치면서 스피노자, 베르그손, 니체처럼 칸트에 대해서도 『칸트의 비판철학』이라는 단행본과 2편의 논문을 남겼다. 그런데 이 시기 대부분의 철학자들은 들뢰즈에게 일방적인 배움의 대상이고 영감의 원천이었지만, 칸트는 배움보다는 비판을 통해 연구를 진행했다. 그 결과로 나온 것이 바로 들뢰즈 철학의 다른 이름인 초월론적 경험론이다. 들뢰즈는 초월론적 경험론에 기초하여 칸트의 제3 비판서인 『판단력 비판』의 상상력, 숭고, 물리신학 개념들을 독자적으로 해석해 내고 있다. 우리는 들뢰즈가 칸트에게서 낳은 새로운 괴물들을 통해, 그가 칸트에 뿌리를 둔 근대 철학 전체를 어떻게 전복하는가를 확인할 수 있다.

들뢰즈의 초월론적 경험론은 칸트의 초월론적 관념론에서 가져온 것이다. 들뢰즈는 초월론적 사유를 칸트의 가장 뛰어난 공적이라고 말한다. 그는 "모든 철학자 중에서도 그토록 놀라운 초월론적 영역을 발견한 이는 바로 칸트이다"라고 평가한다(DR:302). 칸트의 정의에 따르면, '초월론적'이 의미하는 것은 '경험 가능성의 조건'이다. 경험을 가능하게 만들어 주는 조건이라는 뜻이다. 풀어 보면, 칸트의 초월론적 관념론에서 '초월론적'이라는 의미는 그의 범주들을 가리킨다. 감성, 오성, 이성, 상상력이라는 인식능력들이 경험들을 조건 짓고 범주화하는 초월론적 개념들이다. 그 초월론적 인식능력들 제일 위에는 초월론적 통각Apperzeption이 자리하고 있다. 통각은 라이프니츠에게서 가져온 용어로, 데카르트의 '나는 생각한다. 고로 존재한다'라는 테제의 그 '주체'를 가리킨다. 칸트의 초월론적 관념론은 결국 초월론적 통각, 또는 초월론적 주체이다. 말하자면, 칸트의 초월론적 주체에서 '주체'의 자리에 '경험'을 앉힌 것이 들뢰즈의 초월론적 경험론이다. 칸트의 정의에 따르면, 들뢰즈의 초월론적 경험론은 동어반복, 또는 모순이 된다. '경험 가능성의 조건'이 바로 '경험'이라는 말이기 때문이다. 칸트는 초월론적인 것과 경험적인 것을 분명하게 구분한다. 주체와 그 경험 대상을 철저하게 구분하는 이원론적 세계다. 이와 달리, 들뢰즈는 경험 가능성의 조건은 경험 자체와 떼려야 뗄 수 없다고 생각한다. 그는 "초월론적인 것이 그 자체로 경험이고 실험이라고 가정하며, 결국 그 둘 간의 어떤 완전한 내재성을 정립"한다(LAT: 120). 경험 자체와 그것을 가능케 하는 초월론적인 것이 '내재적immanent'으로 하나라는 것이다. 들뢰즈에게 초월론적인 것은 경험과 하나로 얽혀 일어나는 내재적인 것이지, 칸트식의 초월적인transcendent 것이 아니다. 그 어떤 것도 경험과 떨어져 그것을 규정하는 초월적 지위를 가질 수 없다. 이런 의미에서 들뢰즈의 경험은 초월론적이면서 내재적이다. 이것이 들뢰즈 사유 방식의 가장 큰 특징이다. 그에게 "초월론적 경험론은 개념들의 창조[철학 자체]를 의미"하게 된다(LAT: 122). 영화《컨택트》에서 인간의 언어가 상호작용적인 것이라면, 외계인의 언어는 내부작용적인 것이다. 칸트에게는 질문의 권리가 인간 주체에게만 있다. 옳고 그름도 '내'가 정한다. 그러나 들뢰즈에게는 생겨나는 모든 것이 질문이고 답이다. 누구나 물을 수 있고 모두가 답이다. 심지어 답이 먼저 있은 다음 질문이 나와도 상관없다. 그 모든 것에 과거도 미래도 없기 때문이다. 모든 것은 인간이 이름 붙이기 전에 매 순간 새롭게 또 새롭게 생겨날 뿐이다. 들뢰즈는 칸트와 자신의 차이를 접두사 'RE'를 통해 구분한다. 들뢰즈는 "[나의] 반복répétition은 [칸트의] 재현représentation에 대립한다. 여기서 접두사의 의미는 바뀌었다"라고 강조한다(DR: 146). 접두사 RE는 칸트에게는 동일자를 재현하는 초월론적 관념론의 도구다. 들뢰즈는 칸트의 초월론적 통각에 따르면, RE는 동일성의 반복, 즉 "재인récognition, 할당répartition, 재생산reproduction, 유사성resemblance 등을 통해서만 파악되기 때문이고, 게다가 이것들이 접두사 RE를 재현의 단순한 일반성들 안으로 소외시키는 한에서만 파악되기 때문"이라고 비판한다(DR: 308). 이에 비해 자신의 RE는 초월론적 경험론에 해당하는 차이화하는 반복을 위한 장치라고 말한다.

물론 들뢰즈의 초월론적 경험론이 단순히 칸트로부터 주체를 경험으로 대체한 것으로 끝나는 것은 아니다. 들뢰즈의 경험은 칸트가 말하는 경험과 같은 종류가 아니다. 들뢰즈는 칸트식의 경험을 만들어 내는 인식능력들, 즉 감성적 직관이나 오성적 범주, 이성적 추리가 너무 느슨하다고 비판한다. 들뢰즈는 "범주들은 실재에 비해 너무 일반적이고 너무 크다. 그물이 너무 성겨서 대단히 큰 물고기도 빠져나가 버린다"라고 비꼰다(DR: 165). 들뢰즈가 말하는 경험은 칸트의 개념을 포함하지만, 그것조차도 더 세분화된 무엇이다. 그의 초월론적 경험은 감성적인 것, 또는 강도적인 것을 가리킨다. 그의 경험은 "차이, 누승적 잠재력을 띤 차이, 질적 잡다의 충족이유인 강도적 차이 등을 뜻한다."(DR: 145) 들뢰즈는 초월론적 경험이 잠재성의 영역이자 특이성의 사건이며 미세지각의 세계임을 알고 있었다. 들뢰즈는 초월론적 경험의 영역은 이미 라이프니츠의 미세지각에서 제시되었다고 말한다. 그에 따르면, "라이프니츠는 그것들[이념들]을 미분비의 독특한 점들로 이루어진 어떤 잠재적 다양체들로 제시한다."(DR: 458) 라이프니츠의 미세지각은 데카르트의 주체 철학을 뒤흔든다. 데카르트는 인간의 관념과 의식은 명석할수록 판명하다고 말한다. 그러나 들뢰즈는 라이프니츠를 참고하면서 명석과 판명clair et distinct 사이에도 불일치를 도입한다. 명석할수록 판명한 것은 아니라는 것이다. 이를 위해 들뢰즈는 라이프니츠의 그 유명한 부서지는 파도 소리를 사례로 가져온다. 우리는 바닷가에서 각각의 물방울 소리에 대한 미세지각과, 그것이 뭉뚱그려진 파도 소리에 대한 통각을 가진다. 그러나 각각의 물방울이 판명한 소리를 냄에도 의식에는 애매하게 남는다. 한 덩어리로 들리는 파도 소리도 명석한 소리를 내지만 의식에는 혼잡한 것으로 남아 있다. 들뢰즈는 "명석은 그 자체로 혼잡하고confus, 마찬가지로 판명도 그 자체로 애매한obscure 것"이라고 말한다(DR: 459). 들뢰즈의 명석-혼잡, 판명-애매 테제는 결국 인간적 의식에서의 명석판명함을 비판하고, 그 내부에서 무한한 공백을 복원시키려고 한다. 그 결과, 들뢰즈는 데카르트와 라이프니츠를 각각 몰적 현행성 대 분자적 잠재성에 대응시킨다. 그는 데카르트의 재현적 동일성의 차원과 달리, 라이프니츠의 이념은 "어떤 미분적 무의식을 지니고 있으며, 또 작은 미광과 독특성들로 둘러싸여 있다"고 말한다(DR: 458). 데카르트의 몰적 의식에 대한 대안이 바로 라이프니츠의 미세지각의 무의식, 미분적 무의식이다. 바로 이 유물론적 무의식이 비인간의 자리를 마련한다. 들뢰즈는 초월론적 경험론을 통해 비인간 지구행성의 발생 자체를 사유한다.

들뢰즈의 초월론적 경험론의 교과서는 사실 칸트의 『판단력비판』이다. 이것은 들뢰즈가 더 잘 알고 있었다. 사람들은 흔히 철학사는 칸트 전후로 나뉘어야 한다면서 그에게 찬사를 보낸다. 들뢰즈도 여기에 찬성하지만 그 이유는 남다르다. 그렇게 해야 하는 것은 칸트의 "은밀하되 폭발적인 이 국면" 때문이라는 것이다 (DR: 149). 이 '폭발적인 국면'은 무엇일까? 들뢰즈는 자신의 '괴물 낳기 전략'에 따라 말을 이어 간다. 그 비밀은 칸트가 발견하고도 자신이나 그 후예들에 의해서 이어지지 못한 것이다. 들뢰즈에 따르면, 그것은 "'나는 생각한다'의 순수 자아 안에 일종의 불균형, 틈새나 균열, 권리상 극복 불가능한 어떤 권리 소외를 도입한다."(DR: 149) 『판단력 비판』 안팎에서 이 '폭발적인 국면들'을 체계적으로 살펴볼 수 있다. 『판단력 비판』의 내용은 크게 미적 판단력과 목적론적 판단력으로 나뉘어 있다. 미적 판단력은 『순수이성 비판』의 질, 양, 관계, 양상 범주들에 대응하는 네 가지 조건을 가진다. 미적 무사심성이나 주관적 보편성, 목적 없는 합목적성, 주관적 필연성이 그것이다. 이 조건들은 한눈에 보아도 모순적이다. 주관적인데 보편적이고 필연적이라거나, 사적인 목적이나 사심이 없어야 진정한 목적에 부합하고, 진정한 아름다움을 알아볼 수 있다는 것이다. 이것은 『순수이성 비판』의 인식능력을 부정하는 것처럼 보인다. 주체 없는 인식능력이라니, 『판단력 비판』은 이처럼 『순수이성 비판』에 균열을 내면서 시작한다. 이 미시 균열들은 숭고라는 거시 균열을 통해 목적론적 판단력으로 이어진다. 목적론적 판단은 『순수이성 비판』에서 제쳐 두었던 물자체를 불러들이는 듯 보인다. 이것은 결국 조건부 신학으로 끝난다. 전체적 맥락에서 『판단력 비판』은 『순수이성 비판』을 부정하면서 『실천이성 비판』을 정당화시키고 있다. 그런데 들뢰즈는 이런 맥락에서 "『판단력 비판』은 … 모든 사슬이 풀려 버린 작품"이라고 평가한다(QP: 8). 들뢰즈는 일차적인 폭발 국면을 『판단력 비판』의 내용에서, 그리고 이차적 폭발 국면을 『판단력 비판』과 다른 비판서들과의 관계에서 발견한다. 이 "폭발적 파국"이 도입하는 텅 빈 시간을 통해 들뢰즈는 자신의 초월론적 경험론을 정립한다.

들뢰즈의 초월론적 경험론은 결국 칸트의 숭고가 가져온 파국에 의해 탄생한 것으로 볼 수 있다. 들뢰즈는 숭고의 어떤 맥락에서 자신의 '괴물 낳기'를 시도한 것일까? 숭고 개념을 통해 그 생생한 과정을 살펴보자. 칸트의 정의에 따르면, "숭고한 것은 그것에 비하면 다른 모든 것이 작은 것이다."(Kant, 1790/2009: 256) 미적인 것을 관조하는 조용한 정서가 감당할 수 없는 동요를 느낀다. 칸트는 이것을 크기에 대한 수학적 숭고와 위력에 대한 역학적 숭고로 구분한다. 수학적 숭고는 그것을 촉발한 대상이 마음에 있음을 분명하게 알 수 있다. 그래서 수학적 숭고의 기본 정서는 '불쾌'다. 이에 반해 역학적 숭고를 촉발한 객체는 외부의 자연에서 시작된다. 그래서 역학적 숭고에 대한 기본 정서는 '공포'다. 영화 《컨택트》에 등장한 거대하게 세로로 서 있는 우주선은 두 가지 숭고를 동시에 갖는다. 기존의 우주선 모델에 포함되지 않는 거대함은 지구인들에게 해결되지 않는 불안을 낳는다. 동시에 우주선 내부에서 나타나는 힘은 공포 자체다. 불쾌는 쾌를 통해 해소할 수 있지만, 공포는 신을 요청하여 내적 평안을 얻는 수밖에 없다. 신에 대한 요청은 『판단력 비판』이 미적 판단을 넘어 목적론적 판단을 다루게 되는 지점인 동시에, 『판단력 비판』이 『순수이성 비판』과 『실천이성 비판』을 매개하는 지점이기도 하다.

그런데 칸트의 비판 이론은 철저하게 인간 이성의 산물이다. 『판단력 비판』이 아무리 『순수이성 비판』의 논리에 균열을 가하는 논리를 제공하고, 숭고와 목적론적 판단이 물자체를 염두에 두고 있어도 칸트는 인간 밖으로 나오지 않는다. 칸트는 "진정한 숭고함은 오직 판단하는 자의 마음에서 찾아야지, 그것에 대한 판정이 마음의 그러한 정조를 야기하는 자연객관에서 찾아서는 안 된다"라고 말한다(Kant, 1790/2009: 264). 칸트에게는 숭고조차 외부의 자연에 있는 것이 아니라 주체의 마음 안에 있다. 자연이나 객체가 그것을 촉발할 수는 있어도 최종결정은 온전히 주체의 몫이다. 칸트에게는 "표상에 의한 정신의 정조가 숭고하다고 불릴 수 있는 것이지, 그러나 객관이 그러한 것은 아니다."(Kant, 1790/2009: 256) 들뢰즈는 이 완고한 인간중심주의가 칸트의 결정적 한계라고 본다. 칸트가 이미 초월론적 경험론을 발견하고서도 그것을 발전시키지 못한 것도 그의 인간중심적 폐곡선 때문이라고 본다. 들뢰즈의 칸트적 '괴물 낳기 전략'은 바로 이 지점에서 출발한다. 들뢰즈는 숭고를 '불일치의 일치'라고 부른다. 그는 칸트의 "인식능력들 간의 일치도 단지 불일치의 일치로서만 산출될 수 있다"고 말한다(DR: 324). 들뢰즈는 숭고가 칸트의 인식능력 가운데 상상력과 관계된 것으로 본다. 상상력은 인식능력들을 매개하는 역할을 하는데, 이것이 무능력 상태에 빠지면서 숭고를 낳는다. 무능력이 오히려 상상력을 해방시킨 것이다. 들뢰즈는 숭고가 가져온 폭발적 국면을 시적으로 그려 낸다. 숭고가 가져온 "이 싸움은 주체 안에 입 벌리고 있는 구렁 속에서 몰아치는 폭풍이다. 능력들[감성, 오성, 이성, 상상력]은 서로 직면하고 각각 자신의 극한까지 뻗친다."(PCK: 147) 바로 이것이 들뢰즈가 말하는 '불일치의 일치', 즉 이성과 상상력의 불일치가 만든 일치의 양상이다. 들뢰즈는 이 불일치로서의 숭고를 칸트의 최대 치적이라고 본다. "불일치의 일치는 『판단력 비판』의 위대한 발견이며 칸트가 행한 마지막 전도이다."(PCK: 147~148) 그러나 숭고의 폭풍은 칸트의 인간주의적 찻잔 안에서 사그라들 뿐이었고, 들뢰즈의 초월론적 경험론에서 진정한 폭풍의 위력을 보이기 시작한다. 들뢰즈는 숭고에 의한 인식능력의 와해를 그 시발점으로 본다. 인간 무의식의 심층에서 진행되는 '불일치의 일치' 때문에 숭고의 고통은 역설적인 즐거움을 동반한다. 이는 라캉의 주이상스Jouissance처럼 고통을 감내하는 쾌락이다. 들뢰즈는 숭고에서 인간 이성을 돌파하는 비인간적 맹렬함을 본다. 초월론적 경험에는 우월한 경험이라는 별명이 붙는다. 들뢰즈는 초월론적 경험이 숭고라는 "감각밖에 될 수 없는 것(이와 더불어 감각 불가능한 것)이 현전할 때 감성은 어떤 고유한 한계 ─기호─ 에 부딪히게 되고, 어떤 초월적 실행 ─n승의 역량─ 으로 고양된다"고 말한다(DR: 312). 이 "감각 불가능한 역량"이라고 불리는 "초월적 실행"이 바로 숭고라는 우월한 경험이다.

칸트의 초월론적 관념론과 들뢰즈의 초월론적 경험론의 입장 차이는 『판단력 비판』의 후반부인 목적론적 판단에서 두드러지게 나타난다. 칸트는 자연 산물들의 외적 합목적성을 물리신학Physikotheologie 또는 자연신학Natürliche Theologie이라고 규정한다. 칸트는 물리신학의 합목적성이 단지 물리적 목적론에 머무르는 한계를 가진다고 본다. 신성神聖에 도달하는 내적 합목적성이 없다는 것이다. 칸트는 물리신학에는 '최고의 완전한 창시자'와 '최상의 세계원인'이 없기 때문에 "물리적 목적론이 신학을 산출하지는 못한다"고 결론짓는다(Kant, 1790/2009: 517). 그리고 이런 한계를 신성으로 극복하기 위한 궁극적 목적인으로 도덕신학Moraltheologie(윤리신학Ethikotheologie)을 제시한다. 이것이 『순수이성 비판』과 『실천이성 비판』을 화해시키는 개념이다. 칸트는 "전자[물리신학]는 자연스럽게 후자[도덕신학]에 선행한다"고 말한다(Kant, 1790/2009: 512). 칸트가 보기에 물리신학은 도덕신학에 도달하기 위한 예비단계에 불과하다는 것이다. 칸트는 물리신학은 내적 합목적성 없이 그것의 외적 합목적성만 보는 것으로, "세계존재자들의 측면에서 보면 범신론으로서, 그리고 근원존재자로서 유일하게 자존하는 주체의 측면에서 보면 스피노자주의로서" 한계를 갖는다고 비판한다(Kant, 1790/2009: 516). 그런데 들뢰즈는 바로 그 지점에서 스피노자의 '신 즉 자연'을 계승하면서 물리신학을 위한 반론을 제기한다. "우리는 자연 목적론이 무용하다고만은 생각할 수 없을 것이다. … 우리는 도덕신학이 자연신학을 '완성'

한다고도, 이념들에 대한 실천적 규정이 유비적인 사변적 규정을 완성한다고도 생각할 수 없는 것이다"라는 것이다(PCK: 127). 이제 물리신학으로 충분하다면 어떻게 할 것인가? 오히려 도덕신학이 물리신학의 선택사항이라면 어떻게 할 것인가? 이것이 신유물론자인 들뢰즈의 반론이다. 신 없이도 차이화하면서 충분히 합목적인 세계가 있다. 들뢰즈는 처음부터 "그[칸트]의 관념론은 사유를 직접 대지terre와의 관계 속에 놓고" 있다는 지점에 주목해 왔다(QP: 125). 여기서의 "대지"는 물자체 또는 물리신학으로, 들뢰즈의 지구행성을 가리킨다. 합목적적 자연이 굳이 신학적인 일자를 통해 완성될 필요는 없다. 유기적 존재들이 충분히 상호 합목적적인 체계를 구성하고 있다. 들뢰즈는 신성이 없어 더 자유로운 "이 관계들은 우주 전체에 걸친 것이어야 한다"고 강조한다(PCK: 124). 칸트의 물리신학은 그 고안자의 의도를 뒤집으며 들뢰즈의 지구행성을 위한 시론을 제공한다.

초월론적 관념론자인 칸트의 자기 분열 속에서 들뢰즈는 역설적으로 자신의 닮은꼴을 발견했다. 들뢰즈는 초월론적 경험론의 이 "폭발적인 국면"을 "어떤 분열된 자아를 위한 코기토이다"라고 정리한다(DR: 149). 분열된 인간주의는 들뢰즈의 비인간주의의 얼굴이며, 인식능력의 와해는 시간의 세 번째 종합인 영원회귀를 연상시킨다. 이를 통해 칸트의 폭발적 국면은 곧장 들뢰즈의 영원회귀의 시간과 초월론적 경험론을 지시하게 된다. 들뢰즈는 "초월론 철학의 가장 위대한 창의성이 시간의 형식을 본연의 사유 안으로 끌어들이는 데 있다면, 순수하고 텅 빈 이 형식은 이제 다시 불가 피하게 죽은 신, 균열된 나, 그리고 수동적 자아를 의미하게 된다"고 말한다(DR: 205). 들뢰즈는 『안티 오이디푸스』에서 초월론적 경험은 나라는 자아, 그 공고한 주체라는 믿음을 박탈하는 것이라고 말한다. 인간중심주의를 극복한 비인간주의는 초월론적 경험론, 즉 우월한 경험론이 된다. 우월한 경험의 대상인 잠재적 다양체들은 "자아 상실의 초월론적 경험"이다(AO: 156). 들뢰즈는 이것이 맨정신이 아니라 오히려 "잠, 현기증, 기절, 죽음, 불면, 중얼거림, 또는 도취… 등에 근접한 상태에서 포착된다"고 말한다(DR: 458). 물론 이러한 '자아 상실'의 상태는 탈인간중심적인 방향을 가리킨다. 영화 《컨택트》에서 주인공은 외계의 언어를 배우면서 과거와 현재, 미래가 하나로 얽힌 세계로 빠져든다. 일종의 정신분열증의 상태로 진입한 것이다. 재미있는 것은 꿈에서 보던 미래가 낮에도 보인다는 것이다. 인간중심적으로 보면 제대로 미친 것이겠지만, 그녀는 다른 언어, 다른 사유 방식으로 다른 삶을 살게 된다. 결국 초월론적 경험론이 우월한 경험론인 이유는 그것이 인간중심주의를 극복한 경험론이기 때문이다. 이것은 이성보다 감성적인 것을 포착하기 때문이다. 알 수도 없고 감각밖에 할 수 없는 어떤 것이 우월한 경험의 대상이다. 들뢰즈는 이에 대해 "차이들로 가득한 강렬한 세계, 거기서 질質들은 자신의 이유를 발견하고 감성적인 것은 자신의 존재를 발견한다. 그런 강렬한 세계야말로 우월한 경험론의 대상이다. 이 경험론을 통해 우리가 배우는 것은 어떤 낯선 '이유', 다양체, 그리고 차이의 카오스(유목적 분배들, 왕관 쓴 무정부 상태들) 등이다"라고 말한다(DR: 145). 이 우월한 경험을 통해 들뢰즈는 인간적 한계를 벗어난 비인간적인 지구행성의 근방역을 형성한다. 이처럼 초월론적 경험론은 들뢰즈 신유물론의 기원에 자리하고 있다.

로지 브라이도티의
비인간 휴머니즘

영화 《크래쉬Crash》(1996)는 자동차를 성적 대상으로 여기는 사람들의 이야기다. 자동차 표면의 사고 흔적을 애무하며 차가 충돌하는 것에서 오르가슴을 느끼는 식이다. 주인공은 자동차 사고로 뼈가 부러진 사람을 보면서, 그 사람보다 그가 사용하는 보조기구에 성적 흥분을 느낀다. 이들은 기계를 성애적 대상으로 삼는 메카노필리아Mechanophilia다. 이 영화의 감독인 데이비드 크로넨버그David Cronenberg는 인간의 신체가 기계나 동물과 섞이고 느끼는 영화를 꾸준히 만들었다. 텔레비전과 신체가 섞여 있는 《비디오드롬Videodrome》(1983), 전송 실험 중 파리와 섞이는 《플라이The fly》(1986), 벌레와 타자기가 결합한 《네이키드 런치Naked Lunch》(1991) 등이 대표적이다. 로지 브라이도티Rosi Braidotti는 이 영화의 원작이 한 인물을 묘사하는 부분에서 자기 철학의 지향점을 드러낸다. 그녀는 메카노필리아의 리더 격인 한 인물을 "'실패한 성전환 수술의 누수된 상처를 드러내는 정신 나간 드래그 퀸'[으로 묘사하는 부분에서]… 동시대의 성차화된 신체를 표시하는 듯 보인다"고 말한다(Braidotti, 2002/2020: 118). 지금/여기의 우리를 읽어 내려면, 영화 《크래쉬》의 기계 도착중적 인물들을 보라는 것이다. 신체는 다른 생명이나 기계와 결합하면서 다른 사유를 만들어 내고, 다른 권력관계 속으로 들어간다. 영화 《컨택트》의 주인공이 외계의 언어와 결합하면서 다른 시간대를 살기 시작한 것과 같다. 브라이도티의 『포스트휴먼 페미니즘』도 신체 위에서 차이화한 페미니즘과 포스트휴먼의 관계를 탐구한 결과물이다. 인간의 신체는 이미 성소수자를 넘어 테크놀로지와 결합한 지 오래다. 브라이도티의 사유는 철저하게 신체 위에서 진행된다.

브라이도티의 '포스트휴먼 페미니즘'은 들뢰즈의 신유물론을 직접적으로 계승하고 있다. 그녀는 일찍이 자신의 이론을 "근본적으로 페미니즘적인 신체적 유물론bodily materialism"이라고 부르면서, 이것이 육화된 유물론enfleshed materialism을 내장하고 체화한 embeded and embodied 유물론이라고 설명한다(Braidotti, 1994/2004: 195). 브라이도티는 자신의 신체적 신유물론을 이루고 있는 연합적 배경을 "조에-지오-테크노-물질"이라고 말한다(Braidotti, 2021/2024: 234). 자연물이든 인공물이든, 그것은 모두 지오geo(지구행성)의 산물이다. 여기에 더해 브라이도티는 인간중심적 생명을 가리키는 비오스bios가 아니라, 모든 비인간 생명인 조에zoe를 강조한다. 이로부터 신체적 유물론은 테크노 비인간과 지구행성적 비인간을 포함하는 이론으로 자리하게 된다. 브라이도티가 자신의 신유물론에서 신체를 중심에 둔 이유는 실천적 이유 때문이다. 그녀에 따르면, "신유물론은 언어학적 패러다임을 거부하고, 대신에 권력의 사회적 관계 안에 담긴 신체들의 구체적이지만 복잡한 물질성"을 규정한다(Dolphijn and Van der Tuin, 2012/2021: 23). 브라이도티의 이론 전체는 이 유물론적 '신체'를 이해하는 데 달려 있다고 해도 과언이 아니다. 이 유물론적 신체의 이해를 가로막는 장애물이 두 가지 있다. 하나는 이것이 전통적인 신체 철학에서 정신의 반대편에 놓인 신체가 아니라는 것이고, 다른 하나는 전형적인 생물학적 신체도 아니라는 것이다. 신체적 유물론에서의 신체-관점은 동식물이나 인간, 기계와 결합하면서 자신의 정신(관점)을 끊임없이 변형한다. 이 신체는 쉬지 않는 변형 과정을 통해 전통적인 생물학적 분류를 가로지른다. 브라이도티는 이것을 "들뢰즈의 '되기 내 주체' 이론"이라고 부른다(Braidotti, 2002/2020: 227). 신체적 유물론은 들뢰즈의 꿀렁이는 지구행성처럼 신유물론적 되기를 통해서만 존재할 수 있다. 되기 속의 신체라는 개념이 페미니즘에서 포스트휴먼에 이르는 폭넓은 주체를 다룰 수 있는 탄력성을 부여한다.

브라이도티의 신체적 유물론은 앞 장에서 다룬 카스트루의 신체-관점과 비교해 볼 때 그 특징을 더 쉽게 이해할 수 있다. 브라이도티와 카스트루는 공통적으로 들뢰즈의 되기와 신체라는 개념을 발전시켜 자신의 철학을 전개한다. 브라이도티는 "들뢰즈에게 주체의 체현성은 신체적 물질성의 한 형태이지, 자연적이고 생물학적인 유의 형태가 아니"라고 말한다(Braidotti, 1994/2004: 184). 들뢰즈의 신체론은 잠재적 차원의 '기관 없는 신체corps sans organes'와 현행적 차원의 '신체', 그리고 그 신체가 기표화와 주체화를 거쳐 '유기체'로 고정되는 세 가지 과정을 다룬다. 이 세 단계는 들뢰즈와 카스트루, 그리고 브라이도티의 신체적 유물론이 갖는 강조점에 각각 대응한다. 들뢰즈의 기관 없는 신체의 적은 기관이 아니라 유기체다. 기관 없는 신체는 딱딱하게 고정된 유기체로부터 차이화하는 신체를 복원하기 위한 것을 고려한 개념이다. 카스트루는 잠재적인 것이 현행화하면서, 그에 따라 차별화된 신체-관점을 갖게 된다고 주장한다. 이에 반해, 브라이도티는 현행화된 차원의 구체적 신체-행위를 다룬다. 그녀의 이론이 보다 실천적인 차원의 문제들을 다룰 수 있는 이유다. 이런 맥락에서 브라이도티는 들뢰즈가 남성 중심주의적 한계를 갖는다고 지적하면서, 구체적인 여성-되기(페미니즘)와 기계-되기(포스트휴먼)를 다룬다. 들뢰즈의 신체 개념을 브라이도티는 철저하게 실천적 측면에서 다룬다. 그녀는 "그것[신체]은 모두 자신의 위치들 또는 위치 지어진 관점들에 달려 있다. 나는 이것을 상대주의의 한 형태가 아니라 육화된 유물론의 내장되고 체현된 형태embedded and embodied form로 본다"라고 강조한다(Braidotti, 2002/2020: 34). 그녀의 이런 입장은 페미니즘 내부의 '성차 대 젠더' 논쟁에서 두드러진다. 브라이도티는 주디스 버틀러Judith Butler가 주창한 젠더gender 이론, 즉 성 정체성이 사회적으로 결정된다는 주장이 궁극적으로 육화된 신체를 무시한다고 지적한다. 그 결과, 섹슈얼리티를 다루지 않는 페미니즘은 신체에 체현된 구체적 불평등을 무시하게 되며, 사회정치적 실천에 한계를 드러낼 수밖에 없다고 비판한다. 이에 반해 신체적 유물론은 매 순간 변형되는 구체적인 현실 문제를 잘 다룰 수 있다고 주장한다. 실제로 브라이도티는 디지털 자본주의와 테크노 신체까지 적절하게 수용하여 이를 '포스트휴먼 페미니즘'으로 개념화하고 있다.

브라이도티는 실체적이고 정신적인 전통적 철학을 거부하면서 신체적 유물론을 다음과 같이 정의한다. "주체는 더 이상 의식意識으로 인식되지 않는다. 다시 말해, 오래된 '코기토, 즉 나는 생각한다. 고로 존재한다'를 '나는 욕망한다. 고로 존재한다desidero ergo sum'로 대체해야 한다."(Braidotti, 2002/2020: 47) 우리가 아는 주체는 이제 생태적 비인간이나 테크노 비인간의 도움 없이는 일상생활조차 힘들게 되었다. 주체는 이제 의식이 아니라 신체-연합의 효과, 즉 정동, 욕망, 그리고 상상력에 의해 정의되어야 한다. 브라이도티는 페미니즘과 포스트휴먼 분야에서 누구보다 앞서 그런 변화를 읽어 내었다. 들뢰즈의 되기(차이화) 개념을 중심으로 그녀의 신체적 유물론의 특징을 살펴보면 다음과 같다. 첫째, '차이들이 차이화하면서 반복한다'는 차이화 테제는 들뢰즈 차이 철학의 핵심이다. 들뢰즈는 잠재적 역량의 차이화를 중심으로 다루지만, 브라이도티는 그것을 적극적으로 현행적 신체로 해석한다. 들뢰즈의 신유물론이 분자적인 에너지 역량을 대상으로 한다면, 브라이도티는 그 자리에 신체를 놓는다. 그녀에게 차이화는 철저하게 신체화를 의미하는 것이다. 그녀에게 "들뢰즈의 되기는 차이의 적극성에 대한 긍정이며 변형의 복수적이고 항구적인 과정을 의미한다."(Braidotti, 1994/2004: 183) 되기는 남성 대 여성, 자연 대 문화, 정신 대 물질, 인간 대 기계라는 이분법을 횡단하는 신유물론 논리의 핵심을 차지한다. 브라이도티는 모든 존재를 되기 과정에 있는 유물론적 신체로 정의하면서 "나는 지금 들뢰즈의 '되기 내 주체' 이론이 포스트모더니티의 '타자들'의 담론 및 실천과 함께 발전하여 매우 창의적인 방식으로 타자들과 결속한다고 주장하고 싶다"라고 말한다(Braidotti, 2002/2020: 227). 이렇게 되기를 통해 재정의된 주체가 브라이도티의 '유목적 주체'다. 유목적 주체는 외부의 비인간들과 끊임없이 마주치면서 자신을 변화시키고 환경을 바꾸어 간다. 매 순간 타자와 연합하면서 '나라고 할 만한 것이 없는 주체', 비통일적이고 이질적인 주체가 유목적 주체다. 브라이도티가 주체를 유목적으로 정의하는 이유는 그녀가 현행적 차원의 구체적 실천을 목표로 하기 때문이다. 그녀의 "유목적 주체는 잠재적 되기를, 개방하는 것을, 즉 착취당하고 주변화되고 억압받는 모든 소수자의 변형하는 힘을 의미한다."(Braidotti, 2002/2020: 165) 그 사례를 보면, 남녀라는 틀 내부의 LGBTQ+들, 대기업 내 비정규직들, 이스라엘 내부 가자 지구의 팔

레스타인인들, EU 내의 불법 이민자들, 자본숭배자들 속의 체제 비판자 등이다. 브라이도티의 신체적 주체에 대한 고민은 자연스럽게 페미니즘과 포스트휴먼이라는 구체적 사유로 향한다.

둘째, 들뢰즈의 '차이, 또는 시간은 세 가지로 종합한다'라는 테제는 시간이 우리가 아는 크로노스의 시간이 아니라 영원회귀의 아이온의 시간이라는 것을 강조한다. 지금/여기의 수행이 과거를 바꾸고 미래를 변화시킨다. 체현된 신체는 모든 시간과 장소의 네트워크에 의해 성적인 차이화를 수행할 수 있다. 브라이도티는 들뢰즈를 빌려 와 이것을 '여성-되기'라고 해석한다. 그녀에 따르면, "들뢰즈는 탈영토화의 모든 선이 반드시 '여성-되기'의 단계를 거치게 되는데, 이것은 단순히 소수자 되기의 다른 형태가 아니라 오히려 전 과정의 핵심이자 전제조건이며 필요한 출발점이라고 말한다." 그리고 브라이도티는 들뢰즈가 "여성-되기는 변형의 일반적 과정을 나타내는 지표다"라고 한 것에 주목한다(Braidotti, 2002/2020: 155). 이것은 여성-되기가 생물학적인 것이 아니라 반권력적 차이화 모두를 부르는 이름임을 보여 준다. 브라이도티는 권력의 기원에 유럽 백인 남성 중심주의, 즉 팔루스-로고스 중심주의가 있다고 보고, 그 반대편에서 탈중심적 되기를 실천하는 비인간적 되기 모두를 여성-되기라고 부른다. 그러니까 여성-되기는 생물학적 신체와 무관하게 억압적 다수를 위한 저항적 재배치를 주장하는 되기의 일반명사다. 그래서 브라이도티의 페미니즘 정의는 명확하다. "페미니즘의 주체는 성차화된다"는 것이다(Braidotti, 2002/2020: 51). 성차화된다는 것은 다양하게 신체화한다는 의미다. 그녀는 모든 인간-비인간 신체들을 연대의 대상으로 여긴다. 브라이도티는 여기서 "들뢰즈는 [남성과 여성] 대신에 다중섹슈얼리티polysexuality를 대안으로 제시한다"고 환기시킨다(Braidotti, 2002/2020: 107). 들뢰즈는 동물과 식물 사이의 생식을 제시하기도 한다. 난초orkideé는 말벌이 동면에서 깨어날 즈음 암컷 말벌을 모사하고 향기를 내뿜어 유혹한다. 말벌을 이용해 꽃가루를 옮기는 것이다. 들뢰즈는 동물과 식물 사이의 섹슈얼리티를 통해 수컷과 암컷, 또는 남성과 여성으로 환원할 수 없는 N개의 성性이 있음을 주장한다. 브라이도티는 현행적 차원에서 들뢰즈의 차이화하는 신체에 LGBTQ+뿐만 아니라 영화《크래쉬》처럼 기계와 연합하는 다양한 성차가 있음을 보여 준다.

셋째, 들뢰즈의 '초월론적 경험, 경험을 가능케 하는 우월한 경험이 있다'라는 테제는 브라이도티의 포스트휴먼 페미니즘의 주요한 근거가 된다. 초월론적 경험은 그 경험을 가능하게 하는 조건이 따로 있는 것이 아니라, 신체의 경험을 통해 매 순간 차이화 또는 되기를 수행하기 때문이다. 브라이도티에 따르면, "들뢰즈는 쉬지 않고 긍정적 열정을 응원하는 힘을 강조하면서, 이를 통해 체현된 주체를 경험적이고 초월론적 존재로 재정의한다."(Braidotti, 2002/2020: 145) 오늘날 그 초월론적 경험의 자리는 테크놀로지가 메우고 있다. 브라이도티의 작업도 그녀가 테크노 신체Techno body라고 부르는 테크노-비인간에 집중되어 있다.

그 결과물이 포스트휴먼 3부작, 즉 『포스트휴먼』(2013), 『포스트휴먼 지식』(2019), 『포스트휴먼 페미니즘』(2021)이다. 현재 포스트휴머니즘 논의의 주류를 차지하고 있는 것은 트랜스휴머니즘 Transhumanism이다. 인간의 신체능력을 강화시켜서 지금까지의 한계를 넘어선 인간을 창출한다는 입장이다. 혹자는 영혼을 다운로드받거나, 불사의 신체를 만들어 영생을 살 것이라고 주장한다. 트랜스휴머니즘은 이유 없는 미래 예찬과 근거 없는 현실 불안을 조장하면서 자본주의적 욕망만 부추긴다. 트랜스휴머니즘에 기초한 상상력은 인간을 넘어선 AI, 화성 이주 계획, 가상화폐 비트코인 등으로 이어져 있다. 그러나 이들은 지구행성의 99%를 차지하는 유물론적 신체들의 현실에는 아무런 관심이 없다. 브라이도티는 이를 두고 "트랜스휴머니즘의 움직임이 영향력을 행사함에 따라 휴머니즘의 잔재가 악착같이 되살아"나고 있다고 비판한다(Braidotti, 2013/2015: 85). 원래 포스트휴머니즘은 휴머니즘에 대한 반성에서 출발한 것이다. 휴머니즘이라는 인간중심주의는 밖으로 지구형태변형geo-morphism을 야기하고, 안으로 치유할 수 없는 인간 불평등과 위계적 사유를 낳았다. 비판적 포스트휴머니즘은 테크놀로지가 더 이상 기존의 휴머니즘(또는 인간중심주의)으로 해결할 수 없는 세계를 초래했다고 본다. 브라이도티는 그 대안으로 우선 "환경적 재앙, 공중보건상의 재앙, 인간이 만들어 낸 재앙들 속에서 공존공멸의 가능성에 우리가 함께 노출되어 있다는 사실을 받아들이는 것"이 중요하다고 강조한다(Braidotti, 2021/2024:

398). 왜냐하면, 트랜스휴머니즘에는 사회적 약자나 페미니즘에 대한 배려가 전혀 없기 때문이다. 그래서 브라이도티는 포스트휴먼의 근거를 유물론적 신체에서 찾아야 한다고 주장한다. 그녀는 오늘날의 유물론적 신체를 트랜스섹슈얼 신체tran-ssexual body 또는 트랜스-신체성trans-corporeality이라고 부른다. 중요한 것은 이 새로운 유물론적 신체에 어떤 관점이 내장되고 체현될 것인가 하는 것이다. 브라이도티는 "사이보그는 슈워제네거의 '터미네이터'의 승리에 찬 만족감뿐만 아니라, 그런 기술혁명에 연료로 사용되는 체액인 땀으로 범벅된 육체를 가진 노동자들의 허약한 신체를 동시에 환기시킨다. 하나는 다른 하나 없이는 움직이지 않는다"라고 강조한다(Braidotti, 2002/2020: 43). 포스트휴먼 논의는 우선 신체적 장애를 돕는 로봇, 비정규직의 노동강도를 해결하는 AI, 페미니즘적 성차를 수용하는 테크놀로지가 먼저 고려되어야 한다. 이것이 브라이도티가 『포스트휴먼 페미니즘』을 쓴 이유다.

브라이도티는 들뢰즈 차이 철학의 계승자 가운데, 누구보다 더 실천을 강조하는 철학자다. 그녀는 "나는 이 유목적 철학이 들뢰즈가 이론화한 변혁의 원동력으로 그 자신이 분명히 인정한 소수자들을 자기편으로 만들지 못한다면, 이 세기도 다른 세기도 결코 들뢰즈의 세기가 되지 못할 것이라고 생각한다"라고 말한다(Braidotti, 2002/2020: 170~171). 21세기는 들뢰즈의 세기가 될 것이라는 푸코의 예언은 오직 실천을 통해서만 검증될 수 있다는 입장이다. 브라이도티가 들뢰즈의 되기 개념에 기초하여 꾸준히 페미니즘과 포스트휴머니즘에 관련된 적극적 실천을 모색하는 이유다. 이런 맥락에서 브라이도티의 신체적 유물론은 신체에 작용하는 힘을 두 가지로 구분한다. 포테스타스potestas와 포텐티아potentia다. 신체는 자신의 역량을 억압하거나(포테스타스) 해방시키는(포텐티아) 역설적 힘들이 동시에 교차하는 지점이다. 그녀는 두 힘 가운데 현재의 권력관계를 유지하려는 포테스타스보다, 그것을 변형시키고 바꾸어 나가려는 포텐티아를 더 강조한다. 그것이 신체적 연대를 구축하기 쉽기 때문이다. 브라이도티의 이론적 강점은 타고난 긍정성이다. "비판은 쉽다. 그러나 필요한 것은 현실을 바꿀 아이디어다"라는 식이다. 브라이도티는『포스트휴먼 페미니즘』의 마지막 부분에서 찰스 디킨스Charles Dickens를 인용하며 "지금은 최악의 시대이기도, 최고의 시대이기도 하다. … 우리 자신을 위해서, 그리고 세계를 향한 사랑의 마음으로, 제대로 살아 보자!"라는 메시지를 보낸다(Braidotti, 2021/2024: 400).

4.
『의미의 논리』:
비인간적 발생

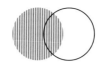

아피찻퐁 위라세타쿤Apichatpong Weerasethakul의 영화 《메모리아》(2021)는 정체불명의 소리에 관한 영화다. 주인공 제시카는 어느 날 새벽 '쿵' 하는 소리에 잠에서 깬다. 이 소리에 응답하듯, 주차장의 차들은 헤드라이트를 깜빡이며 경적을 울린다. 이후 제시카는 주기적으로 자기만 듣는 '쿵' 소리의 원인을 찾으러 나선다. 이 영화는 소리에서 시작하지만, 그 원인을 찾는 여정은 소리의 기원에 가닿게 된다. 소리 이전의 소음의 세계를 만나면서 제시카는 인간중심적인 세계를 벗어난 우주적 질서를 알게 된다. 다른 사람이 어린 시절에 겪었던 소음과 소리들이 지금/여기에 공존하고 있다. 제시카에게 그것을 알려 주는 역할은 에르난이란 남자가 맡는다. 그는 처음에 음향 엔지니어로 등장했다가, 다음엔 산골의 은둔자로 등장한다. 그는 같은 이름의 서로 다른, 이 사람이면서 저 사람이기도 하다. 에르난의 정체가 이미 영화의 메시지를 예고하고 있다. 에르난은 제시카를 인간 언어 이전의, 심지어 인간화된 소리 이전의, 우주적 소음의 세계로 유도한다. 이 영화는 인간화된 세계에서는 이미/항상 지금/여기에 시공간이 하나로 얽혀 있음을 보여 준다. 소음-소리-언어라는 발생의 도식은 『의미의 논리』의 도식을 그대로 보여 준다. 『의미의 논리』는 소음에서 소리에 가닿는 동적 발생의 구도와 함께, 소리에서 언어에 도달하는 정적 발생을 다룬다. 『의미의 논리』는 결국 동적 발생, 정적 발생, 그리고 거기서의 사건-의미라는 세 부분으로 이루어져 있다. 물론 이 삼 분할의 배후는 인간주의에 대한 반성과 비인간에 대한 각성이라는 창조적 이분법, 즉 둘로 나누어 설명하지만, 결국 하나로 얽혀 있음을 증명하는 방법으로 이어져 있다.

『차이와 반복』을 발표한 이듬해, 들뢰즈는 차이 이념의 외연을 확장하기 위해 언어를 선택한다. 들뢰즈 저작 가운데 언어를 중심에 둔 연구는 『의미의 논리』가 대표적이다. 이런 맥락에서 『의미의 논리』가 말하는 '의미'가 일상의 그것이 아니라는 점을 잊어서는 안 된다. 오히려 여기서의 의미는 일상적 의미를 가능하게 하는 초월론적 장의 발생을 가리킨다. 그것의 신유물론적 성격을 사건이라고 부르고, 그 논리적 성격을 의미라고 부른다. 『의미의 논리』라는 제목은 이 책에서 펼쳐지는 들뢰즈 철학의 제일 바깥에 껍질처럼 자리하고 있는 것이다. '의미의 논리'는 사건의 생성이며, 지구행성의 동적이고 정적인 발생 전체를 꿰어 내는 개념인 것이다. 이 생성 자체가 들뢰즈식 사건이고 의미이다. 들뢰즈가 사건-의미로 표기하는 이유다. 그런데 인간은 지구행성의 그 꿀렁이는 생성에 인간중심적인 의식과 명제라는 이름을 부여했다. 언어명제는 현실의 질서를 고착된 것으로 만드는 데 결정적 원인과 결과를 제공하는 것으로 여겨지곤 했다. '언어의 한계는 세계의 한계다'라고 말한 초기의 루트비히 비트겐슈타인Ludwig

Wittgenstein이 여기에 해당한다. 그러나 들뢰즈는 유동적인 사건과 의미를 통해 언어의 우연성을 증명하고자 한다. 들뢰즈가 언어와 세계를 동일한 구조로 보는 초기 비트겐슈타인의 시도를 "우스꽝스러운 것"이라고 비판하는 이유다(LS: 256). 들뢰즈가 『의미의 논리』를 통해 궁극적으로 지향하는 지점은 인간중심적인 보편적 명제들(지시작용, 현시작용, 기호작용)을 뒤흔들어 그것들이 사실은 비인간적인 사건-의미라는 것을 밝히는 데 있다.

　『의미의 논리』에서 들뢰즈의 미시적 장치가 사건과 의미라면, 그의 거시적 이론 도구는 동적 발생과 정적 발생이다. 『차이와 반복』에서의 시간의 세 가지 종합(동적 발생)과 잠재적인 것과 현행적인 것이라는 구도(정적 발생)가 『의미의 논리』에서는 언어를 둘러싸고 반복된다. 발생genèse은 말 그대로 생겨난다는 의미다. 아무것도 없는 데서 역동적으로 생겨나는 것이 동적 발생이고, 이로부터 도달한 고정된 구조 위의 발생을 정적 발생이라고 한다. 그러나 정작 중요한 것은 들뢰즈가 발생을 따라 물질적이면서 논리적인 발생을 꼼꼼히 전개하는 이유는 그 막바지에 도달한 인간적인 보편법칙의 바탕이 우연적이라는 것을 증명하기 위함이라는 점이다. 예를 들어, 들뢰즈가 『의미의 논리』에서 하는 작업도 우리가 의심 없이 받아들이고 있는 언어명제(지시작용, 현시작용, 기호작용)의 와해지점을 역추적하는 것이다. 인간의 명제는 보편적 법칙이기는커녕 우연적이며 일시적인 추출물에 불과하다. 들뢰즈의 목적은 오히려 인간의 언어법칙을 발생적으로 역추적하면서 그 의미를 비인간적인 차원에 풀어놓는 데 있다. 꿀렁이는 지구행성에서 어떻게 언어라는 것이 발생할 수 있었던 것일까? 들뢰즈는 겉으로는 이 우주에서 어떻게 인간이라는 존재와 언어가 가능한가를 묻고 있지만, 그의 목적은 사실 우리 앞에 주어진 세계가 필연적 법칙을 따른 것이 아님을 입증하려는 데 있다.

『의미의 논리』는 3층 구도 위에서 모든 논의가 진행된다. 그것은 아래로부터 세워진 '심층/표면/의식', '소음/소리/언어', '무의미/사건-의미/명제', '물체/비물체/사태' 등의 3층이다. 들뢰즈의 『의미의 논리』는 그 목차에서 보여 주듯이 3층의 인간적 질서(명제와 의식)를 와해시켜서 1층의 심층을 향해 '상승'할 것을 요구한다. 그에 따르면 발생의 진행 방향은 "제3의 배치[명제, 의식]로부터 이차적인 조직화[표면]로, 다음으로는 동적 요구를 따라 일차적인 질서[심층]에까지 거슬러 올라갈 필요가 있다."(LS: 397~398) 여기서 들뢰즈의 사유 이미지는 각각의 층에 있는 것이 아니라 각 층을 이동하는 발생에 있다. 그것은 1층에서 2층으로 이행하는 동적 발생(심층/표면)과, 2층과 3층을 이어 주는 정적 발생(표면/명제·의식)이다. 여기서 우리는 『의미의 논리』의 목차가 상부의 '명제와 의식'에서 '심층'을 향해 서술되고 있음에 주목해야 한다. 목차는 우리에게 주어진 의식과 명제가 붕괴되는 순서를 나타내고 있기 때문이다. 이것은 우리의 인간중심적 보편법칙이 필연적인 것이 아니라, 우연적인 것임을 입증하는 순서로 짜여 있다. 『의미의 논리』의 목차는 세분화, 차이화, 파편화를 향하고 있다.

언뜻 보기에 들뢰즈의 발생론은 매우 복잡한 구조를 하고 있다. 이 복잡함을 해결하려면 무엇보다 『의미의 논리』라는 미로를 관통하는 실마리를 잘 붙들고 있어야 한다. 그 실마리란 이 책에서 처음 등장하는 '기관 없는 신체'라는 개념이다. 기관 없는 신체는 『의미의 논리』의 두 주인공인 루이스 캐럴Lewis Carroll과 앙토냉 아르토Antonin Artaud를 구분 짓는 중요한 개념이다. 이차적 조직화(표면)의 주인공은 캐럴이지만, 일차적 질서(심층)의 주인공은 아르토다. 들뢰즈는 아르토의 기관 없는 신체를 인용한다. "입도 없다. 혀도 없다. 이도 없다. 목구멍도 없다. 식도도 없다. 위도 없다. 배도 없다. 항문도 없다. 나는 나라고 하는 인간을 재구성한다(기관들 없는 신체는 오직 뼈와 피로만 되어 있다)."(LS: 173, 주7) 들뢰즈는 『의미의 논리』에서 루이스 캐럴보다 앙토냉 아르토에 대한 애정을 공공연하게 과시한다. 그 이유를 들여다보면 그럴 수 있겠다는 생각이 든다. 캐럴이 보여 주는 의미의 놀이는 기관 없는 신체의 표면에서 벌어지는 데 반해, 그것을 가능하게 만드는 심층은 아르토의 기관 없는 신체 자체이기 때문이다. 그래서 우리는 『의미의 논리』에 등장하는 모든 개념에 대해 우선 그것이 기관 없는 신체와 어떤 관계에 놓여 있는지를 살펴보아야 한다.

동적 발생은 기관 없는 신체에서 표면의 조직화이고, 정적 발생은 그 표면에서 인간적인 논리가 배치되는 것을 가리킨다. 들뢰즈의 발생론은 이렇게 기관 없는 신체를 중심으로 짜여 있다. 기관 없는 신체는 결국 심층/표면/의식이라는 3층 구도 자체이다.

기관 없는 신체는 심층에서조차 '부분들로서의 신체들'이자 '전체로서의 기관 없는 신체'이다. 실제로 『의미의 논리』 이후 '발생'이라는 개념은 사라지고, 기관 없는 신체의 생성으로 대체된다. 들뢰즈에게는 존재한다는 것 자체가 바로 기관 없는 신체의 꿀렁이는 운동인 차이화, 종합, 생성인 것이다. 또한 이것은 들뢰즈가 『의미의 논리』에서 발생론을 다룰 때 이미 예비되어 있었던 것이다. 발생에는 처음부터 목적이라는 극점이 없다. 오히려 극점을 뒤흔들어 생성변화 하는 것이 들뢰즈 발생론의 핵심이자 기관 없는 신체의 운명이다. 들뢰즈의 발생론 전체가 기관 없는 신체의 생성변화인 것이다. 이후 들뢰즈의 전 저작은 기관 없는 신체의 변주와 변신의 역사라고 해도 틀린 말은 아니다. 우리가 말하는 비인간적인 꿀렁이는 지구행성이 바로 기관 없는 신체다.

『의미의 논리』는 34개의 계열로 이루어져 있다. 여기서 계열série은 『천 개의 고원』의 고원plateau과 같은 위상을 갖는다. 서로 독립적인 가치를 갖지만, 그것은 이미 계열들로 이루어져 있을 뿐만 아니라, 그 자체로 다른 계열과 연결되어야만 존재할 수 있다. 『의미의 논리』나 『천 개의 고원』은 그렇게 구성되어 있다. 그럼에도 불구하고 『의미의 논리』는 일관된 구성을 가진다. 계열 1에서 계열 13까지는 들뢰즈 자신의 사건-의미를 다룬다. 언어의 비밀은 인간적인 명제 차원에 있는 것이 아니라, 그 이전의 비인간적 차원에 있다는 것이다. 계열 14에서 계열 26까지는 앞에서 설명한 것들의 근거인 정적 발생을 다룬다. 잠재적인 것에서 현행적인 것으로의 이행 구조 위에서 발생이 이루어진다는 것이다. 사건-의미에서 발생하는 언어-명제가 여기에 해당한다. 그렇다면 이 모든 것의 바탕인 잠재적인 것은 어떻게 생겨났을까? 계열 27에서 계열 34까지는 그것을 다루는 동적 발생에 관한 내용이다. 우주적 잡탕으로부터 잠재적인 것, 즉 기관 없는 신체(표면)의 발생을 다룬다. 발생의 3층 구도에 대한 이해 없이『의미의 논리』를 읽어내기는 쉽지 않다. 그러므로 이 책에서는『의미의 논리』의 계열의 순서를 뒤집어 서술하고자 한다. 후반부 계열들의 동적 발생을 먼저 다루고, 중간 부분의 정적 발생을 다룬 다음, 초반부 계열의 사건-의미를 다룬다.『의미의 논리』에 등장하는 개념들에 대한 깊이 있는 이해를 위해서는 3층 구도에서 그것이 그리는 궤적을 따라가야 하기 때문이다. 들뢰즈의 개념은 사전적 이해가 아니라 그것에 대한 위상학적 관찰이 더 효과적이다.

동적 발생으로
기관 없는 신체에 표면이 생긴다

　동적 발생은 '물체적 심층profondeur'으로부터 '기관 없는 신체의 표면surface'에 도달하는 여정이다. 이것은 발생적 3층 구도의 전반부, 즉 신체(물체)에서 표면으로의 이행을 다룬다. 들뢰즈에 따르면, "사태로부터 사건들로, 혼합물로부터 순수한 선분으로, 심층으로부터 표면들의 생산으로 직접 나아가는, 그리고 다른 발생[정적 발생]은 함축해서는 안 되는 동적 발생이다."(LS: 312) 동적 발생은 결국 심층을 가리키는 개념들과 표면을 가리키는 개념들을 구분하는 것에서 시작한다. 들뢰즈가 말하는 심층의 이미지는 "우주적 시궁창"이다(LS: 314). 이는 차이와 불일치만 존재하는 기관 없는 신체, 또는 꿀렁이는 지구행성의 다른 이름이다. 『차이와 반복』에서 차이화하면서 차이로만 존재하는 것들의 신유물론적 버전이다. 우주적 시궁창이 물체적 파편들이라는 점을 기억해야 한다. 이후 그 표면에서 벌어지는 사건-의미가 우리 주변의 어떤 것으로 드러나기 때문이다. 영화 《메모리아》를 소음/소리/언어라는 발생론의 관점에서 보면, 세차게 내리는 빗소리, 높낮이를 달리하는 물소리, 정체불명의 주파수 소리는 아직 언어적 요소는 없으나 이차적으로 조직된 결과 '들리는 소리'가 된다. 이에 반해 제시카가 혼자 듣고 있는 '쿵' 소리는 심층의 소음에 해당한다. 언어법칙으로 축소된 인간의 귀에 심층의 소음이 들릴 리 없다. 들뢰즈에 따르면, "심층은 요동친다. 덜거덕거림, 삐거덕거리는 소리, 마찰 소리와 파열하는 소리, 내적 대상들의 폭발음"이다(LS: 323). 이 모든 소음이 '우주적 시궁창'의 음향체계를 이룬다. 무수한 소음으로 이루어져 있지만, 텅 비어 있는 곳이면서 아무것도 들리지 않는 영역이다. 시간조차 여기로부터 발생할 뿐이다. 『차이와 반복』에서 동적 발생을 시간의 세 가지 종합이라고 부르는 이유다.

동적 발생은 계열 27에서 계열 34까지에서 정신분석학에 기대어 논의된다. 아이는 어떻게 신체의 부분 대상으로부터 온전한 신체로 발생하는 것일까? 이와 동시에 아이는 어떻게 파편적 음성에서 단어를 사용하게 되는 것일까? 들뢰즈는 "말하기는 먹기로부터 어떻게 효과적으로 벗어날 수 있는가"라고 묻는다(LS: 313). 『의미의 논리』의 가장 흥미로운 점은 언어의 발생을 두고 물체적인 것과 비물체적인 것을 동시에 사유하는 데 있다. 구강기의 유아는 자기와 엄마의 신체를 파편적인 부분 대상으로 인식한다. 따로따로 다가오는 젖가슴, 시선, 목소리 등이 부분 대상이다. 들뢰즈는 심층을 부분 대상(신체들)과 그것의 완전체인 '기관 없는 신체' 사이의 갈등이 전면화된 영역으로 파악한다. 들뢰즈는 부분 대상을 심층의 이미지로 가져온다. 세계가 물체적 파편들로 이루어져 있음의 가장 적합한 사례를 부분 대상에서 찾은 것이다. 그것은 서로 먹고 먹히는 잔혹한 공포극, 즉 "모든 것은 조각난 부분들과 기관들 없는 신체의 긴장된 관계에 있어서의 능동[먹기]과 수동[먹히기]이며, 모든 것은 심층에서의 신체들의 소통, 공격과 방어이다."(LS: 322) 이것이 바로 들뢰즈가 이해하고 있는 심층의 가장 대표적인 이미지다. 심층의 이 이미지가 중요한 이유는 심층/표면/상층이라는 발생의 전개 과정에서 찾아야 한다. 그 과정의 최종결과물에 해당하는 것이 인간중심적 의식이다. 이에 대한 반성이 필요하다면, 우리는 과정을 거슬러 올라가면서 심층과 표면을 역추적할 수밖에 없다. 이것이 먼지 같은 인간의 의식 바깥에 있는 비인간 지구행성의 진면목을 훔쳐볼 수 있는 유일한 방법이다. 오늘날 인류세 위기의 인간적 대안들이 들뢰즈의 '우주적 시궁창'과 유사한 지점을 탐색하는 이유다. 도나 해러웨이Donna Haraway의 쑬루세Chthulucene나 브뤼노 라투르의 임계영역Critical Zones은 '우주 시궁창'의 새로운 버전이다.

동적 발생은 이 잔혹한 무대로부터의 연접connexion, 이접disjonc-tion, 통접conjonction이라는 세 가지 종합을 통해 진행된다. 원래 세 가지 종합의 내용은 전통적 논리학에서 가져온 것들이지만, 들뢰즈의 종합은 자신의 책마다 강조점을 조금씩 달리하면서 의미를 더해 간다. 『의미의 논리』의 세 가지 종합은 계열들의 종합을 가리킨다. 그 기본적인 논리를 살펴보면, 연접은 계열들인 'A와 B와 C와…'의 형식을 갖는다. 통접은 '그러므로…'라는 형식으로 계열의 수렴에 해당한다. 이접은 배타적으로 'A, 또는 B, 또는 C…'의 형식을 띠기도 하고, 포함적으로 'A이든, B이든, C이든…'의 형식을 보이기도 한다. 배타적 이접은 A를 선택하면 포기할 수밖에 없는 배타적 선택지들을 생산한다. 이에 반해 포함적 이접은 A, B, C 등등의 계열을 수용하면서 새로운 접속을 통해 발산한다. 들뢰즈는 『의미의 논리』에서 루이스 캐럴의 세 종류의 신조어를 예로 든다. 루이스 캐럴의 말장난이 가지는 의미는 제쳐 두고, 그 말들이 만들어지는 방법만 보면 그렇게 복잡하지는 않다. 루이스 캐럴의 말들은 "한 계열의 연접적 종합을 수행하는 '발음 불가능한 단음절어', 두 계열의 수렴을 보장해 주고, 또 그 통접적 종합을 행하는 'phizz'나 'snark' 같은 말, 그리고 이미 다른 둘에 있어 작용하면서 발산하는 계열들의 이접적 종합을 행하는, 그들을 그렇게 공명하고 가지 치게 만드는 말-손가방, '재버워크', 말=X" 등이다(LS: 381). 이처럼 세 가지 종합이 『의미의 논리』에서 다소 복잡하게 진행되는 이유는 신체와 언어, 또는 물체와 비물체라는 이질적인 두 요소를 하나로 엮어서 진행하기 때문이다. 이것을 본격적으로 다루기 위해 들뢰즈가 선택한 것이 바로 정신분석이다. 정신의 분열적 운동이 세 가지 종합을 통해 진행된다는 것이다. 『의미의 논리』에서는 주로 멜라니 클라인Melanie Klein의 대상관계 이론과 라캉의 욕망 이론을 따른다. 그렇다면 신체적 부분 대상들과 파편적 소리들은 어떻게 완전한 신체와 언어로 발생하게 되는 것일까? 최초의 발생인 연접적 종합은 흩어진 부분 대상들에서 투입과 투출의 형태로 나타난다. 아기는 수동적으로 엄마의 젖이라는 부분 대상을 투입받고, 능동적으로 똥을 비롯한 다른 부분 대상을 투출한다. 심층의 물체적 파편들은 서로를 관통하는 이런 운동 속에 있다. 결국 종합되는 것은 부분 대상들끼리의 공격과 방어, 투입과 투출밖에 없다.

부분 대상들의 상호 투쟁적인 연접적 종합 과정에서, 아기가 좋은 대상과 나쁜 대상을 구분하는 것이 통접적 종합이다. 아기에게 젖을 주는 좋은 젖가슴과 울어도 오지 않는 나쁜 젖가슴이 있는 것이다. 아기는 이 좋은 대상을 상층에 두면서 우상idol이라고 여긴다. 들뢰즈는 연접을 시뮬라크르라고 부르고, 통접을 우상이라고 부른다. 그런데 이 우상의 종합이 실패할 수밖에 없음을 증명하는 것이 이접이다. 들뢰즈가『의미의 논리』에서 가장 강조하는 것이 이접적 종합이다. 이접이 종합의 실패와 이로 인한 무한한 갈라짐을 보여 주기 때문이다. 들뢰즈는 이질적 계열들의 발산을 보장하는 이접적 종합에 대해 "이 세 번째의[이접적] 계열 형식은 전자들[연접, 통접]로 환원되지 않는 형식 아래에서 나타난다. … [이접은] 이 계열들의 연속적인 가지치기이다(이는 끊임없이 자리를 옮기고 또 이 계열들을 주파하는 대상=X에 기인한다)"라고 말한다(LS: 373). 이것은 끊임없는 생성을 보장하는 들뢰즈의 차이 철학의 가장 기본적인 특성을 가리키는 것이기도 하다. '계열들을 주파하는 대상=X'는 들뢰즈 철학 전체를 관통하는 차이화하는 이념이자, 불일치를 통해 공명하는 강도에 다름 아니다.『의미의 논리』에서 대상=X의 동의어에 해당하는 사건-의미, 빈칸, 우발점, 역설적 심급, 의사 원인 등의 개념이 여기로부터 유추된다. 이 개념들 모두가 기관 없는 신체의 표면, 또는 물체적 심층에서 독립한 형이상학적 표면을 장악하고 있는 개념들이다.

『의미의 논리』에서 가장 중요한 장면은 물체적 혼합체로부터 형이상학적 표면의 독립이다. 들뢰즈는 물체적 표면과 형이상학적 표면 사이에 거세-팔루스 이미지를 부여한다. 라캉의 거세가 상징계로의 진입과 함께 드러나는 욕망의 결핍을 강조하는 데 반해, 들뢰즈는 두 표면 사이의 거세로부터 '환영phantasme'이라는 독특한 개념이 나타나면서 동적 발생이 완성되는 것으로 본다. 성적으로 대상화된 거세의 자국들(물체적 표면)이 팔루스적 변환을 통해 형이상학적 표면으로 나아간다. 이를 통해 동적 발생, 즉 진정한 형태변이가 가능해진다. 들뢰즈에 따르면, "이것이 환영의 공식이다. 거세를 매개로 해서, 성화된 짝[물체적 표면]으로부터 사유[형이상학적 표면]로 나아가는 것"이다(LS: 359). 들뢰즈는 이것을 이중 스크린이라고 일컬으면서 "그 하나는 성적이고 물리적인 표면에 의해 구성되며, 다른 하나는 이미 형이상학적 표면, 또는 뇌腦의 표면에 의해 구성된다"고 말한다(LS: 343). 이것은 정신분석학에서 말하는 프로이트의 '탈성화désexualisation', 즉 씹는 입에서 말하는 입으로의 형태변이이다. '입과 뇌' 사이의 투쟁이 새로운 단계를 가져온 것이다.

이렇게 동적 발생의 대단원의 막은 '환영phantasme'에 의해 내려지게 된다. 환영은 사건-의미와 동의어인데, 이를 굳이 '환영'이라고 부르는 이유가 있다. 환영은 비물체적 사건-의미가 물체적인 것의 분신이라는 위상을 강조하는 개념이다. 그러니까 사건-의미에서 다시 물체적인 것을 불러오는 유물론적 부적에 해당하는 개념이다. 이것은 물체적 표면과 형이상학적 표면이 분리되면서 완성된 동적 발생의 과정을 처음으로 돌려보내는 결과를 가져온다. 환영은 이처럼 강력한 영원회귀의 역량을 갖는다. 들뢰즈는 이를 "환영이 영원회귀의 토대가 된다"라고 말한다(LS: 361). 이것은 들뢰즈가 라캉의 결핍공식인 환상공식($◇a)을 니체의 생산적 영원회귀론으로 바꾼 것이다. 환영은 형이상학적 표면에서 역으로 물체적 표면을 불러들이면서 회귀를 반복한다. 들뢰즈에 따르면, "그것[환영]은 또한 시작의 시원으로, 즉 물체적 표면들의 성으로 되돌아간다. 궁극에 그것은 점차 모든 것의 절대적 시원(심층들)으로 되돌아간다."(LS: 360) 이런 맥락에서 딱딱해진 인간중심적 보편명제들을 비인간적 사건-의미로 해체하려는『의미의 논리』의 의도에 가장 부합하는 개념이 바로 환영인 것이다. 환영은 플라톤의 이데아에 대립하는 시뮬라크르의 또 다른 이름이다.

동적 발생은 일단 파편적 물체들로부터 이차적으로 조직화된 기관 없는 신체, 그 표면에 도달하는 것으로 마무리된다. 정적 발생은 바로 이 표면에서 다시 전개될 것이다. 발생의 3층 구도에서 들뢰즈의 자리는 심층도 아니고 표면도 아니다. 더욱이 그것은 발생을 따라 한 방향으로 순행하는 인간중심적 철학이 아니다. 오히려 그것은 그런 발생들을 정면에서 역행하는 비인간적 와해의 논리이다. 이것은 들뢰즈가 기관 없는 신체를 다루는 방식에서도 확인할 수 있다. 들뢰즈는 궁극적으로 표면에 구멍을 뚫어 신체들로만 부유하는 기관 없는 신체 자체로 복귀하고자 한다. 그는 그것을 구멍 뚫린 '신체여과기'라고 부른다. 들뢰즈에 따르면, "분열증적 신체의 최초의 측면은 일종의 신체-여과기이다."(LS: 171) 기관 없는 신체의 표면에 무수한 구멍이 뚫린 다공적 신체가 바로『의미의 논리』가 도달하고자 하는 지점이다. 이것은 심층과 표면, 상층의 의식 전체를 하나로 얽어서 와해시킨다. 사물과 언어, 물질과 정신은 이제 아무런 관련이 없다. 아니 원래 나눌 수 없는 하나임을 확인한다. 이를 두고 들뢰즈는 "무우주적이면서, 비인칭적이고, 전개체적인 장이 펼쳐지는 표면들의 놀이, 무의미와 의미의 이 작동, 정적 발생이 만들어 낸 산물들을 앞서는 계열들의 이 펼쳐짐이다"라고 말한다(LS: 397).

정적 발생으로
잠재적인 것이 현행화한다

"이제 모든 것이 표면으로 올라온다."(LS: 55) 정적 발생은 동적 발생이 도달한 기관 없는 신체의 표면에서 시작한다. 이 표면에서 사건이 벌어지고 의미가 생겨난다. 정적 발생은 『차이와 반복』에서 말한 잠재적인 것과 현행적인 것의 구도에서 펼쳐진다. 잠재적 차원의 사건-의미가 현행화, 또는 효과화effectuation하면서 인간의 의식과 명제에서 고정된다. 인간적 차원의 물체적 사태나 언어적 논리는 표면에서 발생한 비물체적인 사건과 의미가 우연히 고정된 것이다. 정적 발생은 사건과 의미에서 출발해 의식과 명제에 도달하는 과정을 가리킨다. 들뢰즈는 이런 과정에 어떤 필연성도 보편성도 없다고 주장한다. 플라톤 이후에 서양의 사유를 지배해 온 실체적 진리를 부정하는 것이다. 문제는 더 이상 심층이나 깊이가 아니다. 들뢰즈에 따르면, 정적 발생은 표면에서 시작하는 것으로, "깊이 들어가는 대신 옆으로 미끄러지는 것"이다(LS: 58). 기관 없는 신체의 표면 위에서 사건과 의미의 장이 펼쳐진다.

『의미의 논리』는 하나의 사건 사례로 시작한다. 《이상한 나라의 앨리스》에서 앨리스의 키는 늘어나면서 동시에 줄어드는 사건 속에 있다. 통상 인간의 키는 한쪽 방향bon sens으로만 커져야 하는데, 그것이 정해진 방향 없이non-sens 작아질 수도 있다는 것이다. 우리 인간에게는 모순적으로 보이는 이것이 들뢰즈의 사건이다. 그의 사건은 우리가 아는 통속적인 것이 아님에 틀림없다. 들뢰즈에게 "무한 생성은 … 비물체적인 사건 자체가 된다."(LS: 56~57) 들뢰즈는 또한 사건을 특이성이라고 부른다. 이 특이성-사건은 『차이와 반복』에서 말한 특이성의 유기체화(물체화)를 말한다. 이 정적 발생의 구도가 특이성-사건에서 출발한다. 이것이 현행화한 물체적 사태가 교통사고 같은 경우다. 물체적 사태는 과속이나 음주와 같은 원인과 결과를 분명하게 따질 수 있다. 그러나 들뢰즈의 사건은 그런 물리적 인과관계를 따질 수 없는 비물체적인 것이다. 사건-특이성은 물체적 인과관계에 일대일 대응할 수 없는 특이점의 분포를 의미한다. 이렇게 특정할 수 없는 사건의 원인이 유사원인quasi-cause이다. 앨리스의 키는 사건의 차원에서 두 개의 특이점을 갖는다는 사실이 중요하다. 잠재성의 차원에서는 얼마든지 동시적으로 커지거나 작아질 수 있다. 들뢰즈는 이것을 '되기의 동시성'이라고 부르며, "두 방향으로 동시에 가는 것은 되기의 본질에 속한다"고 말한다(LS: 44). 복잡해 보이지만 결국 사태는 현행적 차원에서 벌어지는 것이고, 사건은 그것의 잠재적 차원, 즉 비물체적 차원을 가리킨다.

들뢰즈는 사건을 설명하기 위해 스토아철학을 끌어들인다. 플라톤이 가장 이상적인 앨리스의 키, 즉 키의 이데아가 있음을 주장하는 데 반해, 스토아학파는 그런 상층도 반대하고, 심층의 우주적 시궁창도 반대하면서 신체의 표면에 집중한다. 거기서 존재와 자연 혼합체의 경계면을 따라 옆으로 움직인다. 스토아철학은 흔히 계란에 비유된다. "껍질은 논리학이요, 흰자는 도덕이요, 한가운데의 노른자는 자연철학이다"라는 것이다(LS: 250). 스토아철학은 각각의 실체들이 아니라 그들의 경계면에서 벌어지는 사건에 주목한다. 이것은 동사 부정법의 경우와 비슷하다. "푸르러지다"라는 부정법은 "'푸른' 나무"나 "'푸름'이 한창이다"라고 할 때의 형용사나 명사와는 다르다. 형용사와 명사가 계란의 흰자와 노른자라면, 동사 부정법인 '푸르러지다'는 '푸르게 됨'이라는 사건일 뿐, 누구의 푸름인지 어떤 푸름인지 따지지 않는다. '푸르러지다'는 하나의 '특이성-사건'으로서 이웃 관계를 통해 여름을 구성한다. 영화《메모리아》에서 '쿵' 소리는 누가 내는 소리인지, 어떤 종류의 소리인지 알 수 없다. 이렇게 물체적인 인과관계에 의해 규명되지 않은 차원이 바로 사건의 차원이다. 들뢰즈는 사건이 물체적 사태로 실존exister하지는 않지만, 그 표면에서 비물체적으로 내속하고insister, 존속하며subsister, 항속한다고persister 말한다. 현행적 차원에서 일어나지는 않았더라도, 잠재적인 것으로서의 사건은 엄연히 실재한다. 들뢰즈는 "표현된 것[사건]은 표현[명제]보다 선재하는préexiste 것은 아니지만 그것에 '앞서 내속하며pré-insiste',

그래서 표현에 기초와 조건을 부여한다"고 말한다(LS: 306). 영화 《메모리아》는 서사적 진행과 일상적 대화의 배후에서 끊임없이 윙윙거리는 막연한 소음을 들려준다. 이 소리는 영화 첫 장면에 등장한 '쿵' 소리의 변주 같기도 하고, 그것을 넘어서는 정체불명의 아우성 같기도 하다. 이 낯선 소리들은 인간을 위해 분류된 소리나 법칙화된 언어를 깨고 가로지르며 달려든다. 주인공과 함께 관객을 서서히 또 다른 세계로 데려가는 것도 이 비인간적 소리다. 들뢰즈에 따르면, "사실상 이 모든 것[명제, 상태, 사태]은 사건이 없다면 단지 소음, 구분되지 않는 소음에 불과할 뿐이다."(LS: 307) 명제에 앞서 사건이 자리하고 있는 이 비인간적이고 초월론적인 장을 들뢰즈는 '뇌의 표면', '형이상학적 표면'이라고 부른다. 이 기관 없는 신체의 표면 위에 언어명제가 정적으로 발생한다. 이 초월론적 장, 즉 잠재적인 것에서 생산되는 것이 바로 '의미sens'다. 지시작용, 현시작용, 기호작용에 이어 암묵적으로 주어진 명제의 네 번째 관계가 바로 '의미'다. 이 네 번째 언어작용인 의미가 『의미의 논리』의 핵심을 담고 있다. 이것은 기관 없는 신체의 표면에서 매 순간 생성된다. 의미는 다른 명제들처럼 고정되려고 하지 않고 무한한 생산을 지향한다. 들뢰즈는 "의미가 생산된다는 특성을 재론할 필요는 없다. 단지, 이 특성은 결코 본원적인 것이 아니며, 늘 [다른 것에 의해] 야기되고 파생된다는 것만 말해 두자"라고 강조한다(LS: 182). 기관 없는 신체의 표면에서 이접적 종합을 통해 끝없이 분기하는 것이 바로 들뢰즈의 사건-의미이다. '의미를 생산하는 신체'의 정적 발생이 바로 이것이다.

『의미의 논리』에서 정적 발생은 계열 16 존재론과 계열 17 논리학에서 명시적으로 다루어진다. 전자는 세계가 어떻게 발생하는가를 다루고, 후자는 세계와 언어의 관계를 다룬다. 존재론적 정적 발생이 유물론이라면 논리학적 정적 발생은 그 유물론의 작동 논리를 가리킨다. 들뢰즈의 차이화, 되기, 표현, 종합은 기본적으로 유물론적이다. 들뢰즈는 『스피노자와 표현 문제』에서 생산하면서 생산되는 것을 표현이라고 부르고, 표현되는 것을 우주, 또는 '신 즉 자연'이라고 말한다. 사람들이 그의 '표현' 개념을 신유물론의 시작으로 보는 이유다. 들뢰즈는 그 표현이 자연과 그 힘을 매 순간 생성하면서 비인간 지구행성의 존재론과 논리학을 갱신한다고 본다. 이러한 지구행성의 역량이 신유물론이고, 지구행성의 표현이 신형식주의다. 영화 《메모리아》에서 '쿵' 소리는 물질적이면서 언어적이다. 제시카는 '쿵' 소리의 물리적 출처를 탐색하면서 언어적 논리가 바뀌는 경험을 한다. 다른 세계 속으로 빠져든 것이다. 정적 발생은 지시작용, 현시작용, 기호작용에 관한 논리학인 동시에, 그와 관련된 사물(객체), 인칭(주체), 사태(개념)에 관한 존재론이다. 『의미의 논리』에서 물체와 관련된 사건과 명제와 관련된 의미가 동의어, 즉 사건-의미로 사용되는 이유다. 정적 발생은 기관 없는 신체의 표면에서 사건-의미가 각각 의식과 명제로 구현되는 과정을 가리킨다. 그리고 그 목적은 정적 발생의 전도를 통해 인간중심적 존재론과 논리학의 보편성 및 필연성을 와해시키는 것이다.

첫째, 정적 발생론의 존재론적 측면은 라이프니츠의 모나드를 가져와 설명한다. 모든 개체와 세계는 계열화, 즉 계열들의 세 가지 종합에 의해 발생한다. 들뢰즈는 라이프니츠를 인용하여 "각각의 모나드는 세계를 표현한다"라고 말한다(LS: 207). 개체들은 현행화, 종합, 또는 표현을 통해 존재하게 되고, 이런 개체들의 성립으로 세계가 표현된다. 이렇게 표현된 세계는 개체들이 수렴하면서 매 순간 발생한다. 들뢰즈와 라이프니츠는 이를 '공가능성compossibilité', 즉 함께 수렴할 수 있는 세계라고 부른다. 들뢰즈는 그 예로 아담이 죄를 지은 세계, 카이사르가 루비콘강을 건넌 세계를 든다. 이런 세계들에 대해 아담이 죄를 짓지 않은 세계, 카이사르가 강을 건너지 않은 세계는 양립 불가능한 불공가능성imcompossiblité이다. 그러나 현실이 하나의 공가능한 세계로 주어진다고 다른 가능세계가 없는 것은 아니다. 단지 같이 가능할 수 없을(불공가능할) 뿐이다. 현행적으로는 불공가능하지만 잠재적으로는 얼마든지 공가능하다. 영화 《메모리아》에서 에르난은 겉으로 보면 두 명의 다른 인물이지만, 그는 자신이 음향 전문가이자 산속 명상가라고 말한다. 제시카의 현행적 세계에서는 두 사람이 불공가능하지만, 에르난의 잠재적 세계에서는 얼마든지 두 인물이 공가능하다. 제시카도 이 사실을 받아들이면서 에르난의 어린 시절을 기억하고 인류의 시원에 해당하는 소리를 듣게 된다. 모든 것이 공가능한 세계를 경험하게 되면서다.

둘째, 정적 발생의 논리학은 사건의 존재론에 의미의 논리가 더해지는 과정을 보여 준다. 들뢰즈는 정적 발생 존재론에서 환경세계Umwelt와 세계Welt를 구분하여 보여 준다. 환경세계는 생물학자 야콥 폰 윅스퀼Jakob von Uexkuüll의 개념으로, 생명체가 주어진 환경 속에서 자신에 맞는 부분만 받아들여 구축해 살아가는 세계이다. 이에 따라 나타나는 정적 발생의 첫 번째 복합체는 개체들의 환경세계를 통해 형성되는 양식/일방향bon sens의 복합체다. 이는 특이성-사건이 자신의 특이점들에 따라 현행화한 개체들의 주관적 세계다. 이어서 공통감각/다방향common sens이라는 개체들의 여러 세계에 공통적인 것이 나타난다. 첫 번째 단계가 차이들의 조직화(유기체화)라면, 두 번째 단계는 본격적인 동일화 단계다. 이 단계에서 개체의 지시작용, 인칭의 현시작용, 개념의 기호작용이 가시화된다. 들뢰즈에 따르면, "이 구조에 따라 논리적 명제 일반의 세 관계는 상대적인 자리를 점한다. 이 구조 전체는 언어의 제3의 배치를 형성한다."(LS: 221) 이는 구조적 배치 안에서 제한적으로 행해진다는 의미에서 정적 발생이라는 이름이 붙었다. 정적 발생의 구도는 '잠재적인 것 대 현행적인 것'에 기초하여 '역설paradoxa 대 억견doxa'이나 '다방향(무-의미non-sens) 대 일방향(의미sens)'의 구도로 반복된다. 이것은 아이온 대 크로노스의 시간적 대립이기도 하다. 기계적 반복을 통해 사계절, 열두 시간처럼 순환하는 시간이 크로노스라면, 매번 다르게 반복하는 차이화의 시간이 바로 아이온의 시간이다. 매번 달라진다는 의미에서 직선적이며, 항상 지금/여기를 가리킨다는 의미에서 "아이온은 시간의 영원한 진리, 시간의 공허한 순수형식"이다(LS: 284). 정적 발생에 따라 현행적 차원에서 일방향적인 동일성이 강화되면 양식bon sens이 되고, 이것이 구성원들의 공통감각(상식sens common)이 된다. 사건-의미는 원래 수없이 많은 방향을 가지지만, 일방향에 고착된 억견doxa의 관점에서는 역설적으로 보인다. '의미의 논리'는 인간의 논리에서 해방된 비인간들의 비명제, 비억견, 비일방의 논리를 지향한다. 들뢰즈에 따르면, "역설은 바로 이 양식과 상식을 동시에 전복시키는 존재이다."(LS: 160) 들뢰즈의 '의미의 논리'가 역설의 논리인 이유가 인간화의 틀에 갇힌 명제들을 전복하기 위한 것임을 알 수 있는 대목이다.

사건이 의미이고, 의미가 무의미이다

『의미의 논리』의 계열 1에서 계열 13까지는 인간적 명제(지시작용, 현시작용, 기호작용)를 다룬다. 정적 발생은 기관 없는 신체의 표면에서 사건-의미가 어떻게 지시작용, 현시작용, 기호작용으로 실현되는가를 보여 준다. 그 최종 도착지는 인간화된 의식과 명제들이다. 우리는 다시 그 과정을 역행해 가면서 그것이 우연한 결과임을 입증해야 한다. 들뢰즈가 지시적, 현시적, 기호적 명제를 다루는 이유는 거기에 사건-의미라는 구멍을 내어 그 필연성을 부정하기 위해서다. 언어의 세 범주를 간단히 살펴보면, 지시작용은 인간 외부의 객체를 가리키는 것으로, '이 소리는 타이어가 펑크 난 소리다'와 같은 것이다. 현시작용은 인간 내부에 현상하는 것이다. '쿵 소리가 나를 불안하게 한다'와 같은 것으로, 명제를 말하는 주체의 심리적 관계를 가리킨다. 기호작용은 구조에 따라 의미를 지칭하는 명제다. '폭발성 머리 증후군은 신체적 질병이다'와 같은 경우다. 각각의 명제에서 지시작용은 사물(객체)과, 현시작용은 인칭(주체)과, 기호작용은 사태(개념)와 관계를 맺는다. 말하는 사람이 현시하는 자이고, 그 말의 객체가 지시대상이다. 그리고 말하는 사람들 사이에 특정한 구조(내용과 형식)로 주어진 것이 기호작용이다.

들뢰즈는 명제의 세 차원에 더해 자신의 '네 번째 차원'을 제시한다. 들뢰즈는 네 번째 차원을 끌어들이는 문제, 즉 "네 번째의 차원(이는 아마도 의미일 것이다)을 덧붙여야 하는가를 아는 문제는 경제적인, 또는 전략적인 문제이다"라고 말한다(LS: 70). 정적 발생의 관점에서 보면, 앞의 세 차원이 인간적 명제라면, 네 번째 차원의 의미는 비인간적인 사건-의미이다. 의미와 명제의 구분은 기관 없는 신체의 표면 대 인간 의식, 즉 잠재적인 것과 현행적인 것의 차이라고 할 수 있다. 들뢰즈에 따르면 사건-의미는 "실존 exister하는 것이 아니라 [잠재적으로] 존속하거나 내속한다subsisten ou insisten."(LS: 50) 현행적인 입장에서 보면, 의미는 존재être가 아니라 '열외-존재extra-être'인 것이다. 열외 존재는 없는 존재가 아니라 문제적 존재라는 의미로, 들뢰즈는 이를 '(비)-존재', 또는 '?-존재'라고 부른다. 잠재적인 입장에서 보면, 존재는 고정된 것이 아니라 매번 다르게 되어 가는 열외-존재이다. 이 안개와 같은 열외 존재는 물체(신체)의 표면에 부대적인 효과로 나타난다. 인간에게 이것은 "되돌릴 수 없고 무능력한 열외 존재로, 사물들의 표면에서 발생하는 이차적인 존재"로 보일 뿐이다(LS: 55). 그러나 들뢰즈는 열외 존재에 주목할 것을 요구한다. 명제와 사건-의미에서, 그리고 연장된 존재와 열외-존재의 관계에서 들뢰즈의 시선은 언제나 현행적 존재가 아니라 잠재적인 열외 존재를 향하기 때문이다.

기관 없는 신체의 표면에서는 사건-의미가 펼쳐진다. 그 위에서 펼쳐지는 역동적인 말-손가방의 유희가 들뢰즈식 구조주의다. 들뢰즈는 "구조주의의 문학적 짝은 카뮈가 아니라 캐럴이다"라고 말한다(LS: 150). 루이스 캐럴의 신조어는 기관 없는 신체의 표면에서 계열화의 세 가지 종합을 통해 펼쳐진다. 첫째로, 연접적 계열화는 명제들의 음절을 축약해서 복합적 의미를 만드는 신조어가 대표적이다. 캐럴이 'Your royal Highness'를 줄여서 'y'reince'라고 대신하는 경우다. 오늘날 유튜브YouTube의 채널 구독과 관련하여 '좋아요, 댓글, 구독, 알림 설정'을 의미하는 신조어인 '좋댓구알'도 연접이다. 둘째로, 통접적 계열화는 일종의 공존적 종합을 가리킨다. 캐럴의 신조어 snark스나크가 대표적인데 여기에는 snail달팽이,

snake뱀, shark상어라는 의미 계열이 공존한다. 최근의 말 중에는 본인의 부주의로 멍청하게 낭비한 비용을 가리키는 신조어인 '멍청비용'이 여기에 해당한다. '멍청비용'은 '멍청하다'와 '비용'의 의미가 공존하는 신조어로, 인터넷 시대 등장한 소비문화의 단면을 보여 준다. 통접적 종합의 가장 대표적인 경우는 사투리인 '거시기'라는 단어일 것이다. 이 단어는 거의 모든 경우를 통접하여 사용할 수 있다. "거시기가 거시기해서 거시기합니다"라는 식이다. 의미가 모호하기 때문에 오히려 모든 의미를 대신할 수 있다는 점에서 들뢰즈는 '거시기'의 경우를 역설적 빈칸이라고 부른다. 셋째로, 이접적 계열화는 캐럴의 '말-손가방'의 기능이다. 들뢰즈에 따르면, "말-손가방의 기능은 그것이 삽입되는 계열을 분지화/가지치기하는 데 있다."(LS: 113) 예를 들어, '빡치다'라는 신조어가 여기에 해당한다. '빡'은 '대갈빡'이나 '이마빡'에서 보듯이 '머리'를 가리킨다. '치다'는 '바가지로 머리를 때리는' 경우에 사용된다. '빡치다'라는 신조어는 두 계열의 명제를 가지 치면서 증식한다. 들뢰즈는 이접적 종합이 '의미의 논리'를 가장 잘 보여 준다고 말한다. 그에 따르면, "말-손가방[신조에]을 실질적으로 정의하는 것은 분지화적 기능, 또는 이접적 종합이다."(LS: 114) 이접은 말이 말을 낳는 차이화의 원리를 가장 잘 보여 주는 종합이다.

루이스 캐럴의 이접적 신조어는 언어명제에 무수한 균열fêlure을 도입하여 정적 발생을 역행한다. 이에 반해, 아르토의 언어는 표면에서 곧장 심층을 향해 와해된다. 그것은 표면의 균열을 넘어선 심층으로의 분열spaltung이다. 캐럴의 언어가 사건-의미를 도입해 제3의 명제적 배치를 표면으로 와해시키는 것이라면, 아르토의 언어는 명제적 공간뿐만 아니라 표면까지도 붕괴시킨다. 이것이 시간의 세 가지 종합 가운데 들뢰즈의 영원회귀의 순간으로 이어진다. 들뢰즈가 캐럴과 아르토 사이에서 아르토의 손을 들어 주는 이유다. 그는 "우리는 캐럴의 모든 저작을 준다 해도 아르토의 한 쪽page과도 바꾸지 않을 것이다"라고 말한다(LS: 179). 들뢰즈 차이 철학의 지향점을 분명히 알 수 있는 대목이다. 그것은 기관 없는 신체의 끊임없는 꿀렁임, 즉 분열증적 무의식과 차이화하는 차이로만 존재하는 비인간의 세계다. 이것은 아르토가 말하는 그것, 즉 "우리는 등 위에 고통의 못이 박힌 살찐 척추동물들을 얹고 있다"는 비인간적 자의식이다(LS: 171, 재인용). 모든 것이 신체이고, 그 분열증적 신체는 구멍이 숭숭 나 있는 신체여과기라는 것이다. 이것이 기관 없는 신체, 또는 비인간 지구행성의 최초의 형상이다.

들뢰즈는 지시작용, 현시작용, 기호작용에 이미 균열이 가 있다는 사실을 강조한다. 명제들은 지시작용, 현시작용, 기호작용이라는 다른 이름으로 불리지만, 이것은 결국 인간을 중심에 두고 서로를 참조하고 반복할 뿐이다. 들뢰즈는 "말하기 시작하는 누군가가 언제나 존재하는 법"이라고 지적한다(LS: 306). 그는 명제의 세 관계가 인간을 중심에 둔 상보 관계여서 어느 하나가 흔들리면 전체가 와해될 수 있다고 경고한다. 본연의 사건-의미는 언제든 명제적 논리에 균열을 내며 자신을 드러낼 수 있다. 명제들이 인간중심적인 척도를 상실하는 그 순간, 모든 것은 무바탕의 미분화된 심연으로 붕괴한다. 들뢰즈에 따르면, 이 과정은 정적 발생의 전도된 순서를 따르는데, 즉 "명제의 제3의 배치, 나아가 의미의 이차적인 조직화를 넘어, 우리는 모든 언어가 퇴화하는 하나의 일차적인 공포스러운 질서를 예감한다."(LS: 221) 사실 이 공포스러운 질서는 인간중심적 관점의 위기에 대한 신랄한 경고다. 인류세에 맞이한 이상기후와 예측 불가한 전염병이 그것을 증명한다. 우리는 『의미의 논리』를 통해 사물, 인칭, 개념에 관한 명제 관계가 인간 편향적으로 축소된 것은 아닌지 반성해야 한다. 들뢰즈는 '의미의 논리'가 원래 '중성적neutre'인 것이라고 말한다. 사건-의미의 본질은 "언제나 얇음의 상태에 있는 이 불모성 또는 이 빛나는 중성"이라는 것이다(LS: 96). 여기에 굳이 인간만을 위한 이름표와 논리를 갖다 댈 이유는 없다.

『의미의 논리』는 독특한 책이다. 무엇보다 이 책에 등장한 많은 개념이 이후로는 등장하지 않거나 주요하게 다루어지지 않는다. 대표적으로, 정적 발생과 동적 발생이라는 개념이 '되기'라는 개념으로 정리된다거나 계열이라는 개념이 리좀으로 대체된다. 또한 연접, 이접, 통접의 중요도도 바뀌는데, 『의미의 논리』에서 이접을 중심으로 강조되던 종합의 논리는 『천 개의 고원』 이후 연접(접속)으로 통폐합된다. 이 밖에도 명제의 지시작용, 현시작용, 기호작용의 분류는 기표화에 대한 탈기표적, 반기표적, 비기표적 기호작용으로 바뀐다. 이보다 더 결정적인 사실은『의미의 논리』에서 3층 구도의 기관 없는 신체의 표면이 이후에 표면이라는 딱지를 떼고 3층 전체를 아우르는 주요 개념인 기관 없는 신체가 된다는 것이다. 이런 경향은『의미의 논리』에서 정신분석학이 차지하던 비중이 결정적으로 폐기되면서 가속화된다. 이와 관련된『의미의 논리』의 웃지 못할 운명을 되짚어볼 필요가 있다. 들뢰즈는『의미의 논리』의 이탈리아판을 출간하면서 노트(1976)에서『의미의 논리』의 후반부가 '정신분석과의 야합'을 벗어나지 못했다며 신랄한 자기비판을 가했다. 정신분석을 비판하면서도 여전히 정신분석 안에 머물러 있었고, 확실한 단절을 실천하지 못했다는 것이다. 그 과정에서 그는 자신의 철학이 정신분석과 정반대 지점에 위치한다는 것을 깨닫고 전향적 태도를 보이기도 했다. 이것은『의미의 논리』에서 정신분석을 다루는 태도와『안티 오이디푸스』에서 다루는 태도를 비교해 보면 금방 알 수 있다.『안티 오이디푸스』에서는 정신분석의 결핍된 욕망을 비판하면서, 다른 차원에 있는 긍정적 욕망을 대안으로 제시한다. 바로 분열분석이다. 그래서인지 들뢰즈는『의미의 논리』이탈리아판의 노트에서 차라리『안티 오이디푸스』를 읽기를 추천한다. 이 해프닝을 어떻게 받아들여야 할까? 우리는 들뢰즈의 철학하는 태도가 교조적이지 않고 창의적이었음을 기억해야 한다. 그가 공공연하게 자신의 방법을 '괴물 낳기 전략'이라고 한 것도 같은 맥락이다.『의미의 논리』에 대한 들뢰즈의 자기반성은 그의 몫이고, 그것을 어떻게 해석할 것인지는 아직 우리의 몫으로 남아 있다.

어쩌면 『의미의 논리』는 들뢰즈의 다른 어떤 책보다 비인간 지구행성에 대한 풍부한 아이디어를 담고 있다고 할 수도 있을 것이다. 예를 들어, 들뢰즈의 이접적 논리는 물체(입)와 비물체(뇌) 사이의 표면, 즉 '공共의미co-sens'에서 신유물론적 발상의 시원적 원형을 제공한다. 그는 공의미에 의해 "의미가 하나의 다른 표면에서 생산될 때, 거기에는 또한 저-의미sens-la가 존재하게 되는 것"이라고 말한다(LS: 380). 이접적 논리는 들뢰즈식 연기론緣起論을 보여 주는 듯하다. 신체와 언어를 하나로 묶어 파악하려는 들뢰즈의 태도 또한 신유물론의 숙제로 남아 있다. 이는 문文과 도道의 일치에 대한 동양학적 물음에 대한 들뢰즈식 응답이다. 우리는 들뢰즈의 심층 이미지에서 정신과 물질을 하나로 엮어서 보는 신유물론의 이미지를 찾아볼 수도 있다. 그 심층 이미지에서 "신체들[부분 대상들]은 입-항문, 또는 음식물-똥, 우주적 시궁창의 체계 내에서 파열되고 파열시킨다."(LS: 314~315) 들뢰즈는 기관 없는 신체조차 등장하기 이전의 시공간을 우주적 시궁창이라고 불렀다. 시공간 일체가 차이화에서 유래한 것이라면 우주적 시궁창이야말로 비인간적 지구행성의 본래 이미지다. 『의미의 논리』가 보여 준 비인간적 징후들은 존재론적 전회를 위한 다양한 아이디어를 제공하고 있다. 『의미의 논리』의 많은 개념이 보이지 않게 되었다고 해서, 그 속에 담긴 들뢰즈의 문제의식이 사라진 것은 아니다. 우리는 대가들의 초기작에 이미 이후 등장하게 될 모든 문제의식이 응축되어 있는 경우를 어렵지 않게 볼 수 있다. 『의미의 논리』도 그런 종류의 책이다. 들뢰즈는 『의미의 논리』의 머리말에서 "이 책은 논리학적이고 정신분석학적인 소설이 되고자 한다"라고 적었다(LS: 40). 그의 소설이 끝나지 않는 이유는, 그 목적이 시작과 끝이라는 양극에 있지 않기 때문이다. 그의 스타일은 오히려 양극이라는 인간적 착각을 와해시킬 수 있는 비인간적 사건-의미를 추구하는 것이다. 이것이 바로 들뢰즈의 '얽힌 이야기'가 끝나지 않는 이유다.

쾽탱 메이야수의
비인간 유물론

기계장치로 가득한 방 한가운데에 당구대가 놓여 있다. 당구대 한가운데에는 무중력 효과를 내는 수직광선이 지나고 있다. 원래 실험은 그 광선 위로 당구공이 뜨는 것을 보여 주는 것이었다. 그런데 주인공이 친 공이 천천히 굴러가다가 그 무중력 광선에 닿자마자 사라지면서 섬광이 일고 벼락이 친다. 그리고 한 사람이 당구공에 의해 관통상을 입어 죽는다. 아이작 아시모프Isaac Asimov 의 SF 《반중력 당구공》은 노벨상을 두 번이나 받은 주인공이 자신의 이론을 이용해 부와 명성을 누리는 얄미운 동료 과학자에게 복수하는 이야기다. 쾽탱 메이야수Quentin Meillassoux는 『형이상학과 과학 밖 소설』에서 이 이야기를 SF(과학 소설Science Fiction)의 전형이라고 소개한다. 당구공이 뉴턴의 운동법칙에 반하여 비현실적이고 반과학적으로 움직이기는 하지만, 그 근거는 여전히 과학에 의존하고 있다는 것이다. 이에 반해『인간 본성에 관한 논고』에 나오는 데이비드 흄의 당구공 이야기는 FHS(과학 밖 소설Fiction Hors-Science)라고 부른다. SF와 FHS의 구분은 메이야수의 주장 전체를 비유적으로 압축한다. SF가 인간의 자연법칙을 배경으로 하는 데 반해, FHS는 그런 자연법칙 자체가 무효화되는 세계를 다룬다. FHS는 인간중심적인 과학을 벗어난 '비인간 SF'인 셈이다. 예를 들어 흄의 FHS는 두 공이 충돌 후 완전히 정지한다거나, 친 공이 충돌 후 그대로 되돌아가는 경우를 다룬다. 메이야수에 따르면, "그[흄]는 과학 밖 소설의 문제를 과학 소설의 문제로 다루지 않는다."(Meillassoux, 2015/2017: 48) 메이야수는 동시에 "과학 밖 세계라는 말로 우리가 의미하는 바는 [인간의] 실험과학이 권리상en droit 불가능한 세계일 뿐이지, 그것이 사실상en fait 없는 세계는 아니"라고 말한다(Meillassoux, 2015/2017: 11). FHS처럼, 메이야수의 철학은 사변적이지만 유물론적 토대를 떠나지 않는다. 그가 굳이 자신의 철학을 사변적 실재론이 아니라 사변적 유물론이라고 말하는 이유다. 인간적 실재론이 아니라 비인간 유물론이라는 것이다.

오늘날 신유물론과 함께 사상의 최전선을 구성하고 있는 사변적 실재론Speculative Realism은 2007년 봄 런던대학교 골드스미스칼리지의 한 워크숍에서 탄생했다. 이 모임에는 퀑탱 메이야수를 비롯해, 그레이엄 하면Graham Harman, 레이 브래시어Ray Brassier, 이언 해밀턴 그랜트Iain Hamilton Grant가 참여했다. 이 워크숍은 브래시어가 메이야수의 『유한성 이후』(2006)를 번역하여 영미권에 소개한 것이 계기가 되었다. 그만큼 메이야수의 이 책은 사변적 실재론의 문제의식을 잘 대변하고 있다. 그 문제의식을 메이야수는 "『유한성 이후』 출간 이후, '인간 없는 세계a world without human'를 묘사할 수 있는 과학이나 물리학의 가능성을 설명하는 문제"라고 말한다(Meillassoux et al., 2007: 328~329). 바로 이 '인간 없는 세계'에 대한 사유가 사변적 실재론을 대표하는 메이야수의 사변적 유물론의 기원적 물음이다. 메이야수는 칸트 이후의 서양 근대 철학 전체를 상관주의corrélationisme라는 이름으로 싸잡아 비판한다. 상관주의는 오직 인간과 상관해서만 실재가 존재한다는 믿음이다. 인간중심적 상관주의인 것이다. 메이야수에 따르면, 상관주의의 주요 논리는 '인간과 함께'라는 "'공共'(공-소여co-donation, 상관-관계co-relation, 공-본래성co-originalite, 공-현전co-présence 등등)이며, 그러한 '공co-'은 현대 철학의 지배적 소사小辭이고, 현대 철학의 진정한 '화학 공식'이 되었다."(Meillassoux, 2006a/2010: 19) 메이야수가 상관주의를 비판하고 나선 이유는 상관주의 없이도 존재하는 실재를 사유하기 위해서다. 말하자면 비인간 상관주의다. 그는 인간적 '공co-'을 제거한, 즉 인간 없이 존재하는 즉자적 실재를 요구한다. 메이야수는 여기에 '거대한 외계Grand Dehors'라는 이름을 붙였다. 거대한 외계는 도발적인 사변성에도 불구하고 그것이 실재한다는 메이야수의 유물론적 신념을 보여 준다. 그는 이를 "일정한 유형의 사유 없는 실체를 절대적 현실로 만들게 되는 유물론[으로 정의하면서]… 유물론이 사변적 경로를 채택한다면, 우리가 그것을 사유한다는 사실 없이도 어떤 주어진 실재를 사유하는 게 가능하다고 믿을 수밖에 없게 된다"고 주장한다(Meillassoux, 2006a/2010: 58). 그 증거로 메이야수는 선조성L'ancetralité과 원화석archifossile을 든다. 우주는 135억 년 전에 탄생했고, 지구는 44억 5천 년 전에 형성되었다. 지구 생명체는 35억 년 전에 생겨났으며, 인류homo habilis는 200만 년 전에 등장했다. 메이야수는 여기에 기초하여 "인간 종의 출현에 선행하는 ―심지어 집계된 지구상의 전 생명 형태에 선행하는― 실재 전부를 선조적인 것ancestral이라고 명명한다."(Meillassoux, 2006a/2010: 27) 이것은 '사변적 유물론'에 관한 일종의 선언이다.

메이야수는 『유한성 이후』를 발간하면서 곧장 이름을 떨쳤다. 그의 주장이 전에 없이 사변적이었기 때문이다. 원래 사변적이라는 말은 경험과 무관하고 실천 가능성이 없는 것을 가리켜 왔다. 인간의 경험 중심 세계에서 사변적인 것은 '말도 안 되는 소리' 정도로 취급받아 왔다. 메이야수의 문제의식은 정확히 이 지점을 가리키고 있다. 그는 "지금 이 세계와 급진적으로 다른 관계를 가진 어떤 비인간non-human 유기체, 어떤 여분의-영토extra-terrestrial가 있을 것이다"라는 말로 포문을 연다(Meillassoux et al., 2007: 330). 만약 인간 경험적 세계로는 더 이상 사유할 수 없는 상황이라면 어떻게 할 것인가? 그래서 더 사변적이고 더 급진적인 사유에 기댈 수밖에 없는 세계가 도래한다면 어떻게 할 것인가? 사변적 실재론자들의 등장 배경에는 이런 날것의 문제의식이 자리하고 있다. 메이야수에게 '거대한 외계'는 인간의 경험 가능성과 무관하며, 심지어 인간의 존재와도 무관하다. 그는 들뢰즈의 꿀렁이는 지구행성조차 상관주의적 추론에 불과하다고 본다. 메이야수는 "마치 우리가 상위 질서적인 하나의 전체에 우주가 필연적으로 속해야 한다는 것을 이미 알고 있다는 듯이, 사행적 추론을 우리의 우주 법칙들 그 자체에까지 확장해서는 안 된다"고 경고한다(Meillassoux, 2006a/2010: 180). 그의 사변적 유물론에는 들뢰즈식의 꿀렁이는 지구행성(우주)조차 없다. 이런 의미에서 메이야수의 유물론은 철저한 '사변적 비인간주의'다. 여기서 비인간주의는 인간에 의해 규정되는 상관주의조차 부정하는 비인간 상관주의다. 들뢰즈의 비인간 지구행성조차 우연한 것으로 보는 비인간적 신유물론이다.

메이야수의 '절대적 우연성'은 들뢰즈의 『의미의 논리』의 3층 구도를 뒤집어 단번에 그 기원인 '거대한 외계'에 도달하려는 시도이다. 그곳은 들뢰즈가 '우주 시궁창'이라고 부른 곳이다. 들뢰즈의 3층 구도를 뒤집는 우주여행을 생각해 보자. 인간을 위한 상관주의적 지구가 3층이다. 우주선은 이곳을 떠나 2층의 우주정거장에 도착한다. 들뢰즈가 '기관 없는 신체'라고 부른 곳이다. 그리고 우주선은 이곳을 떠나 드디어 1층의 '우주 시궁창'을 향한다. 1층은 인간 없이 선조적인 원화석만 있는 곳이다. 그런데 메이야수는 한 번의 클릭으로 곧장 이 거대한 외계에 도달하려고 한다. 유물론자인 들뢰즈가 꿀렁이는 지구행성을 떠나지 않는 반면, 메이야수는 그 지구행성의 시원 또는 그 바깥을 향한 사변적 유물론을 제시한다. 들뢰즈가 쌓은『의미의 논리』의 3층 구도를 역순으로 파괴하며 내려가는 메이야수의 사변적 여정을 따라가 보자.

첫째, 들뢰즈의 '사건이 의미이고, 의미가 무의미이다'라는 주제는 인간화된 의미는 필연적인 것이 아니라는 의미다. 들뢰즈는 『의미의 논리』에서 일방향적 양식bon-sens이나 상식common-sens처럼 인간에 의해 고정된 의미를, 다방향/무의미non-sens로 회복하려고 한다. 이것은 필연성의 한계를 폭로하여 우연성을 복원한다. 들뢰즈는 그 사례로 루이스 캐럴의 작품들에 주목한다. 그러나 메이야수는 캐럴의 방식도 FHS에는 미치지 못한다고 평가한다. 앞서 살펴본 당구공 사례가 "FHS(과학 밖 소설)를 영웅 판타지나 루이스 캐럴식 다방향/무의미와 구분 짓기에 충분하다"는 것이다(Meillassoux, 2015/2017: 73). 메이야수가 보기에 들뢰즈의 무의미는 여전히 인간화된 상관적 관계에 머물러 있다. 메이야수는 FHS처럼 인간적 과학이 돌발적으로 해체되는 세계를 원한다. 이를 위해서는 우선 지금까지의 상관주의에서 탈출해야 한다. 메이야수는 인간중심적 상관주의를 그 정도와 양상에 따라 약한 상관주의, 강한 상관주의, 주관주의적 형이상학으로 나눈다. 약한 상관주의는 칸트를 가리킨다. 칸트는 상관주의를 정립한 혐의를 받으면서도 물자체(거대한 외계)의 여지를 남겨 놓아서 그 정도가 약하다는 것이다. 이에 비해 강한 상관주의와 주관주의적 형이상학은 거대한 외계를 사유조차 불가능한 것으로 만든다. 한편으로, 강한 상관주의는 하이데거와 비트겐슈타인이 대표적이다. 두 사람은 각자의 초기에 언어를 진리의 집이라고 하거나 언어가 현실을 반영하는 그림이라고 하면서 거대한 외계를 언어에 가두려 했다는 것이다. 메이야수는 이런 시도가 이후에 신비주의로 이어졌다고 본다. "[비트겐슈타인의] 『논리-철학 논고』에서 환기된 '신비로운 것', 또는 하이데거가 … 오랫동안 서술하기를 꿈꾸었다고 고백한 신학은" 이성의 무능력에 직면한 신앙절대론이라는 것이다(Meillassoux, 2006a/2010: 78~79). 메이야수가 보기에는 초월적 존재를 끌어들이는 신앙절대론이야말로 강한 상관주의의 전형이다. 다른 한편으로, 주관주의적 형이상학은 상관성의 자리에 주관적 대체물을 앉힌다. 메이야수는 그 예로 "라이프니츠의 모나드 내에서의 표상, 셸링의 자연(객관적 주체-대상), 헤겔의 절대정신, 쇼펜하우어의 의지, 니체의 힘에의 의지, 베르그손의 기억의 짐을 실은 지각, 들뢰즈의 생명 등"을 든다(Meillassoux, 2006a/2010: 60). 그가 보기에는 들뢰즈의 비인간주의도 상관주의를 해체하는 것처럼 보이지만 실상은 상관주의를 생명(차이화하는 꿀렁이는 지구행성)으로 대체한 것에 불과하다. 들뢰즈의 애벌레주체도 기만적 '코기토들cogitamus', 즉 "'상관관계적 코기토'인데, 사유를 존재와의 대면 속에 가두는 코기토, 자기 자신과 마주하는 위장된 사유일 뿐인 코기토"라는 것이다(Meillassoux, 2006a/2010: 83).

둘째, 들뢰즈의 '정적 발생으로 잠재적인 것이 현행화한다'라는 테제는 『의미의 논리』의 3층 구도 가운데 기관 없는 신체라는 2층을 가리킨다. 들뢰즈에 따르면, "이제 모든 것이 표면으로 올라온다."(LS: 55) 심층의 물체적인 존재가 표면으로 상승하면서 비물체적인 복수의 존재자들로 차이화한다. 메이야수는 이 심층에서 표면으로의 이동을 흐름flows에서 차단interceptions으로의 이행이라고 해석한다. 물체적(유물론적) 흐름은 차단됨으로써 비물체적 존재들이 된다. 메이야수에게 "흐름들은 물질의 진정한 역동적 혼합물이고, 차단은 실제로 비물체적인 것이다. … 여기에 더해 차단물 되기는 이미지의 심층에서 표면으로 떠오르는 되기이다."(Meillassoux, 2007: 90) 그는 「감산과 응축Substraction and Contraction」에서 들뢰즈와 베르그손의 내재성이 반쪽짜리에 불과하며, 그것은 심층(거대한 외계)의 내재성이 아니라 그것이 차단된 상관주의적 내재성이라고 비판한다. 메이야수는 베르그손에서부터 들뢰즈와 카스트루에 이르기까지를 관통하는 신체-감각 이론을 스크린screen(차단막)이라고 지적하면서 제한적 감각의 문제를 제기한다. 그러나 들뢰즈도 『시네마』에서 스크린은 데쿠파주와 몽타주로 현실을 걸러낸 결과라는 것을 지적하고 있다. 그럼에도 불구하고 들뢰즈는 각각의 스크린이 다시 타자들의 스크린들과 비추고 비치면서 얽혀드는 주름을 꿀렁이는 지구행성으로 보는 것이다. 이런 맥락에서 우리는 메이야수의 신체-감각론을 들뢰즈와 카스트루의 신유물론의 또 다른 버전으로 읽을 수 있을 것이다. 그에 따르면, "그것

[신체]은 소통의 무한 내부에서 수행되는 거대한 차단이다. 신체는 무한성으로부터 정신을 막아 내는 바람막이 같은 것이다. 반면에 모든 물질 덩어리는 아무리 미세하더라도 무한한 정보를 가지나 신체는 거절의 힘으로 유한성을 획득한다. 바로 여기 무기적인 것의 한 중심에서 생물이 발생한다."(Meillassoux, 2007: 74) 베르그손을 참고해 보면, 붉은빛은 초당 400조 회 진동한다. 각각의 파동은 고유한 사건이라서 우리가 그 각각을 의식하려면 2만 5천 년의 시간이 걸린다. 그런데 인간은 '감산과 응축'을 통해 단번에 붉은빛을 지각한다. 메이야수는 이 사례를 통해 인간의 신체는 더 이상 세계를 파악하는 지각의 중심이 아니라 거대한 외계를 제대로 파악하지 못하도록 하는 방해물이라고 지적한다. 메이야수는 흐름과 차단을 각각 물체적인 것과 비물체적인 것에 대응시킨다. 신체에 의해 수용된 것은 거대한 외계의 물체적 흐름을 차단한 비물체적인 것이기 때문이다. 그렇다고 신체-감각이 인간에게만 해당되는 것은 아니다. 들뢰즈와 카스트루에 따르면, 아마존 숲의 비인간들은 인간 내외부에 비교할 수 없이 많은데, 이들 모두는 각각의 신체-관점을 소유한다. 이 셀 수 없는 신체-관점들의 불균등과 불일치가 서로 소통하고 타협하면서 차이화가 발생한다. 이 무수한 다양체의 동시적 차이화가 비인간 지구행성의 차이 유물론이다. 메이야수는 이에 대해 거대한 외계를 차이생성이라는 주관적 개념으로 대체한 것이라고 비판한다. 신체-관점들이 거대한 외계의 무수한 차단이라는 것이다. 이것이 바로 메이야수의 사변

적 유물론이 향하는 거대한 외계와 내재적 유물론으로, 들뢰즈의 꿀렁이는 지구행성과의 차이가 두드러지는 지점이다.

셋째, 들뢰즈의 '동적 발생으로 기관 없는 신체에 표면이 생긴다'라는 테제를 뒤집으면, 기관 없는 신체 이전의 심연으로 돌아간다. 들뢰즈적 3층 구도의 맨 밑바닥이다. 이 원초적 무질서의 공간을 들뢰즈는 '우주적 시궁창'이라고 불렀다. 메이야수에게 이곳은 거대한 외계, 즉 인간 이전의 선조성과 원화석의 고향이다. 그렇지만 그는 이곳을 카오스라고 부르지는 않는다. 카오스는 여전히 상관적인 과학 담론에 묶여 있기 때문이다. 이 인간적 담론에서 카오스는 코스모스의 다른 한쪽일 뿐이다. 메이야수는 거대한 외계의 카오스는 "카오스의 극단적인 형태, 초-카오스hyper-chaos에 다름 아니며, 거기에서는 불가능한 그 어떤 것도, 심지어 사유 불가능한 그 어떤 것도 없거나 없는 것처럼" 보이는 것을 만나야 한다고 말한다(Meillassoux, 2006a/2010: 107). 그렇다면 들뢰즈의 우주 시궁창이자 메이야수의 초-카오스를 우리는 어떻게 알 수 있을까? 메이야수는 자신의 방법을 수학에서 찾는다. 그는 "거대한 외계를 이야기할 수 있는 수학의 능력, 생명과 인간을 비워 낸 어떤 과거를 이야기할 수 있는 수학의 능력"을 강조한다(Meillassoux, 2006a/2010: 41). 메이야수는 자신의 수학적 논리를 게오르크 칸토어Georg Cantor의 초한수transfini에서 가져온다. 초한수는 유한한 수보다 크지만, 그렇다고 절대적 무한은 아닌 수다. 절대적 무한이 불가능하다는 발견은, 어떤 법칙의 근거가 되는 총체가 없다는 것을 암시한다. 메이야수의 수학적 방법은 바로 이 '탈총체화', 또는 '총체화의 근거 없음'을 가리킨다. 법칙의 필연성에는 반드시 '어디에도 없다'라는 근거가 필요한데, 그 '어디'에 해당하는 것이 총체성이라는 '가능한 세계 전체'다. 메이야수는 "경우들의 총체[총합]라는 개념, 즉 그로부터 분석에 놓이게 될 사건들이 나오게 되는 우주-전체의 이념을 없앨 것, 그러면 사행적 추론은 의미를 잃어버린다"라고 주장한다(Meillassoux, 2006a/2010: 175). 총체성을 없애는 수학적 방식으로 절대적 우연성에 접근하려고 하는 것이다. 예를 들어, 주사위 놀이에서의 우연성은 주사위-전체인 여섯 가지 총체 안에서 발생한다. 이 제한적 총체를 없애면 상관적 관계들이 파괴되면서 절대적 우연성을 불러들일 수 있다. 메이야수가 보기에는 수학적 방법이야말로 "이미 등록된 모든 가능성으로부터 벗어나면서, 비개연적인 것까지도 포함한 모든 게 예측 가능한 그런 놀이의 허영심에 종지부를 찍는" 유일한 사유 방식이다(Meillassoux, 2006a/2010: 185).

들뢰즈가 철학을 개념의 창조라고 정의한 데 반해, 메이야수는 "철학은 낯선 논증들의 발명"이라고 응수한다(Meillassoux, 2006/2010: 129). 그의 글은 아직도 낯선 논증과 익숙지 않은 궤변으로 읽히는 경우가 많다. 메이야수는 지금 언젠가 3권의 대작으로 출간될 『신의 비현존L'Inexistence divine』을 준비 중이라고 한다. 이 책은 그의 박사논문을 발전시킨 것으로, 『유한성 이후』보다 훨씬 사변적일 것으로 알려져 있다. 메이야수의 동료인 그레이엄 하먼은 그의 박사논문 일부를 영미권에 소개하면서 일반인들은 받아들이기 힘든 내용일 것이라고 예고한다. 여기서 하먼은 "메이야수의 『신의 비현존』은 결국 이미 살아 있는 자들의 불멸뿐 아니라 죽은 자의 부활도 다루고 있다"고 하면서, "논리적으로 가능한 모든 것이 실제로 가능하기 때문에, 신체의 재탄생rebirth은 비논리적인 것이 아니므로 가능해야 한다"는 메이야수의 주장을 소개한다 (Harman, 2015: 147). 죽은 자들의 부활은 생명의 탄생에 비해 그리 놀라운 일이 아니라는 것이다. 그는 이보다 더 놀라운 것은 생명에서 사유가 탄생한 것이라고 말한다. 메이야수의 사변적 테제는 크게 '사자死者의 부활'과 '부재(비현존)하기에 믿는 신'으로 수렴된다. '신이 없기 때문에 믿는다'라는 테제는 사자의 부활만큼 도발적이다. 메이야수는 신의 현존과 신에 대한 믿음에 대한 네 가지 태도를 구분한다. 첫째는 신이 현존하기에 믿는다. 이것은 사랑의 신으로 알려진 신을 대상으로 한다. 둘째는 신이 비현존하기에 믿지 않는다. 전형적인 무신론적 태도다. 셋째는 신이 현존하기에 믿지 않는다. 이것은 '악의 문제'와 관련된다. 신이 현존한다면 전쟁이나 지진으로 피 흘리며 죽어 가는 천사 같은 아이들을 해명할 수 없다는 것이다. 이런 신이라면 믿을 수 없다는 태도다. 네 번째는 신이 비현존하기에 믿는다는 입장이다. 이것이 바로 메이야수의 '잠재적 신'이다. 잠재적 신의 아이러니에 대해 메이야수는 신의 비현존(부재)이라고 응수한다. 그는 "신은 20세기와 여타 시대의 잔악 행위가 저질러지도록 '허용'하지 않았다. 그 이유는 신이 이들 행위를 멈추기 위해 아직 여기에 존재하지 않았기 때문"이라고 답한다(Harman, 2018/2023: 394). 사변적 실재론 가운데에서도 신이 현존한 적이 없었다는 주장만큼 위험한 주장은 없을 것이다. 『유한성 이후』가 '인간 이전의 세계'를 다루었다면, 『신의 비현존』은 새로운 신의 등장과 전 인류의 부활이 가져올 '인간 이후의 세계'를 사유한다. 어쩌면 메이야수의 철학은 그 내용보다는 그의 사변적 태도에서 찾아져야 하는 것은 아닐까? 아무런 낯섦과 궤변 없이 낡은 정보를 나열하는 것이 과연 철학일까? 메이야수야말로 오늘날 철학의 화두가 왜 사변적이어야 하는지를 제대로 보여 주는 인물이다. 들뢰즈가 비인간 지구행성(또는 우주 시궁창)으로부터 결국 인간화된 법칙과 명제들로 쪼그라드는 과정 전체를 더듬고 있다면, 메이야수는 그런 사이-횡단 과정의 절대적 외부로 시선을 던진다. 그럼에도 불구하고 두 사람은 동일한 유물론적 사유 모험을 감행한다는 공통점을 가진다. 들뢰즈가 칸트의 범주적 인식으로 가둘 수 없는 초월론적 상상력과 숭고를 선호했듯이, 메이야수는 칸트가 가두지 못한 흄의 낯선 상상력을 극한까지 밀어붙인다. 들뢰즈는 개념을 창조하는 이유가 도래할 민중을 위한 것이라고 말했다. 이런 맥락에서 그의 도래할 민중을 위한 철학을 가장 적극적으로 모색하는 인물로 메이야수를 빼놓을 수는 없을 것이다. 우리는 『유한성 이후』에서 그 가능성의 싹을 보았고, 이제 그 완성을 위해 메이야수의 『신의 비현존』을 기다리고 있다.

5.

『안티 오이디푸스』:

비인간적 무의식

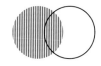

영화 《서울의 봄》(2023)을 기억하게 만드는 장면은 함께 쿠데타를 일으킨 신군부 인사들을 옆방에 두고 주도자인 전두광이 노태건에게 하는 말이다. "인간이 명령 내리는 거 좋아하는 거 같제?" "인간이라는 동물은 안 있나, 강력한 누군가가 자기를 리드해 주길 바란다니까." 어쩌면 전두광은 누구보다 '내 안의 파시즘'에 정통한 인물이었는지도 모른다. 인간은 자유를 갈망하듯이 복종을 갈구하고, 그 이유가 하찮은 떡고물 때문이라는 것이다. 그가 일상의 파시즘에 정통했던 이유는 물론, 그가 누구보다 노예 파시즘을 내면화한 인물이기 때문이다. 머리부터 발끝까지 그 비겁한 인간관으로 무장했기에 타인도 철저하게 그렇게 대하는 것이다. 전두광은 얼굴을 닦은 수건을 화장실 바닥에 던지고 군화 밑창으로 짓밟는다. 그러면서 옆방의 추종 세력조차 조롱한다. "떡고물을 먹기 위해 모여 있잖아"라고. 들뢰즈-과타리는 이처럼 파시즘을 내면화하고 그렇게 타자를 길들이는 자를 사제권력이라고 부른다. 한국정치사에서는 떡고물에 연연하면서 복종을 희망하도록 만드는 권력을 심심찮게 볼 수 있다. 왜 이런 파쇼정권이 등장하는 것일까? 왜 우리는 마치 자유를 갈망하듯이 복종을 희망하는가? 그리고 왜 결국엔 화장실 바닥의 걸레 취급을 받는 것일까?

『안티 오이디푸스』는 이 자발적 복종에 대한 물음을 다룬다.

들뢰즈가 과타리를 만난 것은 68혁명이 끝난 지 1년 뒤 즈음이 었다. 들뢰즈는 두 사람의 만남을 기억하면서, 자신은 피뢰침이었고 과타리는 거기에 내리치는 번개였다고 말한다. 들뢰즈-과타리는 4권의 책을 같이 쓰게 되는데,『안티 오이디푸스』의 개념이나 주제는 모두 과타리의 관심이 반영된 것들이었다. 그 이유는 이들의 작업 방식 때문이다. 과타리가 번개처럼 아이디어를 쏟아 내면, 들뢰즈는 그것을 받아 깔끔한 논리로 정리하는 식이었다.『안티 오이디푸스』와『천 개의 고원』의 부제가 '자본주의와 분열증'인 것도 급진적인 마르크스주의자이자 정신분석가인 과타리의 목소리가 반영된 것이다. 그러나 두 사람은 식별불가능한 한 사람이 되어 작업했다. 들뢰즈-과타리는 자신들의 작업 방식에 대해 "우리들 각자는 여럿이었기 때문에, [두 사람뿐 아니라] 이미 많은 사람이 있었던 셈이다"라고 말한다(MP: 11) 첫 만남으로부터 3년 뒤, 두 사람은『안티 오이디푸스』를 출판한다.『안티 오이디푸스』는 68혁명의 사유 방식을 고스란히 담아낸 작품으로, 구조주의를 무너뜨린 결정적 작품으로 알려지기 시작했다. 68혁명의 메시지는 일상의 파시즘을 벗어나 욕망하는 삶을 긍정하자는 것이었다.『안티 오이디푸스』의 영문판 추천 서문에서 푸코는 그것이 이 책의 핵심이라고 강조한다. 그는 이 책을 이론서가 아니라 일종의 자기계발서로 읽을 것을 권한다. 푸코는 이 책을 "프랑스에서 저술된 최초의 윤리책"이라고 부른다(AO: 7).『안티 오이디푸스』가 새로운 삶의 사유와 태도를 보여 주고 있다는 것이다. 푸코가 제안한 이 책의 독서법이 확실히 효과가 있기는 하다. 푸코는 『안티 오이디푸스』의 주제가 "사고에, 담론에, 행동에 어떻게 욕망을 도입할까?" 하는 것이라고 말한다(AO: 7). 이 책을 제대로 이해하려면 푸코가 '삶의 기술art'이라고 부른 들뢰즈-과타리의 방법을 잘 따라가야 한다. 권력과 자본에 포섭당하지 않도록 자신의 욕망을 잘 돌보는 것이다. 68혁명 이후의 투쟁은 욕망의 전장에서 펼쳐지기 때문이다.

『안티 오이디푸스』의 화두는 '욕망의 역설'이다. 들뢰즈-과타리는 한편으로는 인간을 억압하면서, 다른 한편으로는 인간을 해방시키는 욕망의 비밀을 파고든다. 복종하는 욕망조차 생산하는 욕망의 일부이다. 부정적 욕망을 제거하거나 치유하려면 바로 그 욕망의 다른 얼굴을 찾아내야 한다. 그런데 욕망은 이미/항상 혁명적이거늘, 왜 사람들은 정작 복종을 욕망하는가? 처음 자발적 복종의 문제를 제기한 것은 16세기 말 에티엔 드 라 보에시Étienne de La Boétie이다. 그는 왜 인민들은 그냥 복종하는 것이 아니라 노예처럼 복종하길 원하는지를 물었다. 그는 인민들에 대해 "재산을 빼앗기는 게 마치 대단한 명예라도 되는 것처럼, 가축과 농장, 그리고 가족의 반을 독재자에게 빼앗기는 게 마치 커다란 행복이나 되는 것처럼 너희는 그렇게 살아가고 있다"라고 꼬집었다(La Boétie, 1570/2004: 27). 이 역설은 스피노자와 빌헬름 라이히Wilhelm Reich에 의해 본격적으로 제기되었지만, 라 보에시 이후 500년이 지나서도 "왜 가난한 사람들이 부자를 위해 투표하는가?"라는 질문은 여전히 사라지지 않았다. 들뢰즈-과타리는 "'왜 사람들은 마치 그들의 구원이 중요한 문제인 것처럼 그들의 예속을 위하여 싸우는가?' 어떻게 사람들은 더 많은 세금을! 더 적은 빵을!이라고 외치게 되는가? … 왜 사람들은 여러 세기 동안 착취, 모욕, 노예 상태를 견디되, 남들만을 위해서가 아니라 자기들 자신을 위해서도 이런 일들을 바라는 데까지 이르는가?"라고 묻는다(AO: 64). 사람들은 그것이 이데올로기, 즉 허위의식이라는 것을 이미 알고 있다. 믿어야 하는 문제와 믿고 싶은 문제는 완전히 다른 문제다. 이들은 사람들이 "[그것이] 틀렸다는 것을 알지만, [그럼에도] 믿고 싶어 한다"고 답한다. 들뢰즈-과타리에 따르면, "무의식적 투여들은 욕망의 정립들과 종합의 사용들에 따라 행해진다. 이것들은 개인이건 집단이건 욕망하는 주체의 이해관계와는 아주 다르다."(AO: 187) 생각과는 달리, 마음 가는 대로 행동한다는 것이다. 들뢰즈-과타리는 그 답을 '생산하는 욕망'과 '복종하는 욕망' 사이의 '욕망의 역설'에서 찾았다. 이들에 따르면, "이 모든 것은 이데올로기에서가 아니라 이데올로기 아래서 벌어진다. 파시스트적 내지 반동적 유형의 무의식적 투여는 의식적인 혁명적 투여와 공존할 수 있다."(AO: 188) '마음만 가면' 자기 이익에 반하는 자발적 복종도 얼마든지 가능하다. 이것이 내면화된 일상의 파시즘이다. 푸코는 이것을 통치Gouvernementalité라는 개념으로 설명한다. 통치는 지배권력이 위에서 일방적으로 내리누르는 것이 아니라, 위아래가 하나가 되어 올리고 내리는 것이다. 지배권력에 대한 일방적인 피지배자나 절대적인 저항자는 없다. 권력의 이분법은 없다. 통치는 맞장구를 치는 것이다. 둘은 하나로 얽혀 욕망한다. 지배권력과 피지배권력은 협잡하고 있다. 통치의 다른 이름은 협잡이다. 사람들은 어떤 이익을 얻을 수만 있다면, 때리고 싶어 하는 만큼이나 맞고 싶어 한다. 2차 세계대전 당시의 독일 국민을 '작은 히틀러'라고 부르는 이유다. 지배계급의 역사적 파시즘만큼이나 복종하는 주체들의 일상의 파시즘이 문제다. 이 문제가 역사에서 반복적으로 제기되는 이유는 제대로 해소될 수 없기 때문이다. 푸코는 『안티 오이디푸스』에 기대를 걸면서 이 책을 "비-파시스트적 삶의 입문서"로 추천하고 있다(AO: 8).

비-파시스트적 삶을 위한 책이라지만, 『안티 오이디푸스』의 내용은 낯선 개념들로 가득하다. 개념들의 미로를 헤쳐 나가다 보면, 정작 책을 읽는 이유가 흐릿해진다. 산속에서 나무에 이름표를 달다가 정작 길을 잃어버리는 것과 같다. 내 위치를 확인해 줄 지도가 필요하다. 난해한 개념들을 따라가다가도 이것이 내 안의 파시즘과 무슨 관계에 있는지 물어야 한다. 『안티 오이디푸스』를 잘 오를 수 있도록 주요 개념들을 표시한 간단한 지도를 제작해 보자. 『안티 오이디푸스』의 전체 흐름은 미시적인 욕망-기계들에서 시작하여, 그것들의 회집체인 세 가지 사회체socious(원시 영토 기계, 야만 전제군주 기계, 문명 자본주의 기계)를 분석하는 내용이다. 사회체들의 거시사는 그 내부의 욕망-기계들이 어떻게 생산적 욕망을 멀리하면서 복종하는 욕망에 길드는가를 보여 준다. 사실은 그 사회체들조차 기관 없는 신체Corps sans Organes(CsO)라는 긍정적 욕망 에너지가 길들어서 생겨난 형식들이다. 『안티 오이디푸스』의 코스를 오르는 논리적 도구는 분열분석이다. 들뢰즈-과타리는 복종하는 욕망-기계를 조장하는 정신분석의 이데올로기를 비판하면서, 그 대안으로 신유물론적 분열분석을 제시한다. 큰 지도는 완성되었다. 이제 욕망기계 대 기관 없는 신체, 정신분석 대 분열분석이라는 큰 봉우리를 따라 『안티 오이디푸스』의 '비-파시스트적' 논리가 어떻게 구성되는지를 알아보자. 첫째, 『안티 오이디푸스』의 서사는 '욕망-기계' 대 '기관 없는 신체'의 밀고 당기기에 의해 전개된다. 둘은 부분과 전체의 관계를 이루지만, 구분이 불가능하다는 특징을 갖는다. 욕망-기계들의 활발한 종합이 기관 없는 신체를 특정한 사회체로 규정한다. 그 사회체는 '욕망의 역설'을 이용해 욕망-기계를 억압하거나 달래면서 안정을 유지한다. 그러나 둘 모두 속사정은 다르다. 욕망-기계는 아무리 그 사회체에 충실하더라도 이미 도주선을 그리고 있다. 기관 없는 신체는 그런 욕망-기계들의 종합을 놓치지 않고 그 도주선조차 자기에게 등록시키려고 한다. 『안티 오이디푸스』는 한마디로 욕망-기계와 기관 없는 신체의 피 튀기는 대결의 드라마다. 지구행성의 비인간들은 모두 욕망-기계이다. 그 혈투가 지구행성의 생성 변화, 또는 탈영토화, 되기, 차이화를 만들어 낸다. '욕망-기계'에서 '욕망'이라는 이름에 속을 필요는 없다. 차라리 유물론적 '기계'라고 이해하는 것이 더 정확할지도 모른다. 이 기계들에 욕망이라는 동어반복이 가능한 이유는 지구행성의 신유물론적 역량 때문이다. 지구행성을 작동시키는 것은 무엇이든 욕망이고 기계이다.

둘째, 『안티 오이디푸스』의 문제의식은 정신분석을 분열분석으로 대체하는 것이다. 분열분석도 무의식을 분석한다. 다만 정신분석의 그것과 다를 뿐이다. 분열분석의 무의식은 지구행성의 신유물론적 무의식이다. 본문에서 기계적 무의식, 물질적 무의식, 생산적 무의식, 유물론적 무의식이라고 불리는 이 무의식은 모두 신유물론적 무의식이다. 들뢰즈-과타리는 이런 무의식에 기초하여 신유물론을 "정신이 물질과 접촉하여 물질의 모든 강도를 살고 그것을 소비하는" 것이라고 말한다(AO: 50). 정신과 물질은 이분법적으로 나눌 수 있는 것이 아니라는 말이다. 오히려 강도가 다른 다양한 물질들의 역동적 삶을 인간이 '정신'이라는 작의적 기준으로 구분하고 있음을 지적하고 있다. 신유물론의 무의식은 인간을 위한 정신분석에서 의식을 규명하기 위한 무의식이 아니라, 지구행성을 작동시키는 욕망-기계들의 종합을 의미한다. 들뢰즈-과타리에 따르면, 분열분석은 "형이상학적 무의식 대신 초월론적 무의식을 탐색하려 한다. 이데올로기적 무의식 대신 물질적materiel 무의식, 오이디푸스적 무의식 대신 분열증적 무의식, 상상적 무의식 대신 비구성적 무의식, 상징적 무의식 대신 실재적 무의식, 구조적 무의식 대신 기계적 무의식, 몰적이고 군집적인 무의식 대신 분자적 · 미시심리적micropsychique · 미시론적micrology 무의식, 표현적 무의식 대신 생산적 무의식 말이다."(AO: 196) 분열분석은 비인간 지구행성의 물질적 무의식에 대한 것이다. 정신분석이 인간의 가족, 성, 혈연에 관한 마음의 역학을 다룬다면, 분열분석은 지구행성 전체가 그 부분들과 맺는 신유물론적 관계를 분석한다. 전자가 관념론이라면 후자는 유물론이다. 단 의식 대 물질이라는 이분법이 아니라, 그 둘을 포함하는 물질적 행위능력을 가진 유물론이다. 분열분석은 모든 욕망-기계의 신유물론적 무의식을 다룬다.

앞서 언급했듯이, 『안티 오이디푸스』와 『천 개의 고원』의 부제는 '자본주의와 분열증'이다. 부제를 통해 우리는 이 책들의 목표가 마르크스와 프로이트, 또는 자본주의와 정신분석의 새로운 대안을 모색하는 것임을 알 수 있다. 들뢰즈-과타리는 자본주의와 정신분석이 같은 방식으로 작동한다고 본다. 그 방식은 바로 일상의 파시즘을 내면화하는 것이다. 자본주의는 모든 가치를 돈으로 치환하면서 자본의 노예를 양산하고, 정신분석은 인간에게 결핍이라는 굴레를 씌워 자기비하 하는 정신을 만들어 낸다. 들뢰즈-과타리는 자본주의 공리계 안에는 이제 오직 하나의 계급이 있다고 본다. 이제 있는 것은 부르주아계급과 프롤레타리아계급이 아니라, 오직 돈을 좇는 변종부르주아계급뿐이다. 이 일상화된 파시스트들을 어떻게 할 것인가? 들뢰즈-과타리의 '자본주의와 분열증'은 이 문제에 답하기 위한 프로젝트다. 이들은 해법을 위해 마르크스를 참고하지만, 그의 계급론이나 이데올로기론에 기대지는 않는다. 그것으로는 68혁명 세대를 설득할 수 없기 때문이다. 당시에는 부르주아 대 프롤레타리아의 대립으로 환원시킬 수 없는 낯선 문제들이 출현하고 있었다. 프레카리아트_{precariat}의 무계급적 정동을 유물론적으로 사유하려면 계급분석이 아니라 분열분석이 필요하다. 들뢰즈-과타리에 따르면, 오늘날의 대립은 "계급과 계급-바깥_{les hors-classe} 사이에 있다."(AO: 430) 계급이나 이데올로기 저 아래의 훨씬 더 세밀하고 미시적인 것들이 문제다. 이 계급-바깥의 무의식을 분석대상으로 한 것이 분열분석이다. 끝으로 분열분석의 잠재적 가치를 놓치지 말아야 한다는 점을 지적하고 싶다. 분열분석을 비롯한 『안티 오이디푸스』 전체의 논의가 단순히 인간 내면의 파시즘에서 그치는 것은 아니라는 점이다. 분열분석이 중요한 이유는 그것이 기존의 마르크스주의나 정신분석의 한계를 해결했다는 차원에 있는 것이 아니다. 비인간이 인간을 포함하고 넘어서듯이, 분열분석은 정신분석이나 마르크스주의를 포함하고 넘어선다. 분열분석은 결국 인간 바깥의 비인간, 인간 사회학 너머의 지구행성 생태학을 분석대상으로 한다. 분열분석의 신유물론적 무의식은 지구행성 욕망-기계들의 행위능력 전체를 담고 있다.

욕망-기계는 밀고, 기관 없는 신체는 당긴다

『안티 오이디푸스』 전체를 작동시키는 들뢰즈-과타리의 키워드는 "욕망-기계machine desirante"다. 일반적으로 '욕망기계', '욕망하는 기계'로 번역하고, 맥락에 따라 구분되지만, 사실상 욕망과 기계는 동의어다. 따라서 이 책에서는 '욕망=기계'라는 의미로 '욕망-기계'라는 일종의 기호를 사용하려고 한다. 들뢰즈-과타리는 접속해서 차이를 만들 수만 있다면 그것은 모두 '기계'이고 '욕망'이라고 본다. 예를 들어, 전두광-기계는 총-기계와 탱크-기계를 동원한 쿠데타-기계를 일으켜 민주주의-기계를 훼손하고 독재-기계를 수립했다. 들뢰즈-과타리에 따르면, "욕망-기계들과 사회·기술 기계들 사이에는 결코 본성의 차이가 없다."(AO: 66) 접속해서 차이화하는 행위효과를 가진다면 관념이든 물질이든 가리지 않고 그것은 욕망-기계다. 이런 의미에서 욕망-기계는 신유물론적이다. 기계는 구조를 대신하는 개념이다. 세계는 미리 짜인 구조로 주어지는 것이 아니라, 기계들의 조립, 또는 접속과 종합을 통해 매번 새로 만들어진다. 들뢰즈-과타리는 "모든 기계는 기계의 기계"라고 말한다(AO: 75). 모든 욕망도 욕망의 욕망인 기계다. 들뢰즈-과타리의 욕망은 인간적인 것이 아니다. 그들의 욕망은 차이화의 생산역량을 가리키는 신유물론적 개념들이다. 그래서 모든 존재는 신유물론적 욕망-기계이다. 들뢰즈는 그의 분열분석이 '신유물론'이냐는 질문에 대해 "유물론적 정신의학은 욕망에 생산을 도입하고, 또 반대로 생산에 욕망을 도입하는 것"이라고 답한다(PP: 42). 분열분석은 프로이트식 욕망과 마르크스식 생산을 관통하면서 넘어서는 새로운 유물론이라는 것이다.

『안티 오이디푸스』는 들뢰즈 신유물론의 문제의식이 가장 잘 드러난 책이다. 욕망-기계는 욕망은 기계처럼 물질적인 것이라는 의미다. 이로부터 연역되는 무의식, 기관 없는 신체, 사회체, 분열분석은 모두 신유물론적 개념이다. 『안티 오이디푸스』의 모든 개념은 모두 욕망-기계의 신유물론적 토대를 공유하고 있다. 기관 없는 신체뿐만 아니라, 무의식, 분열분석 등이 모두 물질적인 욕망-기계로 이루어진 개념들이다. 기관 없는 신체라는 전체는 욕망-기계라는 부분들로 이루어져 있다. 무의식은 욕망-기계들의 미시적인 접속이다. 분열분석은 그런 무의식을 분석한다. 무의식이라는 개념도 관념적인 것이 아니라 물질적인 것이다. 무의식은 욕망-기계들의 현행적이고 잠재적인 힘들의 네트워크다. 들뢰즈-과타리에게 "욕망-기계는 은유가 아니다."(AO: 81) 이 물질적인 욕망-기계는 오직 그 기능에 의해 증명된다. 이것이 『안티 오이디푸스』 독해의 결정적인 지점이다. 우리가 관념적인 것으로만 생각해 왔던 것들을 물질로 설명하는 것이다. 들뢰즈는 『안티 오이디푸스』도 책-기계로 본다. 그는 "중요한 것은 그것이 기능하는지, 그리고 어떻게, 누구를 위해서 기능하는지를 아는 것입니다. 그것은 기계 자체입니다"라고 말한다(PP: 50). 들뢰즈-과타리는 니체를 따라, 욕망-기계가 무엇인가라고 묻지 않고, 누구의 욕망-기계인지를 묻는다. 여기서 파시즘 테제도 유추된다. 들뢰즈-과타리는 "우리는 왜 남의 욕망을 마치 자기의 것인 양 열렬하게 욕망하는 것인가"를 묻는다. 자기의 기능을 위협하는 지배권력의 욕망-기계에 기꺼이 몸을 던져 접속하는 이유를 탐색하는 것이다. 『안티 오이디푸스』는 욕망-기계의 신유물론이고, 이 논리는 비인간 지구행성까지 연결된다.

『안티 오이디푸스』의 '괴물 낳기' 전략은 프로이트와 라캉의 정신분석학을 뒤집는 것이다. 그들의 개념을 그대로 사용하면서도 내용은 거의 반대 방향을 지시한다. 기존의 정신분석에 익숙한 우리에게는 너무 낯선 개념들이다. 무의식이 물질이라니? 분열증적 분석이라니? 들뢰즈-과타리의 괴물 낳기 전략은 축구를 야구의 규칙으로 설명하는 것만큼이나 알아듣기 힘들다. 들뢰즈-과타리의 '욕망-기계 테제'는 인간중심적 사유를 뒤집기 위해 사유의 장 전체를 뒤흔든다. 그 전복의 전략은 욕망에서 시작한다. 라캉의 욕망 개념은 '결핍'이다. 이것은 잃어버린 원초적 만족을 채우려는 무의식과 관련된다. 그러나 들뢰즈-과타리는 왜 욕망을 결핍에서만 찾느냐고 되묻는다. 욕망은 사방에 흘러넘치는 생산적 힘인데 말이다. 라캉의 결핍된 욕망은 정신분석의 뿌리 깊은 전통에 따른 것이다. 인간은 어머니와의 충만한 기쁨 속에서 영원히 살고 싶어 하지만, 아버지는 단호하게 품 안에서 기어 나와 어엿한 인간 노릇을 해야 한다고 명령한다. 아버지의 이름으로, 또는 법의 이름으로 거세가 행해진다. 상상계에서 쫓겨난 인간은 상징계라는 질서에 편입하여, 말도 배우고 예의도 배우면서 인간이 되어 간다. 라캉은 이 정상적인 인간을 '빗금 친 주체'라고 부른다. 원초적 욕망을 빗금으로 억압했다는 것이다. 이 빗금이 바로 욕망-

결핍의 표식이다. 빗금 처진 인간은 자신의 원초적 욕구need를 상징계의 법에 따라 요구demand하지만, 그것은 원리적으로 충족되지 않는다. 그 격차가 바로 라캉의 욕망desire이다. 사실 라캉의 부정적 욕망이 새삼스러운 것은 아니다. 서양 철학사 2500여 년 동안 '욕망'은 제대로 대접받은 적이 거의 없다. 욕망은 항상 부끄럽고 의심스러운 것으로, 이성의 통제 아래에 두어야 할 것으로 다루어졌다. 들뢰즈-과타리의 욕망은 라캉의 부정의 코드를 긍정의 코드로 뒤집는다. 그들의 욕망은 라캉의 결핍을 채우고 넘쳐흐르는 생산하는 힘이다. 그런데 긍정의 욕망이 단순히 좋은 욕망이라는 뜻은 아니다. 들뢰즈-과타리의 욕망은 미시물리학적 '생산', '힘', '역량'이다. 욕망은 분자보다 작은 단위로부터 우주보다 큰 차원에 이르기까지 매 순간 생성한다. 지구행성 전체를 관통하는 그 힘이 바로 유물론적 욕망, 즉 욕망-기계다.

『안티 오이디푸스』에서 욕망-기계를 정의하는 첫마디는 "기계는 절단들의 체계"라는 것이다(AO: 74). 욕망-기계는 끊어지지 않는다면 이어지지도 않고, 차이도 발생하지 않는다. 이것이 욕망-기계의 비밀이다. 흐름을 만들어 내는 것이 바로 절단이라는 것이다. 욕망이 흐르는 이유는 그 욕망-기계가 디지털(0과 1)처럼 연결과 절단이 동시에 점멸하기 때문이다. 들뢰즈-과타리는 절단의 세 가지 기능을 말한다. 그들은 절단이 "분열-흐름들flux-schizes을 요소로 갖는 보편화된 분열발생schizogenèse 속에서, 채취들prelevements, 이탈들détachements, 잔여들resetes을 생산한다"고 말한다(AO: 479~480). 채취-절단, 이탈-절단, 잔여-절단은 세 가지 종합과 다르지 않다. 단지 절단으로 종합을 설명하는 것이다. 세상의 모든 것(욕망-기계들)은 다른 욕망-기계를 채취하면서 절단하고, 이를 통해 기존의 흐름으로부터 이탈-절단하면서, 잔여-절단이라는 것을 생산한다. 들뢰즈-과타리는 "모든 기계는 햄을 절단하는 기계처럼 기능한다"고 강조한다(AO: 74). 절단이나 접속, 종합은 물질적 과정이다. 단 그 물질이 현행적 차원의 사물이 아니라 잠재적 차원의 에너지라는 것이 중요하다. 『안티 오이디푸스』의 도입부에서는 입의 경우를 사례로 든다. 입은 먹는 기계이자 말하는 기계, 호흡기계이면서, 토할 때는 항문기계, 성적으로는 섹스기계가 된다. 먹는 기계인 입은 엄마의 유선으로부터 젖을 채취-절단하여, 그 유선으로부터 이탈-절단을 만들고, 음식이라는 잔여-절단을 생산한다. 문제는 욕망-기계와 절단을 설명하는 언어에 있다. 욕망-기계와 절단은 미시적이고 분자적인 에너지의 흐름을 가리키는 것으로, 사실상 언어화하기 어렵다. 보이지 않는 것을 입, 말, 호흡, 항문, 유선, 음식 등의 언어로 표현한다고 해서 욕망-기계의 흐름을 그런 실체적인 것으로 오해해서는 곤란하다. 들뢰즈-과타리는 언어를 동원해 욕망-기계의 '기능'을 설명하는 것이지, 그것을 실체화하는 것은 아니다. 들뢰즈-과타리가 물질적인 흐름과 절단을 말한다고 해도, 그 물질은 에너지의 점멸이지, 실체적인 무엇이 아니다. 그들은 "젖가슴이 체험하는 감정은 젖가슴을 닮아 있지 않으며, 젖가슴을 재현하지도 않는다. 이것은 마치 알(卵) 속의 한 예정된 지대가 거기에 들어설 기관을 닮지 않은 것과 같다"라고 강조한다(AO: 50). 거기엔 강도적 에너지밖에 없다. 이것은 욕망-기계와 그것의 확장판 개념들 모두에 적용된다. 들뢰즈-과타리가 구체적 사물을 말할 때도, 우리는 그것을 그것의 점멸하는 에너지를 가리키는 것으로 읽어야 한다. 그들의 유물론은 고전적 유물론이 아니라 새로운 유물론이기 때문이다.

욕망-기계는 기관 없는 신체로부터 나온다. 들뢰즈-과타리는 "이 물질[기관 없는 신체]은 에너지와 똑같다. 강도 0에서 출발해서 커지면서 실재[욕망-기계들]가 생산된다"라고 말한다(MP: 294). 그렇다고 기관 없는 신체가 지니의 램프처럼 따로 존재하는 것은 아니다. 욕망-기계들과 그것을 낳는 기관 없는 신체는 에너지 공동체다. 들뢰즈-과타리는 "기관 없는 신체는 하나의 전체로서 생산되지만, … 부분들 곁에서 생산된다"라고 말한다(AO: 85). 굳이 구분하자면 욕망-기계가 현행화하기 이전의 순수한 에너지 집적체가 바로 기관 없는 신체다. 욕망-기계들로 차이화하기 이전의 가장 충실한 흐름을 가리키는 것이다. 들뢰즈-과타리는 기관 없는 신체와 욕망-기계의 관계를 다음과 같이 말한다. "모든 일이 벌어지고 등록되는 것은 기관 없는 신체 위에서다. … 사자의 갈기 속에 이(風)들이 있듯이, 모든 것은 창조되지 않은 이 몸 위에 있다."(AO: 44) 그래서 기관 없는 신체를 알이라고 하는 것이다. 들뢰즈-과타리가 기계들의 순수한 접속 자체를 가리키는 추상 기계라는 개념을 기관 없는 신체의 동의어로 사용하는 이유다. 들

들뢰즈-과타리는 기관 없는 신체와 욕망-기계의 관계를 서로 충돌하는 것으로 본다. 들뢰즈-과타리는 세계를 작동시키는 "순수 강도들은 … 이 두 힘의 대립에서 유래한다"고 말한다(AO: 49). 욕망-기계는 기관 없는 신체를 밀쳐 내며 떨어지려는 척력repulsion으로 작동한다. 이에 반해 기관 없는 신체는 욕망-기계를 끌어당기며 붙들려는 인력attraction으로 작동한다. 욕망-기계는 저항하고, 기관 없는 신체는 안정화한다. 들뢰즈-과타리는 이것을 다음과 같이 비유한다. "기관 없는 신체가 펜싱 선수의 조끼인 것처럼, 또는 레슬러가 앞으로 돌진함에 따라 흔들거리는 그 운동복 위의 메달인 것처럼, 기관-기계들은 기관 없는 신체에 매달린다."(AO: 37~38) 기관 없는 신체로부터 돌출하는 기관-기계들이 욕망-기계다. 밀고 당기는 힘이 없다면 둘 다 존재할 수 없다. 기관 없는 신체 없이 욕망-기계가 존재할 수 없듯이, 기관 없는 신체 또한 자신으로부터 튀어 나가는 기관-기계들이 있어야 존재할 수 있다. 이렇게 밀고 당기는 두 힘이 차이화하는 세계를 만들어 낸다. 들뢰즈-과타리에 따르면, "끌어당기는 힘(引力)과 밀쳐 내는 힘(斥力)의 대립은 항상 플러스 값을 갖는 강도들의 열린 계열을 생산하는데, 이 요소들은 한 체계의 최종적 평형상태가 아니라 한 주체가 경유하는 무수한 준*안정적 멈춤 상태들을 표현한다."(AO: 49)

기관 없는 신체는 아르토에게서 가져온 개념이다. 아르토는 분열증을 배경으로 현대 실험극을 개척했다. 그 자신이 분열증으로 9년 동안 정신병원 신세를 지기도 했다. 기관 없는 신체는 기본적으로 분열증적인 강도를 가리킨다. 아르토는 정상이라는 미신에서 벗어나라고 외쳤다. 머리, 팔, 다리, 뼈, 피부라고 믿고 있는 기관들 없는 신체를 상상하라고 고함쳤다. 들뢰즈-과타리도 "왜 물구나무서서 걷고, 뼈에 숭숭 난 구멍으로 노래하고, 피부로 보고, 배로 호흡하지 않는가?"라고 되묻는다(MP: 289). 아르토는 당시 연극이 너무 심리적이고 이성적이어서 인간의 도덕에서 벗어나지 못한다고 비판했다. 아르토는 《잔혹연극론》에서 기존의 역극 전체에 문제를 제기했다. 그는 인간의 오래된 기관들로 딱딱하게 마비되기 이전의 신체의 가능성을 모색했다. "앙토냉 아르토는 그것이 형태도 모습도 없는 채로 있던 그곳에서, 그것을 발견했다."(AO: 32) 그런데 기관 없는 신체의 작동 원리는 스피노자를 따르고 있다. 그의 실체는 속성으로 표현되고, 그 속성은 다시 양태로 표현된다. 소산적 자연들을 표현하면서, 능산적 자연은 자기 생산 한다. 이것을 들뢰즈-과타리의 개념으로 풀어 보면, 기관 없는 신체는 자신의 에너지 분할에 따라 욕망-기계들을 낳는다고 할 수 있다. 이들에 따르면, 스피노자의 "속성이란 기관 없는 신체의 유형, 또는 유類이며, 실체, 역량, 생산의 매트릭스로서의 강도 0이다. 양태란 [그 속성 위에서] 발생하는 모든 것, 즉 파동과 진동, 이전, 문턱과 구배, 특정한 매트릭스로부터 시작해 특정한 유형의 실체 아래에서 생산된 강도들이다."(MP: 294) 말하자면, 스피노자의 능산적 자연은 기관 없는 신체이고, 소산적 자연들이 바로 욕망-기계들이다. 들뢰즈-과타리가 스피노자의 주저인 『에티카』를 "기관 없는 신체에 관한 위대한 책"이라고 평가하는 이유다 (MP: 294).

기관 없는 신체와 욕망-기계는 들뢰즈 신유물론의 기초를 이룬다. 들뢰즈-과타리에 따르면, "이것[기관 없는 신체]은 이데올로기의 문제가 아니라 순수한 물질의 문제[이며], 물리적·생물학적·심리적·사회적·우주적인 물질[욕망-기계들]의 현상이다."(MP: 316) 둘의 관계는 지구행성과 비인간의 관계를 잘 보여 준다. 기관 없는 신체와 욕망-기계 사이의 밀고 당기는 역동적 관계는 지구행성과 비인간의 존재 방식이기도 하다. 그렇다면 오늘날 지구행성이 겪고 있는 위기는 어떻게 발생한 것일까? 그것은 기관 없는 신체와 욕망-기계의 타락을 보여 주는 '유기체화'와 '암적인 신체'에 의해 해명될 수 있다. 이를 통해 우리는 지구행성의 에너지 흐름을 이루고 있는 비인간들이 어떻게 자본주의에 의해 포섭되는지, 그리고 그런 자발적 복종 주체들에 의해 지구행성이 어떻게 위기에 처해지는지를 알 수 있다. 먼저 기관 없는 신체와 유기체의 관계를 살펴보자. 들뢰즈-과타리는 기관 없는 신체의 적은 기관-기계들이 아니라 유기체라고 말한다. 기관-기계(욕망-기계)는 기관 없는 신체와 하나로 엮인 에너지 공동체다. 따라서 기관 없는 신체의 적은 기관이 아니다. 들뢰즈에 따르면, "우리는 점차 기관 없는 신체가 기관들의 반대물이 아니라는 것을 깨닫게 될 것이다. 기관 없는 신체의 적은 기관들이 아니다. 바로 유기체가 적인 것이다."(MP: 304) 잠재적인 기관 없는 신체는 욕망-기계인 기관-기계로 현행화한다. 이 기관-기계가 더 이상 차이화하지 못하고 실체화되면 유기체가 된다. 기관 없는 신체와 유기체의 관계는 가혹할 정도로 적대적이다. 들뢰즈-과타리는 "유기체는 신체의 적이다. 살에 박힌 못마다 그만큼의 고문이로다"라고 말한다(AO: 34). 들뢰즈-과타리에게 유기체는 지구행성을 장악한 자본주의와 정신분석학으로 대표된다. 이것을 해결하려면 "기관 없는 신체를 유기체의 확장과 기관들의 조직화 이전의, 지층 형성 이전의 충만한 알, 강도적 알"로 회복시켜야 한다(MP: 294). 딱딱해진 유기체를 해체하여 말랑말랑한 알로 만드는 것은 인간중심주의로 고정된 지구행성에서 비인간 욕망-기계들의 역량을 복원하는 것이다.

들뢰즈-과타리는 9개의 범주(연접, 이접, 통접, 영토 기계, 전제 군주 기계, 자본주의 기계, 코드화, 탈코드화, 재코드화)를 이용해 역사를 두 가지 방향에서 서술하고 있다. 하나는 과거로부터 현재까지, 탈코드화를 통해 이어지는 욕망의 흐름이고, 다른 하나는 그 흐름을 억압하는 사회체의 역사이다. 잠재적인 기관 없는 신체가 사회체로 현행화된 것이다. 기관 없는 신체가 어떤 사회체가 되느냐는 욕망-기계들과의 밀고 당기는 힘에 의해 결정된다. 기관 없는 신체가 생성하는 욕망-기계들로 꽉 찬 신체를 충만한 신체라고 부른다. 이 신체는 욕망-기계들의 강도적 차이화가 억압되면서 우울증의 신체, 편집증의 신체, 분열자의 신체, 마약을 한 신체, 마조히스트의 신체 등이 된다. 그 가운데 대표적인 경우가 '텅 빈 신체'와 '암적인 신체'의 경우다. 두 신체의 "지층들은 나름대로 기관 없는 신체를, 즉 일관성의 면에 대한 전체주의적이고 파쇼적이며 무시무시한 캐리커처들을 만들어 낸다."(AO: 312) 텅 빈 신체는 욕망-기계들의 자유로운 접속이 소멸되어 획일화된 유기체만 남은 상태다. 내용을 구성하는 욕망-기계들은 사라지고 기관 없는 신체의 껍데기만 남은 상태다. 국가장치에 의해 초코드화되어 유리처럼 투명해진 전체주의 체제가 여기에 해당한다. 지구행성 단위에서 보면, 비인간들이 직접적으로 소멸하는 경우뿐만 아니라, 그것들이 인간중심적으로 의인화되어 생명력을 잃는 경우에 해당한다. 이에 반해, 암적인 신체는 기관 없는 신체의 욕망-기계들 모두가 단 하나의 이데올로기에 함몰된 경우다. 욕망-기계들이 차이화 없이 단 하나의 동일성을 반복하는 것이다. 욕망-기계들이 위나 아래, 하나나 여럿으로 구분되지 않고 한 덩어리가 된 암적인 신체다. 이는 자신이 피해당사자이면서도 지배권력의 이해관계에 박수를 보내는 경우로, 내면화된 일상의 파시즘에 감염된 경우다. 들뢰즈-과타리는 이를 두고 "기호들의 유통을 봉쇄하는 독재자의 신체가 싹터, 이 신체가 이 '다른' 기관 없는 신체 위에서 기표작용과 무관한 기호가 탄생하는 것을 불가능하게 하는 것"이라고 설명한다(AO: 312). 텅 빈 신체가 위로부터의 명령에 의해 지배되는 전체주의라면, 암적인 신체는 아래로부터의 박수에 의해 전체가 하나의 암 덩어리처럼 파시즘에 동일화된 신체다. 지구행성 단위에서 보면, 전 지구적 자본주의가 대표적인 암적인 신체다. 탈영토화하는 자본주의 사회체의 속성은 전체주의적이고 초코드적인 명령이라기보다는 소비 욕망을 부추기는 자발적 파시즘으로, 자본주의 사회체가 그렇게 작동하는 이유는 유혹이 더 효과적이기 때문이다. 모든 지구인이 돈에 의한, 돈을 위한, 돈이 되는 삶을 산다. 돈을 내면화하고 일상화한 파시즘이다. 그 배후에서 비인간 지구행성은 자본주의의 폐해로 인한 전 지구적 위기에 놓여 있다. 파시즘이 위험한 이유는 한꺼번에 모든 것을 잃게 되기 때문이다. 지구행성에 닥친 인류세나 디지털 급변이 더 위험한 이유다.

세 가지 종합은 반복한다

들뢰즈-과타리의 『안티 오이디푸스』는 세 가지 종합(연접, 이접, 통접)의 다양한 변주를 통해 전개된다. 들뢰즈는 모든 책에서 세 가지 종합을 주요한 논리로 사용하고 있는데, 『안티 오이디푸스』에서는 특히 더 그렇다. 『안티 오이디푸스』에는 미시적 에너지의 종합에서 역사적 체제의 종합에 이르기까지, 다층적인 종합들이 등장한다. 종합은 기관 없는 신체와 욕망-기계의 대결이 크게 세 가지로 드러난 것이다. 첫째, 연접적 종합은 욕망-기계가 기관 없는 신체를 채취하는 과정이다. 욕망-기계의 척력과 충만한 신체의 인력이 부딪히면서 생성변화 하는 것이 연접이다. 욕망의 세 가지 종합이 결국 연접인 이유는 연접이 "생산하기를 항상 생산하기, 생산물에 생산하기를 접붙이기라는 규칙"으로 작동하기 때문이다(AO: 31). 영화 《서울의 봄》의 12.12 군사반란은 1979년 10월 26일의 박정희 암살이라는 새로운 기계의 접속에 의해 신군부와 한국정치의 면 전체가 재배치되는 것을 다룬다. 둘째, 이접적 종합은 욕망-기계들이 기관 없는 신체 위에 등록(기록, 기입)되는 것이다. 기관 없는 신체 위에는 "새로운 종합들이 그물 전체를 짜서 표면을 바둑판 모양으로 구획하는 수많은 분리점처럼 기계들이 매달린다."(AO: 39) 《서울의 봄》은 하나회가 쿠데타라는 신체 위에서 배제적으로 이접하는 과정을 보여 준다. 그들은 아군임에도 불구하고 쿠데타에 방해가 된다면 방아쇠를 당긴다. 셋째, 통접적 종합은 기관 없는 신체와 욕망-기계를 화해시키는 새로운 결연이다. 들뢰즈-과타리는 "이 기계를 지칭하기 위해 '독신 기계'라는 이름"을 사용한다(AO: 47). '독신 기계'는 정신분석의 가족 삼각형에 의한 혈연 기계가 아니라는 의미다. 그것은 혈연과 무관한 '제3의 생산 기계', 즉 결연 기계를 가리킨다. 《서울의 봄》 마지막에는 한 장의 단체사진이 등장한다. 하나회 신군부의 단체 사진은 하나의 독신 기계다. 이 기계는 한국정치의 신체에 새로운 면을 도입한다.

종합의 세 가지 양상을 구분하는 것보다 중요한 것은 그 성격을 아는 것이다. 모든 종합은 수동적 종합이다. 종합이 '수동적'일 수밖에 없는 이유는 종합의 주체인 욕망-기계가 미시적이고 잠재적이기 때문이다. 말하자면 양자나 전자는 인간 주체의 의지를 모른다. 욕망-기계들의 종합은 잠재적이고 미시적인 에너지의 흐름과 절단이다. 채취-절단, 이탈-절단, 잔여-절단은 에너지 흐름의 절단을 가리킨다. 이 절단이 가능한 것도 연접, 이접, 통접에 따라 다른 종류의 에너지를 갖기 때문이다. 연접적 종합에서는 리비도Libido라는 채취 에너지에 의해, 이접적 종합에서는 누멘Numen 이라는 분리 에너지에 의해, 그리고 통접적 종합에서는 볼룹타스Voluptas라는 잔류 에너지에 의해 욕망-기계들이 종합된다. 아무리 인간이 능동적 종합을 주장하더라도, 그것은 이미/항상 수동적 종합이다. 들뢰즈-과타리에 따르면, 수동적 종합은 "[인간의] 정신에 의해par 이루어지는 것이 아니다. 다만 [인간의] 모든 기억과 모든 반성에 앞서précédant 응시하는 [비인간들의] 정신 안에서dans 이루어지고 있을 뿐이다."(DR: 171) 수동적 종합은 주체와 객체의 상호작용interaction이 아니라, 하나로 얽힌 것 안에서의 내부작용intraaction으로 이루어진 것이다. 말하자면 수동적 종합은 잠재적인 차원의 에너지 흐름 내부의 종합이라서 아직 주체나 객체가 없다. 능동적 종합은 수동적 종합의 결과로 생겨난 주체와 객체의 사후적 종합이다. 칸트식의 능동적 종합이나 프로이트식의 재현적 무의식은 들뢰즈-과타리의 수동적 종합과의 전후 관계를 착각한 인간중심적 오류에 불과하다. 영화《서울의 봄》처럼 전두환은 12.12 군사반란을 일으켜서 제5공화국을 출범시키고 8년 동안 장기집권 했다. 이것은 마치 전두환의 능동적 종합, 능동적 의지에

의한 것처럼 보이지만, 사실 이것은 철저하게 수동적 종합에 의한 것이다. 그것은 그 이전에 박정희 군부독재가 있었기에 가능한 것이었고, 그 이전까지 민주주의에 대한 제대로 된 경험이 축적되지 못했기 때문에 가능했다. 그런 에너지의 흐름이 신군부 독재정권을 가능하게 만들었다. 그 독재의 꼭두각시가 특별히 인간 전두환이라서 가능한 것은 아니었다. 그러므로 그런 파시즘 정권에 저항하는 방법은 더디더라도 일상적 파시즘의 에너지를 전환시키는 것이다. 현실의 저항운동도 반드시 내 안의 파시즘을 몰아내는 방향으로 조직되어야 한다. 능동적 종합은 반드시 보다 근본적인 수동적 종합에 영향을 받기 때문이다.

『안티 오이디푸스』에서 들뢰즈-과타리의 종합은 '생산하는 생산'을 가리킨다. 생산의 생산은 생산, 유통(등록), 소비 각각의 생산 가운데 하나가 아니라, 그 전체 과정이 생산의 생산이라는 의미다. 욕망-기계는 주체와 객체, 정신과 물질, 자연과 사회라는 이분법들을 가로지르면서 새로운 생산적 흐름을 생산한다. 그것이 바로 기관 없는 신체 위에서 욕망-기계가 종합되고 생산되는 방식이다. 그것은 연접, 이접, 통접에 각각 대응하는 생산의 생산, 등록의 생산, 소비의 생산이다. 그것이 생산이든 등록이든 소비이든 그것은 결국 또 다른 생산이라는 의미다. 들뢰즈-과타리의 세 가지 종합이 결국 연접으로 수렴하듯이, 욕망의 세 가지 종합도 결국 생산의 생산이다. 그렇다면 생산의 생산이라는 욕망-기계들의 흐름은 인류의 역사에서 어떻게 특정한 사회체로 나타나는 것일까? 사회체는 욕망-기계의 흐름이 코드화(영토화), 탈코드화(탈영토화), 재코드화(재영토화)에 의해 결정된다. 이런 코드와 영토들이 욕망-기계의 흐름과 절단을 결정한다. 그 흐름과 절단에 관한 언표적 규칙이 코드이고, 그 물질적 규칙이 영토다. 욕망-기계의 탈영토화와 탈코드화가 흐름의 규칙이라면, 재영토화와 재코드화는 절단의 규칙이다. 그렇다고 재영토화나 재코드화의 절단이 욕망의 본질에 반하는 것은 아니다. 예를 들어, 재코드화는 단순히 욕망의 흐름을 방해하고 억압하는 것에서 끝나는 것이 아니다. 말 그대로 '재'(다시)-'코드화'(욕망이 흐르도록)하는 것이기 때문이다. 재코드화와 탈코드화, 또는 재영토화와 탈영토화는 동시에 점멸한다. 재영토화는 이미 탈영토화 중에 있고, 탈영토화는 이미/항상 재영토화를 향하고 있다.

『안티 오이디푸스』의 3장은 세 가지 사회체를 다룬다. 들뢰즈-과타리의 사회체론은 마르크스의 생산 이론을 욕망 이론으로 재해석한다. 이들은 마르크스의 역사적 유물론에 기초한 사회체제의 발전(원시 공산제-고대 노예제-중세 봉건제-근대 자본제-사회주의)을 참고하면서 자기들만의 괴물 낳기 전략을 구상한다. 그것은 그런 사회체제들로 표현될 수밖에 없는 욕망-기계의 에너지 흐름을 다루는 것이다. 하나의 단위통일인 욕망의 흐름이 그 단위가 달라지면서 원시 영토 사회체, 전제군주 사회체, 자본주의 사회체라는 새로운 형식의 통일체로 발전한다. 그들의 욕망 이론은 분열증적 흐름을 따르는 욕망의 정치경제학이다. 분열적 생산의 생산, 분열적 등록의 생산, 분열적 소비의 생산이 들뢰즈-과타리가 『안티 오이디푸스』에서 다루고 있는 새로운 욕망생산 이론이다. 이제 욕망은 어떻게 특정 사회체의 생산관계를 결정하는가를 세 가지 역사적 종합을 통해 알아보자.

첫 번째 사회체는 원시 영토 기계다. 이것은 인류학과 고고학의 대상인 부족을 대상으로 연구되어 왔다. 이런 연구는 혈연 filiation과 결연alliance에 대한 구분을 중심으로 진행되었다. 전자는 핏줄로 맺어진 관계이고 후자는 결혼을 통해 새로 맺어진 관계이다. 정신분석이 그런 부족 관계를 오이디푸스 신화에 기초하여 바라보는 데 반해, 인류학은 근친상간 금지와 여성 교환이라는 교환 관계로 본다. 이와 달리, 들뢰즈-과타리는 정신분석이나 인류학의 분석틀이 배제한 욕망-기계의 내재적 차이화에 주목한다. 그들에 따르면, 원시 영토 기계는 혈연에 따른 인칭적 신화가 지배하는 것도 아니고, 합리적 교환 시스템의 질서도 아니다. 들뢰즈-과타리는 혈연 이전의 보다 미시적인 생물학적 강도의 장으로 눈을 돌리고, 결연의 코드화에 저항하는 탈코드화하는 흐름을 강조한다. 들뢰즈-과타리는 개별 인간이나 인간 집단을 포함한 미시적이고 거시적인 비인간 지구행성을 사유한다. 그들에게 인간중심적인 "어머니는 거기서 토지[지구행성]이기도 하고, 근친상간은 무한한 재생再生"이다(AO: 283). 들뢰즈-과타리는 인간중심적으로 영토화된 신체적 콤플렉스 대신에 비인간적 차원의 "배아적 임플렉스implexe germinal"라는 개념을 도입한다. 이것은 배아기의 강도적인 안주름 운동과 같은 것이다. 들뢰즈-과타리의 관심은 비인간적 임플렉스가 어떻게 인간적 콤플렉스로 억압될 수 있는지를 탐색한다. 내재적 힘은 어떻게 부정적 인간화의 특성을 갖게 된 것일까? 들뢰즈-과타리는 그 해답을 니체의 부채debt에서 찾는다. 부채는 지금 갚아야 경제적 관계 같은 것이 아니다. 그것은 과거에 내가 저지르지 않은 죄뿐만 아니라, 앞으로 저지를지도 모르는 죄까지 책임져야 함을 의미한다. 지배권력은 그런 부채의식으로 작은 인간(말인末人; Letzter Mensch)을 만들어 내려고 한다. 원시 시대에는 그 부채를 신체에 문신으로 표시했다. '너는 곰족이다. 곰족에 진 부채를 갚기 위해 모든 것을 바쳐야 한다'라는 것이다. 원시 영토 기계의 문신은 오늘날 학자금 대출로부터 전세자금까지, 통장에 찍힌 마이너스 표시로 대체되었다. 들뢰즈-과타리는 임플렉스가 콤플렉스가 될 수 있었던 이유를 공포와 부채에서 찾는다. 이들은 "저 섬뜩한 부채 방정식… 죄인의 고통이 그가 야기한 손해의 '등가물' 구실을 할 수 있다"는 협박을 기억하라고 말한다(AO: 329). 들뢰즈-과타리는 그것을 명령하는 목소리, 집행하는 손 이외에도 "쾌락을 뽑아내는 눈… 평가하는 눈… 잔혹한 광경들을 즐기는 신들의 눈"이 있음을 기억하라고 말한다(AO: 328). 피 묻은 돈은 한편에서는 자본주의 체제를 공고히 하면서 다른 한편에서는 끝없이 작은 인간들의 신체와 영혼을 저당 잡는다. 작은 인간들은 자본의 내면화하는 일상의 파시즘을 피부에 되새긴다.

두 번째 사회체는 야만 전제군주 기계다. 강력한 부족은 제국이라는 이름으로 다른 영토를 짓밟는다. 야만은 영토적 부족사회를 해체하면서 형성된 제국을 가리킨다. 제국은 부족들을 짓밟는 선을 따라가며 전제군주를 내세운다. 들뢰즈-과타리는 니체를 인용하며 "어느 금발의 맹수 무리… 그들은 국가의 창설자들이다"라고 지적한다(AO: 330). 구속을 경멸하는 금발의 맹수가 모든 것을 구속하는 국가를 창설했다는 의미에서, 들뢰즈-과타리는 야만 전제군주 기계를 '도착증perversion'이라고 부른다. 도착증은 이어서 전제군주의 편집증paranoia으로 귀결된다. 국가라는 배보다 전제군주라는 배꼽이 더 커진 격이다. 그런데 들뢰즈-과타리의 국가는 마르크스가 아니라 니체를 따른다. 마르크스주의는 축적된 경제를 합리적으로 분배하기 위해 국가가 생겨났다고 말하지만, 이들은 자본과 국가는 쌍둥이처럼 서로를 만들었다는 니체의 편에 선다. 국가 독점자본의 지배전략은 국가적인 것을 내면화하는 파시즘이다. 사람들은 야만 전제군주 기계에 의해 국민, 또는 소비자라는 이름의 복종하는 주체로 길들여진다. 국가는 기관 없는 신체로 등장한 뒤, 유무형의 제도와 규범을 신체에 등록시키면서 사회체로 고정된다. 대규모 토목공사와 관료제 등을 기입한 사회체는 원시 영토 기계로부터 탈영토화하여 야만 전제군주 기계라는 새로운 사회체로 변신한다. 들뢰즈-과타리는 이에 대해 "교회국가건 세속국가건, 폭정국가건 민주주의국가건, 자본주의국가건 사회주의국가건, 지금까지 오직 하나의 국가만이 있어 왔다. 즉 '입김을 뿜고 포효하며 말하는' 위선적인 개-국가만이"라고 말한다(AO: 331). 모든 코드는 국가라는 단일체에 의해 코드화되며, 자연스럽게 전제군주라는 단일 신체에게로 초코드화된다. 들뢰즈-과타리는 이 "유례없는 공포"를 "하나의 거대한 톱니바퀴"에 비유하며, "대지[지구행성]는 하나의 정신병원이 된다"고 말한다(AO: 331). 이들은 지구행성의 어마어마한 전체가 어떻게 단 하나의 신체를 향해 도열할 수 있게 되었는가에 대한 답을 분열분석에서 찾는다. 소수의 권력자, 또는 단 한 명의 독재자가 전체를 지배할 수 있는 이유는 그 심층에 자리한 도착증과 편집증의 결과라는 것이다. 겉으로 드러나는 독재자의 이름 배후에는 헤아릴 수 없는 미시적이고 자발적인 복종의 에너지가 자리하고 있다. 이 부정적 에너지들이 앞다투어 서로를 감시하고 고발하며 자기들을 노예로 삼아 달라고 외쳐 댄다. 이들은 자기 배후에 도사리고 있는 일상의 파시즘을 모른다.

세 번째는 문명 자본주의 기계다. 마르크스가 역사를 계급투쟁의 역사로 서술했다면, 들뢰즈-과타리는 그것을 욕망-기계의 변천사로 읽어 낸다. 역사적 유물론이 아니라 욕망-기계의 신유물론이다. 들뢰즈-과타리는 자본의 일반 공식인 M-C-M′(화폐-상품-화폐′)을 사례로 들어 설명한다. 원래 자본의 일반 공식은 단순상품유통(C-M-C′)을 화폐유통으로 전환하여 유도한 것이지만, 들뢰즈-과타리는 이것을 "탈코드화된 흐름들 간의 간접적 관계"로 본다(AO: 421). 마르크스의 유물론은 M-C-M′의 현행적 차원을 다룬다. M-C는 생산과정(구매)을 C-M′은 유통과정(판매)을 다룬다. 들뢰즈-과타리의 신유물론은 M-C-M′을 미시적이고 잠재적인 욕망의 흐름으로 다룬다. 그들은 M, C, M′ 각각이 자본의 흐름에서 주요한 욕망-기계로 드러나게 된 관계를 들여다본다. 분자적인 욕망-기계의 세 가지 종합이 어떻게 몰적인 마르크스의 세 단계와 일치하는가를 보는 것이다. 첫째, M-C-M′에서 M은 마르크스의 시초 축적 단계다. 자신의 몸 말고는 팔 것이 없는 노동자는 자신의 고유한 삶으로부터 이탈되어 자본의 재생산과정에 연접된다. 생산수단을 소유한 부르주아에 의해 절단-채취된 것이다. 둘째, C의 단계인 이접적 종합에서 산업자본주의는 엄청난 자본의 축적을 형성해 간다. 이 단계는 마르크스가 자본의 확대재생산으로 설명한 것을, 들뢰즈-과타리가 욕망-기계들의 분열적 확대재생산으로 해석한 것이다. 생산과 유통, 소비의 전 과정에서 잉여가치가 발생한다. 자본 일반이 기관 없는 신체(사회체)라면, 개별 자본의 투자와 수익은 욕망-기계들에 해당한다. 산업자본주의의 산업별 전후방 연계에 의해 거대 독점자본인 트러스트와 재벌 등이 탄생하게 된다. 들뢰즈-과타리는 이 단계를 욕망-기계들의 배제적 이접, 또는 포함적 이접을 통한 확대재생산이라고 본다. 셋째, M′ 단계인 통접적 종합은 M-C-M′이라는 과정 전체가 낳는 잉여가치 M′을 다룬다. M-C-M′이 결국 M-M′이라는 금융화폐를 낳은 것이다. 들뢰즈-과타리는 이를 두고 "자본은 돈이 돈을 낳거나 가치가 잉여가치를 낳을 때 혈연 자본이 된다"라고 말한다(AO: 387). 상품을 통한 결연이 아니라, 자본이 자본을 낳는 금융자본이 혈연 자본이다. 통접의 결과인 M-M′은 잔여-절단인 금융자본주의를 낳는다. 이렇게 M-C-M′ 과정 전체가 잉여가치를 낳기 위해 존재하는 자본주의의 일반 공식이 된다. 그런데 들뢰즈-과타리는 잉여가치를 경제적 관계에 묶어 둘 수 없다고 본다. 모든 욕망-기계는 이미/항상 잉여가치를 낳는다. 들뢰즈-과타리는 M-C-M′이라는 인간적 잉여가치는 "흐름의 잉여가치의 집합의 측정 불가능한 성격을 참고하여 교정되어야만 한다"고 주장한다(AO: 402). 지구행성에서 잉여가치를 갖지 않는 생산은 없다. 모든 존재는 타자의 잉여가치에 기대어서만 존재할 수 있다. 지구행성적 자본주의는 비인간적 잉여가치에 주목해야 한다.

문명 자본주의 기계의 기본적인 성격은 분열증이다. 이것은 야만 전제군주 기계의 편집증으로부터 분열증으로 이행한 것이다. 자본주의적 분열증은 욕망-기계들의 잉여가치들이다. 문명 자본주의 기계는 잉여가치를 생산하기 위한 끊임없는 탈영토화와 탈코드화의 과정인 것이다. 들뢰즈-과타리에 따르면, "자본주의와 그 절단은 단순히 탈코드화된 흐름들에 의해 정의되는 것이 아니라, 흐름들의 일반화된 탈코드화와 새로운 거대한 탈영토화, 그리고 탈영토화된 흐름들의 결합에 의해 정의된다."(AO: 383) 원시 영토 기계가 친족구조를 중심으로 코드화되었고, 야만 전제군주 기계가 군주나 국가를 중심으로 초코드화된 반면, 자본주의 기계는 그런 코드들 자체를 탈영토화한다. 그런데 탈영토화의 문제는 따로 있다. 그것이 새로운 공리계, 즉 또 다른 억압장치를 발명한다는 것이다. 들뢰즈-과타리에 따르면, "자본주의는 자기가 한 손으로 탈코드화하는 것을 다른 손으로 공리화한다."(AO: 416) 자본주의는 탈영토화를 통한 지배전략을 정교하게 발전시켜 왔다. 그것은 피지배자들이 적극적으로 탈영토화를 요구하게 하는 방식이다. 이를 통해 자본주의는 자연스럽게 자발적 복종을 유도해 낸다. 그것은 억압이 아니라 유혹의 방식이다. 흔히 말하는 소비를 권하는 사회다. 소비자들은 자신이 자유의지를 갖고 자본주의적 생산, 유통, 소비에 참여한다고 생각한다. 심지어 소비취향이 높은 것을 자랑으로 삼기도 한다. 그러나 자본주의의 모든 욕망-기계는 환상의 선을 타고 작동한다. 그것이 자본주의적 환상인 이유는 그것이 개인적 환상이 아니라 집단적 환상이기 때문이다. 이 집단환상이 주체-집단groupes-sujets을 복종-집단groupes assujettis으로 만들어 낸다. 들뢰즈-과타리는 주체-집단조차 이미 일상의 파시즘에 노출되어 있다고 본다. 물론 복종-집단을 해방시킬 기회도 동시에 주어진다. 그들에 따르면, "이 두 종류의 집단은 끊임없이 서로의 안으로 미끄러져 가고 있다고 말해야 한다. 주체-집단은 언제나 예속될 위험에 직면해 있으며, 복종-집단은 어떤 경우에는 억지로라도 혁명적 역할을 떠맡아야만 할 수도 있다."(AO: 120)

『안티 오이디푸스』는 우리가 어떻게 일상의 파시즘을 내면화하게 되는지, 그리고 어떻게 이로부터 벗어날 수 있는지를 알려주는 책이다. 파시즘은 역사적인 동시에 일상적이다. 문제는 현행적이고 역사적인 파시즘과 잠재적이고 심리적인 파시즘의 속도가 다르다는 것이다. 전자는 짧고 빠르지만, 후자는 느리고 너무 길다. 들뢰즈-과타리가 물리적 혁명보다 심리적 혁명을 더 강조하는 이유다. 영화 《서울의 봄》이 민주주의의 봄에 도달하지 못하고 군부독재의 겨울로 연장된 이유도 물리적 파시즘보다는 심리적 파시즘 때문이다. 많은 관련자가 떡고물을 포기하지 못해 독재자라고 할지라도 자기를 리드해 주길 바랐기 때문이다. 이 비겁한 일상의 파시즘이 팽배한 탓에 역사적 파시즘을 막아 내지 못했다. 그 결과로 우리는 '서울의 봄' 이후 50년이 되어 가도 일상의 파시즘과 싸우고 있는지도 모른다. 혁명의 성공은 물리적 전투가 끝난 지점에서부터 시작된다고 할 수 있다. 각자의 내면과 일상에서 덤벼드는 파시즘적 반동과의 더 크고 지루한 전투가 남아 있기 때문이다. 프랑스혁명조차 테르미도르의 반동Thermidorian Reaction 이후 수십 년에 걸쳐 심리적이고 일상적인 투쟁을 치러야 했다. 『안티 오이디푸스』의 난해한 개념들과 복잡한 전개는 결국 이 지점을 해명하고자 하는 것이다. 끝이 보이지 않는 길고 지루한 일상의 파시즘과의 투쟁 말이다. 이 주제는 다음 책인 『천 개의 고원』에서 '미시정치학'이라는 이름으로 이어진다. 현행적 차원의 정치에서 잘 포착할 수 없는 잠재적 차원의 미시적 정동이 실재 정치를 좌우한다. 부르주아 대 프롤레타리아의 대립이 아니라, 그런 이름표를 달고도 반대 방향으로 움직이는 욕망을 표적으로 삼아야 한다. 고용불안과 저임금에 시달리면서도 과시적 소비를 자연스럽게 생각하는 새로운 욕망-기계를 어떻게 이해할 것인가? 경제문제로 환원할 수 없는 욕망의 생산에 주목해야 한다. 들뢰즈-과타리는 이것을 해결하려면 "가장 높은 사고와 가장 날카로운 지각을 구성하는 물질적 감정"이 필요하다고 말한다(AO: 51). 오늘날은 어떤 감정을 낳는 물질적 관계가 중요한 시대다. 물질이 의식을 결정한다는 유물론이 아니라, 물질이 감정을 결정한다는 신유물론이다. 들뢰즈-과타리는 마르크스의 사회적 생산을 욕망적 생산으로 대체한다. 노동하는 기계로서의 인간이 아니라, 욕망-기계로서의 인간을 탐색하는 것이다.

정신분석이 아니라
분열분석이다

『안티 오이디푸스』의 4장 '분열분석 입문'은 이런 질문으로부터 시작한다. "닭이 먼저일까, 달걀이 먼저일까?" 대답을 하기 전에 이 물음의 한계부터 물어야 한다. 이 물음의 함정은 답을 양자택일로 한정한다는 것이다. 그 외부의 가능성 모두를 원천적으로 배제한다. 들뢰즈-과타리는 닭과 달걀이라는 양극이 아니라 장場 전체를 요구한다. 그것은 이분법적으로 분할할 수 없는 강도적 세계다. 닭과 달걀은 하나로 얽혀 있는 에너지 장 자체다. 어느 것이 먼저랄 것도 없이 둘 다 발생 과정에 있다. 닭과 달걀이라는 이름조차 사후적으로 붙은 우연에 불과하다. 이제 문제를 해결하려면 이분법이 아니라 닭과 달걀 사이를 횡단하는 에너지를 물어야 한다. 영화 《서울의 봄》에서도 전두광은 "실패하면 반역, 성공하면 혁명 아입니까!"라고 외친다. 그러나 민주주의는 성공과 실패라는 양극으로 규정할 수 없는 수많은 과정의 산물이다. 결과가 아니라 과정을 만들어 가는 것이다. 들뢰즈-과타리는 이 물음으로 정신분석과 분열분석을 구별한다. 정신분석은 둘 가운데 하나를 선택하라고 강요하지만, 분열분석은 장 전체를 다룬다. 정신분석은 아버지-나-어머니라는 세 극점을 맴도는 데 반해, 분열분석은 그 배후의 사회장, 정치장, 경제장, 문화장, 종교장 등의 전체를 다룬다. 들뢰즈-과타리의 정의에 따르면, 분열분석은 "사회장의 무의식적 욕망의 투여들"을 분석하는 것이다(AO: 579). 장 전체에서 작동하는 욕망-기계들의 흐름이 분열분석의 대상이다.

『안티 오이디푸스』의 마지막 부분에서 들뢰즈-과타리는 분열분석의 과제를 제시한다. 그런데 과제를 제시하는 방법이 독특하다. 그것은 정신분석이 배제하는 분야를 폭로하고 교정하면서, 분열분석의 가능성을 모색하는 방식이다. 반대개념을 비판하는 방식으로 해당 개념을 정의한다. 『안티 오이디푸스』의 목차에서도 알 수 있듯이, 정신분석을 비판하는 논리가 사실은 분열분석을 정립하는 과정임을 어렵지 않게 눈치챌 수 있다. 『안티 오이디푸스』와 『천 개의 고원』의 부제인 '자본주의와 분열증'에서도 그 실마리를 찾을 수 있다. 자본주의와 유사한 것은 정신분석이다. 둘 모두 주요 증상은 편집증이다. 자본주의는 돈에, 정신분석은 망상에,

모든 것을 편집증적으로 환원시킨다. 자본주의는 편집증을 낳고, 편집증은 자본주의형 인간을 양산한다. 들뢰즈는 한 인터뷰에서 "정신분석은 자본주의 같아요. 분열증을 자기 한계로 가지고 있으면서 그 한계를 끝없이 밀어내고 쫓아내려고 노력하죠"라고 말했다(PP: 48). 자본주의와 정신분석 둘 모두 분열증적으로 작동하는 욕망-기계의 흐름을 억압한다. 앞 절에서 우리는 욕망-기계의 생산양식을 억압하는 자본의 생산양식을 살펴보았다. 이 절에서는 정신분석의 다섯 가지 오류추리를 통해 분열분석의 과제를 제시한다.

정신분석의 다섯 가지 오류추리는 분열분석의 풍부한 대상을 정신분석의 틀에 박힌 대상으로 다루는 오류를 다룬다. 잠재적인 분열분석의 대상물들을 현행화된 정신분석의 대상인 것처럼 억압하는 방식을 보여 주는 것이다. 들뢰즈-과타리가 다섯 가지 오류추리를 다루는 목적은 결국 정신분석이 재영토화할 근거를 파괴하여 탈영토화하는 데 있다. 다섯 가지 오류추리는 외삽의 오류, 이중구속의 오류, 적용의 오류, 이전deplacement의 오류, 나중 par-apres의 오류를 가리킨다. 이 오류추리들은 모두 분열분석의 분자적이고 비인간적인 대상들을 정신분석의 몰적이고 인간적인 것으로 속이려는 술책을 고발하기 위한 것들이다. 우리는 들뢰즈-과타리의 다섯 가지 오류추리를 통해 분열분석의 구체적인 실천목록을 알 수 있을 것이다.

첫째는 '외삽의 오류추리'이다. 외삽은 영화 《서울의 봄》처럼 박정희의 군부독재를 겪었다고, 그것을 외삽해서 전두환의 신군부독재를 어쩔 수 없는 것 아니냐고 우기는 경우다. 외삽의 오류추리는 몰적인 것에는 몰적인 것이 접속해야 한다고 주장한다. 그러나 실재는 몰적인 것이 아니라 분자적인 것이다. 이것은 분자적이고 잠재적인 분열분석적 접속을, 몰적이고 현행적인 종합으로 외삽하는 오류다. 둘째는 이중구속의 오류추리이다. 《서울의 봄》에서 쿠데타를 반대하는 이태신은 '같은 편이 되어 달라'는 전두광을 향해 "대한민국 육군은 다 같은 편입니다"라고 답한다. 그러나 전두광은 이태신의 포함적 이접을 배제적 이접으로 대우한다. 그를 적으로 간주하는 것이다. 이때 대한민국 군인의 입장은 이러지도 못하고 저러지도 못하는 이중구속의 오류추리에 빠진다. 포함적이고 분열분석적이여야 할 것을 배제적인 정신분석적 대상으로 파악하는 오류를 저지르는 경우다. 셋째는 '적용의 오류추리'이다. 영화 《서울의 봄》에서 쿠데타에 성공한 인사들은 정부의 요직을 차지한다. 헌법 수호의 상징적 매개자들로 등장한 것이다. 몰적인 것을 분자적 통접의 핵심적인 상징적 매개자로 적용하는 오류다. 기관 없는 신체의 에너지 흐름에 적대적인 몰적 유기체는 통접의 주인공이 될 수 없는데 말이다. 이상 세 가지의 오류는 『안티 오이디푸스』에서 반복적으로 제시되는 세 가지 종합에 각각 대응된다. 그것들은 각각 연접적 오류추리, 이접적 오류추리, 통접적 오류추리라고 불러도 될 것이다.

그다음 네 번째와 다섯 번째 오류추리는 앞의 오류추리들을 종합한 더 포괄적인 오류추리를 보여 준다. 네 번째 오류추리는 잠재적인 것을 현행적인 것으로 슬쩍 바꿔치기하는 '이전의 오류추리'다. 영화 《서울의 봄》에는 육군참모총장을 사실상 체포한 뒤 사후적으로 대통령의 재가를 받으려는 장면이 나온다. 이처럼 사실은 잠재적인 것이 진리인데, 겉으로 드러난 현행적인 것을 진리인 양 내세우는 것이 이전의 오류다. 이것은 앞의 세 가지 종합의 전체적 효과가 낳은 오류추리다. 마지막 오류추리는 '나중의 오류추리'다. 이것은 잠재적인 것이 현행적인 것보다 나중에 오는 것처럼 왜곡하는 것이다. 《서울의 봄》에서 신군부는 쿠데타를 먼저 일으켰지만, 그것이 구국의 결정이었다고 포장한다. 심지어 쿠데타 진압에 나선 진정한 군인들을 반역자들로 매도한다. 집에 불을 지르고 불 끄는 시늉을 하는 꼴이다. '나중의 오류추리'는 추악한 권력욕을 감추기 위해 사실의 전후 관계를 뒤집는다. 비인간적 무의식을 억압하여 인간적인 무의식을 전면에 내세운다. 정신분석의 재현적 무의식이 오류인 이유는, 사후적인 인간의 이름을 비인간적 무의식의 앞에 놓기 때문이다. 들뢰즈-과타리에 따르면, "정신분석은 모든 것을 환상으로 번역하고, 모든 것을 환상으로 주조하며, 환상을 고수하다가, 결국 실재를 놓친 것이다."(MP: 291) 분열분석은 그 환상을 파괴하여 실재로 되돌려놓으려 한다.

들뢰즈-과타리는 이 다섯 가지 오류추리가 정신분석과 자본주의의 유사성을 낳았다고 본다. 자본주의와 정신분석은 둘 다 분열중적인 욕망-기계의 자유로운 흐름을 억압하는 과정에서 생겨난 것들이다. 가족 모델은 자본주의에 깊이 침투한다. 그 결과, 자본주의의 확대재생산이 사회 전체를 오이디푸스화한다. 들뢰즈-과타리는 이것을 '가족'이라는 이름의 이데올로기라고 부른다. 1980년대 한국의 재벌기업에서는 삼성가家나 현대가家라는 둥의 이름이 유행했다. 지금은 그 '가'족이 오너의 혈연으로 축소되었지만, 당시에는 말단 평사원까지 여기에 포함되었다. 군대식 경제개발 시기라 가능했던 이데올로기다. 이 이데올로기가 "우리가 남이가"라는 구호로 대표되던 시기였다. 영화《서울의 봄》에서 전두광과 노태건은 끊임없이 서로에게 확인한다. "우리 친구 맞지"라고. 쿠데타 세력인 "하나회"의 구성원들도 공적인 자리에서 서로를 "형님과 동생", "자식과 아비"로 부르고 행동한다. 이들은 누구보다도 더 자본주의 사회체에서 성공하는 비결을 잘 알고 있던 자들이다. 이들의 하나회(말 그대로 가족보다 더한 혈연)는 한국 정치사에 유례없는 독재정권을 수립한다. 이에 대해 들뢰즈-과타리는 "우리는 모두 작은 식민지이며, 바로 오이디푸스가 우리를 식민화한다"라고 꼬집는다(AO: 446). 신군부의 거시파시즘은 우리의 미시파시즘, 즉 내 안의 파시즘 때문에 가능했던 것이다. 우리도 그들처럼 '자본 증식'이라는 욕망의 노예일 수 있다. 우리도 그들처럼 돈만 밝히는 암적인 신체가 될 수 있다. 그래서 들뢰즈-과타리는 자본주의 사회체에는 "오직 하나의 계급밖에" 없다고 단정한다(AO: 429). 모두가 돈만 밝히는 변종부르주아들이다. 들뢰즈-과타리는 이를 바로잡기 위해 정신분석의 무의식을 분열분석의 무의식으로 대체하려고 한다. 이에 따라『안티 오이디푸스』는 일상의 파시즘을 고발하고, 이로부터 도주하기 위해 자본주의적 편집증을 파괴하며, 분열증적 욕망을 도입하는 것을 목표로 한다. 들뢰즈-과타리에게 분열분석은 대타자의 덫에 구멍을 내면서 욕망의 흐름을 흐르도록 만드는 것이다. 이들에게 "분열분석의 실천적 문제는 이[초월적인 정신분석] 변환을 거꾸로 역전하는 일이다."(AO: 200)『안티 오이디푸스』는 자본주의를 움직이는 인간의 욕망이 분열증에 기초하고 있음을 입증하려는 것이다.

『안티 오이디푸스』의 키워드는 사실 '무의식'이다. 분열분석조차 그 임무는 무의식을 분석하는 것이다. 무의식을 이해하는 것이 분열분석 이해의 핵심이라는 말이다. 우선 분열분석의 무의식은 정신분석의 것과 전혀 다르다는 지점에서 시작하자. 들뢰즈-과타리는 앞에서 무의식이 '욕망-기계들의 투여(흐름)'라고 말했다. 욕망-기계가 에너지 물질이기에 무의식도 물질이다. 그리고 무의식 역시 물체적 물질이 아니라 일종의 에너지 물질이라는 것도 살펴보았다. 그래서 분열분석의 무의식은 신유물론적인 것이다. 이 신유물론적 무의식이 정신분석과 분열분석을 결정적으로 구분 지으면서 둘 모두를 제자리로 돌려놓는다. 들뢰즈-과타리는 두 개의 무의식을 다음과 같이 구별한다. "하나[분열분석]는 실재적으로 구체적이고 다른 하나[정신분석]는 상징적이며, 하나는 기계적이고 다른 하나는 구조적이며, 하나는 분자적·미시-심리적·미시론적이고 다른 하나는 몰적 내지 통계적이며, 하나는 유물론적이고 다른 하나는 이데올로기적이다."(AO: 627) 분열분석은 구체적 무의식, 기계적 무의식, 분자적 무의식으로 정의되는 물질적 무의식이다. 이러한 무의식의 이름들이 무엇을 의미하는지를 살펴보면서 들뢰즈-과타리가 분열분석을 통해 무엇을 하려고 했는지 알아보자.

첫째, 기계적 무의식과 생산적 무의식은 분열분석적 무의식의 기능을 규정한다. 『안티 오이디푸스』는 욕망-기계에서 시작해 분열분석으로 끝맺는다. 들뢰즈-과타리는 분열분석의 기본 테제가 "욕망은 기계이며, 기계들의 종합이고, 기계적 회집체, 즉 욕망-기계들이라는 것"이라고 말한다(AO: 494). 욕망-기계는 매 순간 종합을 통해 '기계들의 기계'(회집체)를 낳는다. 분열분석의 궁극적 분석대상은 그 욕망-기계들의 작동 방식, 즉 기계적 무의식이다. '기계적 무의식'은 과타리의 책 이름이기도 한데, 그 유래는 기존의 정신분석이 무의식을 구조로 제한한 데 있다. 라캉은 "무의식은 언어처럼 구조화되어 있다"고 말했지만, 들뢰즈-과타리는 무의식은 구조가 아니라 기계처럼 접속한다고 대응한다. 분열분석이 욕망-기계의 '기계적 무의식'을 다룬다고 말하는 이유다. 기계적 무의식은 욕망-기계들의 종합을 통해 끊임없이 차이화, 또는 되기를 수행한다. 이 종합의 과정은 그 자체로 생산의 과정이다. 이것은 사실 정신분석으로 분석할 수 있는 것이 아니다. 들뢰즈는 "가족적인 것이든 분석적인 것이든, 오이디푸스는 근본적으로 욕망-기계에 대한 억압장치이지, 결코 무의식의 형성물은 아닙니다"라고 말한다(PP: 41). 분열분석의 무의식만이 욕망-기계들의 종합을 다룰 수 있다. 그것을 생산적 무의식이라고 부르는 이유다. 정신분석은 생산적 무의식을 길들여서 자기들의 입맛에 맞도록 순치시키려고 한다. 들뢰즈-과타리는 그것을 재현적 무의식이라고 부른다. 그렇지만 정신분석의 재현적 무의식은 "더 이상 생산하지 않으며 믿는 데 그치는 무의식"에 지나지 않는다(AO: 494). 그래서 분열분석은 생산적 무의식과 기계적 무의식을 분석하여 욕망-기계들의 흐름을 복원하려고 한다.

둘째, 물질적 무의식과 미시적 무의식, 분자적 무의식은 분열분석적 무의식의 정체성을 규정한다. 정신분석의 무의식이 한 인간의 억압된 기억을 말하는 것이라면, 분열분석의 무의식은 비인간의 물질적 관계다. 전자가 관념적이라면 후자는 물질적이다. 단 여기서 '물질적'이라는 것은 고전적 유물론의 물질이 아니라, 신유물론의 에너지 역량이다. 들뢰즈-과타리는 고전적 유물론을 관념론과 다를 것이 없다고 비판한다. 그들에 따르면, "관념론의 전형적 형식들과 가짜 유물론 사이에는 별 차이가 없다. … [이에 반해] 참된 유물론[신유물론]적 정신의학은, 기계론에 욕망을 도입하기, 욕망에 생산을 도입하기라는 이중작업으로 정의된다."(AO: 55) 이 역량이 바로 물질적 무의식이다. 물질적 무의식은 현행적 층위의 물체적인 것이 아니라, 잠재적 층위의 에너지, 역량, 특이성을 가리킨다. 이것은 미시적이고 분자적인 양자적 에너지다. 들뢰즈-과타리에 따르면, "욕망-기계들이란 바로 무의식의 미시물리학,

미시-무의식의 요소들이기 때문이다."(AO: 317) 들뢰즈-과타리는 욕망-기계의 세 가지 종합도 단순히 인간의 능동적 종합이 아니라 비인간적인 수동적 종합이라고 부른다. 능동적 종합이 현행적 차원의 몰적 종합이라면, 수동적 종합은 잠재적 차원의 분자적 종합이다. 우리는 욕망-기계들의 종합을 입-기계와 젖-기계의 접속이라고 말하지만, 사실 그것은 사후적으로 부르는 거시적이고 몰적인 이름일 뿐이다. 그래서 분열분석은 미시적 무의식, 또는 분자적 무의식을 통해 몰적인 정신분석적 오류추리를 전복하려고 한다.

셋째, 무의식적 도주선과 반파시즘적 무의식은 분열분석의 실천론을 규정한다. 분열분석의 임무는 결국 일상의 파시즘에 대한 정신분석의 책임을 묻는 것이다. 정신분석이 무의식을 가족 삼각형 내부로 축소시키면서 일상의 파시즘이 연역되어 나왔다는 것이다. 예를 들어, 라캉의 빗금 친 주체는 상상계에서 쫓겨난 인간이 욕망에 무릎을 꿇으면서 상징계의 정상적(?) 인간으로 성장한다는 주장이다. 이에 대해 들뢰즈-과타리는 그 과정이 오히려 파시즘을 내면화한 '작은 인간'을 양산한다고 비판한다. 분열분석은 무의식 분석을 통해 내면화된 파시즘에서 벗어나는 길을 모색한다. 그러기 위해서는 우선 정신분석의 초월적인 억압을 제거해야 한다. 들뢰즈-과타리는 이 작업을 두고 자본주의와 정신분석으로의 재영토화를 파괴하는 것, 즉 "무의식을 청소할 필요성, 무의식의 소제掃除(청소하여 제거함)로서의 분열분석"이라는 다소 과격한 제안을 한다(AO: 498). 한편, 들뢰즈는 권력의 파시즘에 대항하는 방법으로 '실증적인 도주선'을 내세운다. 도주선은 욕망-기계, 또는 욕망하는 사회적 장으로 향하고 있다. 들뢰즈는 "도주하는 것은 스스로, 또는 '개인적으로 직접' 도주하는 것이 아니라, 마치 우리가 파이프나 종기를 뚫듯이 도주하도록 하는 것"이라고 말한다(PP: 45). 현행적 연대와 저항조차 잠재적인 도주선을 확보하기 위해 수행되어야 한다. 역사적 파시즘과 일상의 파시즘의 협잡으로 권력을 주고받는 행위는 새로운 사회체를 끌어들이지 못한다. 탈영토화가 아니라 재영토화를 강화할 뿐이다. 분열분석의 구체적 전략은 저항적인 물질적 무의식의 네트워크를 확장하는 진지 구축이다. 들뢰즈는 "분열분석에는 혁명-기계, 예술-기계, 분석-기계가 서로에게 조각들, 톱니바퀴들이 되는 것, 그 하나의 목적이 있을 뿐입니다"라고 말한다(PP: 53). 우리는 파시즘적 사회체의 작은 바퀴가 다르게 작동하도록 서로를 자극하는 것에서부터 변화를 시작해야 한다. 이것은 길고 지루한 도주선을 그리는 작업이다. 분열분석이 무의식의 다양한 측면을 통해 일상의 파시즘을 공격하는 방식이기도 하다.

끝으로, 우리는 비인간 무의식과 지구행성적 무의식을 분열분석의 대상에 추가해야 한다. 지금까지 우리는 정신분석의 거울을 통해 분열분석의 가능성을 그려 왔다. 정신분석의 오류추리 이전의 분열분석이라는 식이다. 그러나 분열분석이 단순히 정신분석의 대립 개념 정도로 다뤄져서는 안 된다. 정신분석이 가족 삼각형, 즉 무의식의 세 지점에 머물고 있다면, 분열분석은 천 개의 무의식을 탐색한다. 전자는 셀 수 있지만, 후자는 셀 수 없을 뿐만 아니라 너무 빠르다. 들뢰즈-과타리는 분열분석의 "무의식은 인물들을 모른다"고 말한다(AO: 89). 일찍이 정신분석의 내부에서도 가족 삼각형과 그 확장 모델은 수많은 비판에 직면해 왔다. 프란츠 파농Frantz Fanon은 '무의식에는 역사가 없다'는 프로이트의 주장에 대해 '무의식에는 역사가 있다'고 반박했다. 파농은 흑인들의 무의식은 식민지배의 고통에 의해 형성된다고 반박했다. 파농은 자신의 무의식은 부모의 침실에 대한 기억이 아니라, 프랑스군 개머리판에 맞아 피 흘리는 아버지로 꽉 차 있다고 외쳤다. 이미 정신분석 내부에서도 무의식은 바깥을 향해 부단히 균열을 만들고 있었던 것이다. 들뢰즈-과타리라면 파농의 주장을 이어서 '무의식은 비인간의 것이다'라고 주장할 것이다. 정신분석이 인간을 위한 것이라면, 분열분석은 비인간 지구행성의 것이다. 이런 차이를 분명하게 드러내는 것이 들뢰즈-과타리의 비인간 무의식이다. 들뢰즈-과타리는 이제 "더 이상 인간도 자연도 없다. 오로지 하나 속에서 다른 하나를 생산하고 기계들을 짝짓는 과정만이 있다. 도처에 생산적, 즉 욕망적 기계들, 분열증적 기계들, 유적 삶 전체로다. 자아와 비-자아, 외부와 내부의 구별은 이제 아무 의미가 없다"라고 말한다(AO: 24). 분열분석에서 다루는 비인간 무의식은 접속 가능한 우주 전체를 가리킨다. 모든 욕망-기계의 무의식은 나의 모든 물질적 잠재태이다. 그 잠재태는 아직 나의 현행태에 접속하지 않은 무한한 다른 현행태의 계열들이다. 아직 접속하지는 않았지만, 그 접속 가능성과 간접적인 접속을 통해 나의 비인간 무의식을 형성한다. 이렇게 비인간 무의식은 지구행성을 넘어선다.

기관 없는 신체(지구행성)의 욕망-기계(비인간계)의 숫자는 셀 수 없을 만큼 많다. 그것을 인간의 무의식으로 환원시키려는 정신분석의 오류를 우선 바로잡아야 한다. 인간중심적 오류추리는 오늘날 생태 지구와 디지털 지구의 윤리적 문제를 낳았다. 이제 신유물론적 분열분석은 인간의 무의식조차 물질적인 것으로 다루어야 한다. 인간의 무의식을 가족 삼각형에 담으려는 시도뿐만 아니라, 다른 비인간들의 무의식조차도 인간의 것으로 재단하려는 시도를 중지시켜야 한다. 분열분석의 대상은 물질적 무의식, 즉 지구행성 자체이자 그 동의어인 비인간 전체가 미시적으로 얽혀서 운동하는 세계다. 들뢰즈-과타리는 분열분석의 무의식을 통해 "하나의 혁명이, 이번에는 유물론적 혁명이 오이디푸스 비판을 통해서만 일어날 수 있다"고 주장한다(AO: 139). 비인간 무의식을 통해 우리는 실재적인 지구행성의 무의식에 도달할 수 있을 것이다.

그레이엄 하먼의
비인간 지향적 존재론

하워드 필립스 러브크래프트Howard Phillips Lovecraft의 소설에는 크툴루Cthulhu로 대표되는 지구행성 탄생 이전의 괴물들이 등장한다. 그의 장르를 우주적 공포Cosmic Horror라고 부르는 이유다. 크툴루나 그레이트 원Great One 등은 메이야수의 선조성에 해당하는 괴물이다. 그렇다고 이런 괴물들이 우리에게 완전히 낯선 것은 아니다. 코로나19라는 바이오-비인간이나, AI라는 테크노-비인간도 비슷한 '미지의 공포'이기 때문이다. 크툴루는 녹색 젤라틴의 초대형 문어를 닮았다고 말해지지만, 그조차 인간의 감각에 드러난 것에 불과하다. 그것은 끝까지 알 수 없는 객체로 남아 있다. 러브크래프트는 이렇게 말한다. "우리 주변의 세상과 우주에 대해 우리가 알고 있는 게 뭐지? 인상을 받아들이는 우리의 감각 수단은 터무니없이 부족하고, 좁은 세계에 대한 우리의 개념은 지독히도 편협하거든. 우리는 보이는 대로만 사물들을 볼 뿐, 그 순수한 본질에 대해선 아무것도 몰라. … 나는 항상 우리가 사는 곳 아주 가까이에 접근할 수 없는 미지의 세계가 있다고 믿어 왔어."(Lovecraft, 1934/2012: 14~15) 사변적 실재론을 이끌고 있는 그레이엄 하먼은 러브크래프트를 위해 『기이한 실재론Weird Realism』이라는 단행본을 썼다. 그는 크툴루가 자기 철학의 중심 개념인 '객체object'를 잘 보여 준다고 말한다. 이 비인간 괴물이 가진 '미지'(알 수 없음)가 객체를 정의한다는 것이다. 하먼은 "[철학자인] 하이데거에게 [작가인] 횔덜린Hölderlin이 있고, 데리다나 메이야수에게 말라르메Mallarmé가 있는 것처럼, 객체지향 철학에는 러브크래프트라는 맞춤형 작가가 있다"라고 말한다(Harman, 2012: 236). 러브크래프트에 대한 하먼의 지지는 전통 철학에 대한 혐오를 동반하고 있다. 메이야수의 상관주의 비판처럼, 하먼도 기존의 틀에 박힌 진리규범에서 과감하게 벗어나고 싶어 한다. 그 과감한 시도를 통칭 '사변적 실재론'이라고 부른다.

그레이엄 하먼은 2007년에 사변적 실재론의 첫 워크숍을 조직하고, 이후 그 흐름을 주도하고 있는 인물이다. 그렇지만 사변적 실재론이 단일한 학파를 이루고 있는 것은 아니다. 2009년에 있었던 두 번째 워크숍 이후 주요 인물들 모두는 사변적 실재론이 아닌 자기만의 고유명칭으로 활동하고 있다. 메이야수의 사변적 유물론, 하먼의 객체지향 존재론, 브래시어의 프로메테우스주의, 해밀턴의 생기적 실재론 등이 그것이다. 그렇다면 공동소유자들이 떠난 텅 빈 곳을 군이 사변적 실재론이라고 부르는 이유는 무엇일까? 그 답은 '사변적speculative'이라는 개념에 있다. 사변적 사유는 인간의 경험적empirical 사유를 넘어선 태도를 가리킨다. 지금까지 그런 태도는 황당한 것으로 치부되었지만, 지구행성의 위기를 맞아 경험 중심적 사유로는 대안을 찾을 수 없다는 위기의식이 사변적 사유로 눈을 돌리게 만들었다. 퀭탱 메이야수가 『유한성 이후』라는 단 한 권의 책으로 '사변적' 사유 흐름에 불을 붙일 수 있었던 것도 이런 분위기 때문이었다. 하먼도 "상관주의는 영어권에서 사변적 실재론으로 알려진 새로운 철학적 운동에 대한 촉매로 기여했다"고 평가한다(Harman, 2011/2019: 239). 그러나 2007년의 첫 워크숍 이후 벌어진 이들의 분열은 사변적 실재론의 정해진 운명을 보여 준다. 사변적 철학은 어떤 학파를 구성한다거나 공통의 테제를 내세우면서 추구할 수 있는 것이 아니다. 이것은 사변적 실재론을 읽으려는 독자에게도 요구된다. 사변적 실재론에 대한 독해는 전체적 일관성이나 구체적 개념의 이해보다는, 그 철학이 얼마나 '사변적'인가를 중심에 두어야 한다. 그레이엄 하먼의 객체지향 존재론이 특히 더 그렇다. 비판은 쉽지만 그 사변성을 더 극단적으로 밀어붙이는 것은 우리의 몫이다.

하먼의 객체지향 존재론Object-oriented Ontology은 모든 것을 객체로 본다. 우리가 주체라고 부르는 것도 객체다. 객체는 실재냐 감각이냐, 그리고 객체냐 그 성질이냐에 따라 사중 객체Quadruple Objects로 정의된다. 실재 객체Real Object, 감각 객체Sensual Object, 실재 성질Real Qualities, 감각 성질Sensual Qualities이 그것이다. 하먼에 따르면, "실재에 대한 이 네 극점은 고립되어 있지는 않지만, 항상 다양한 순열을 따라 서로 간의 대결 속에 갇혀 있다."(Harman, 2011/2019: 214) 객체는 서로 감각하는(지향하는Intentional) 것보다 훨씬 더 깊은 실재를 가지며, 객체들은 서로 간접적이거나 대리적으로만 접촉할 수 있다. 그래서 객체는 RO와 SO로 나뉘며, 각각 고유한 성질을 가진다. RO와 RQ는 다른 객체들로부터 물러나 있어서 직접적으로 파악할 수 없다. 이와 달리 SO와 그 성질인 SQ는 다른 객체들에 의해 각각의 관점에서 지각된다. 이로부터 객체의 사중 구조가 구성된다. 이 사중적 관계들이 융합하고 분열하면서, 다양하게 진화하기도 하고 새로운 객체를 만들기도 한다.

RO는 융합하면서 드러나고, SO는 분열을 통해 변화한다. 이 모든 복잡한 관계는 사실 RO를 정의하기 위한 것이라는 것에 집중해야 한다. 거칠게 말하면 사중 객체는 RO의 껍데기와 같은 것이다. 하면은 "객체는 자기만의 진공 속에서 베일로 덮인 검은 수정"이라고 말한다(Harman, 2011/2019: 91~92). 그 검은 수정은 RO다. 하면의 모든 논의는 RO의 '물러남withdrawal'으로 수렴한다.

하면의 객체지향 존재론이 사변적이라고 불리는 이유는 RO의 물러남 때문이다. 하면은 그를 통해 도전적이고 사변적인 실험을 행하고 있다. RO의 사변적 힘은 어떤 것일까? 객체지향 존재론의 장기적 성패는 여기에 달렸다고 할 수 있을 것이다. 들뢰즈의 비인간 논의도 그런 사변적 힘을 이용해 자기를 확장할 수 있어야 한다. 다음에서는 그 방법을 RO의 속성인 물러남, 대리적 인과관계, 비환원을 이용해 살펴보기로 한다. 첫째, 들뢰즈의 '욕망하는 기계는 밀고, 기관 없는 신체는 당긴다'라는 테제에서 기계가 하면의 객체에 해당한다. 기관 없는 신체를 밀쳐 내고 특정한 신체와 관점을 소유한 기계가 그로부터 떨어져 나온다. 기계가 그렇게 할 수 있는 것은 다른 기계와의 접속을 통해서다. 그렇다면 기계는 하면의 객체와 어떤 관계를 가지는 것일까? 아연 클라인헤이런브링크Arjen Kleinherenbrink는 『질 들뢰즈의 사변적 실재론』에서 들뢰즈를 사변적 실재론자로 내세우면서, 기계 개념을 하면의 객체로 해석한다. 그에 따르면, "하면은 어쩌면 여타의 객체지향 사상가보다 들뢰즈의 기계 존재론에 더 가까울 것이면서도 (대체로 해석되는 대로) 들뢰즈가 존재자들을 실재의 더 기본적인 지층으로 추정되는 것으로 환원한다는 이유로 가장 강경하게 그를 비난하는 철학자이기도 하다."(Kleinherenbrink, 2019/2022: 340) 하먼은 들뢰즈가 객체를 우연적인 것으로 본다고 비판하지만, 클라인헤이런브링크는 그 두 사람이 비슷한 존재론을 공유하고 있다고 본다. 그러나 기계와 객체의 거리가 그만큼 가깝지는 않은 것 같다. 들뢰즈-과타리의 기계는 원래 구조에 반대되는 개념으로 만들어졌다. 정신분석가였던 과타리는 라캉의 무의식에 저항하는 '기계적 무의식'을 주장했다. 라캉은 무의식이 언어처럼 구조화되어 있다고 했지만, 과타리는 무의식을 구조가 아니라 기계처럼 접속적인 것이라고 보았다. 기계는 객체와 같은 고유명사가 아니라, 접속을 가리키는 관계사에 가깝다. 기계는 접속하면서 사라지는 매개자인 데 반해, 객체는 접속하면서도 물러나 자기를 지킨다.

우리는 하먼의 '객체'를 그 뿌리에 해당하는 하이데거의 '존재'와 비교함으로써 그 의미를 분명하게 파악할 수 있다. 하먼의 학문적 여정은 하이데거의 도구-분석을 주제로 쓴 박사논문을 바탕으로 한 『도구-존재Tool-Being』에서 시작한다. 다가갈 수 없는 존재라는 의미에서, 하먼의 객체는 하이데거의 존재를 닮았다. RO의 물러남이 직관적으로 하이데거의 '존재 은폐'를 베낀 것처럼 들리는 것도 무리는 아니다. RO가 RQ나 SQ와 융합하면서 드러나는 것은 하이데거의 탈은폐aletheia를 연상시킨다. 그러나 두 사람이 말하는 물러섬이 동일한 것은 아니다. 하이데거의 존재가 다른 모든 존재자를 비추면서 자신은 숨어 있는 빛 같은 일자인 데 반해, 하먼의 RO는 우리 주변의 사물들뿐만 아니라 감정이나 관념도 포함하는 다수적 객체이다. 이 흔한 RO들은 하이데거의 도구-전체성 안에 머물지 않고 그 바깥의 일상적 세계에 자리한다. 하이데거의 고상한 '존재 은폐'는 하먼의 세속적인 '개별적 존재자들(객체들)의 물러남'에 의해 뒤집힌다. 존재자들(객체들)은 하나의 존재로 남아 있는 것이 아니라 무수하게 다른 모습으로 명멸한다. 이에 대해 하먼은 "하이데거의 도구-분석은 현실적으로 공간에 관한 것이지, 그가 잘못 논증했듯이 시간에 관한 것이 아니다"라고 비판한다(Harman, 2011/2019: 181). 이 전복적 해석이 하먼의 사변적 힘이다. RO의 물러남이 객체지향 존재론의 핵심을 차지하는 이유다.

객체지향 존재론에서 RO들 사이의 관계 맺음은 독특한 양상을 보인다. 이것은 라투르와의 비교를 통해 의미가 분명해진다. 객체는 다른 객체와의 관계 맺음을 통해 새로운 하이브리드 객체가 된다. 모든 것이 하이브리드 객체라는 사실 때문에, 하먼은 라투르의 행위자-네트워크 이론Actor-Network Theory을 객체지향 존재론이라고 생각했다. "모든 관계는 직접적으로 새로운 객체를 생성한다"는 것이다(Harman, 2011/2019: 205). 그러다가 두 사람에게 '객체'와 '관계' 사이에서 양자택일의 순간이 도래한다. 하먼에게 관계는 또 다른 객체로 수렴될 뿐이다. RO는 라투르의 ANT와 달리, 관계 속의 행위자가 아니다. 하먼의 객체는 관계 속에서 자신을 잃어버리거나 그 속으로 사라지는 것이 아니라 끝까지 자신을 유지한다. 그는 이런 입장에서 "ANT는 객체를 완전히 놓치는데, 그 이유는 ANT가 객체를 그것의 행위로 환원하면서 사물 속에 숨은 어떤 심연도 없애 버리기 때문이다"라고 선을 긋는다(Harman, 2016/2020: 44). 그렇게 하면은 자신이 객체지향 존재론의 시조로 모시려 했던 라투르와 결별하게 된다. 이처럼 객체지향 존재론에서 객체는 관계-외재적이다. 들뢰즈의 비인간-객체도 관계에 외재한다. 우리는 '모든 관계는 그 항들에 외재적이다'라는 들뢰즈의 핵심 테제를 기억해야 한다. 그러나 두 사람의 관계-외재성은 전혀 다른 방향을 가리킨다. 들뢰즈에게 그것은 차이화다. 그의 항(비인간-객체)들은 관계를 매개로 끊임없이 차이화한다. 이에 반해 하면의 비인간-객체는 어떤 관계로도 건드릴 수 없는 자신으로 물러난다. 하면의 관계-외재성은 RO의 물러남이다. 들뢰즈는 지구행성의 꿀렁임이 비인간들의 차이화 때문이라고 보지만, 하면은 비인간-객체들은 지구행성으로 환원될 수 없다고 본다. 하면이 보기에 "우주에 바닥은 없지만 표면은 있다. [비인간-객체로의] 무한 퇴행은 있을지라도 [우주로의] 무한 진보는 없다. 즉 우주라고 불릴 수 있는 최종적이고 포괄적인 객체는 없다."(Harman, 2011/2019: 213) 하면은 이번에도 지독한 물러남으로 객체를 지켜낸다.

둘째, '세 가지 종합은 반복한다'라는 들뢰즈의 종합은 객체지향 존재론에서 말하는 변화와 생성과 어떤 관계를 갖는 것일까?

하먼의 종합은 하이브리드 객체 또는 복합 객체의 발생과 관련된다. 사변적 실재론자인 클라인헤이런브링크는 "대리적 인과관계에 관한 하먼의 이론은 (내가 보기에) 이접적 종합에 관한 들뢰즈의 관념에 전적으로 어울린다"고 말한다(Kleinherenbrink, 2019/2022: 344). '이접적'이라는 것은 거기에 참여한 객체들이 포함이나 배제를 통해 새로운 객체로 수렴된다는 의미다. 그러나 하먼의 객체종합에서는 '이접적'인 측면보다 '대리적'이라는 사실이 훨씬 더 중요하다. 이것은 RO들을 종합하면서도 서로 직접적으로 접촉할 수 없다는 것을 말한다. RO들의 종합에는 SO라는 대리인이나 중개인이 필요하다. 객체지향 존재론의 종합을 가능하게 만드는 것은 특이하게도 간접적이고 대리적인 방식이라는 것이다. 하먼은 이것을 '대리적 인과관계vicarious causation'라고 부른다. 불은 목화를 태우지만, 이 현상은 직접적이지 않고 대리적이라는 것이다. 화염이라는 성질을 통해 두 RO가 만나지만, 정작 실제로 '불타는 목화' 같은 것은 있을 수 없다. 불과 목화라는 RO들은 끝없이 물러서기 때문이다. 이처럼 객체지향 존재론에서 새로운 하이브리드 객체는 '대리적', 또는 '은유적' 방식으로만 종합된다. 하먼은 자신의 객체지향 존재론을 "미학적 축에 의지하는 어떤 실재론적 철학"이라고 정의한다(Harman, 2020/2022: 380). 미학이 객체지향 존재론의 제1 철학인 이유는 대리적이고 은유적인 종합 때문이다. 은유적 표현인 '양초는 교사와 같다'를 직설적으로literally 읽어서는 아무것도 얻을 수 없다. 양초는 왁스 덩어리이고 교사는 가르치는 사람이기에, 이를 곧이곧대로 읽으면 의미를 만들어 내지 못한다. 하먼은 "은유에서 암시된 양초는 암시적이다. 그 양초는 자신의 성분들로도 환원될 수 없고 자신의 용도로도 환원될 수 없는 일종의 '제3의 양초'다"라고 말한다(Harman, 2020/2022: 141). 예를 들어, 예술 작품과 감상자라는 두 RO는 은유를 통해 제3의 객체를 낳는다. RO들 사이에서 SQ라는 매혹(아름다움)을 통해 새로운 하이브리드 객체가 생겨나는 것이다. 예술 현장에서의 감상자의 참여를 강조하면서, 하먼은 "모든 미학은 연극적"이라고 덧붙인다(Harman, 2020/2022: 88). 은유라는 종합의 방식을 통해, 모든 객체는 예술 작품이 된다.

하먼은 『비유물론』에서 대리적 인과관계 또는 은유적 인과관계에 따른 사회적 종합을 공생symbiosis이라고 부른다. "공생은 은유와 닮았다"는 것이다(Harman, 2016/2020: 34). 한 객체는 다른 객체와의 공생을 통해 서로 성질을 바꾸고, 이에 따라 자신도 변화한다. 그에 따르면, "공생은 한 사물이 자신을 온전한 상태로 유지하면서 현존의 새로운 단계로 진입시키는 방식으로 다른 한 사물과 관계를 맺게 되는 사태를 수반한다."(Harman, 2016/2020: 29) 하먼은 『비유물론』에서 네덜란드 동인도 회사라는 객체가 생성소멸 하는 과정을 여섯 번의 결정적 공생으로 설명한다. 그러나 하먼의 여섯 번은 너무 성급해 보인다. 마치 공자가 자신이 살아온 인생을 지학, 이립, 불혹, 지천명, 이순, 종심이라는 여섯 마디로 제시한 것과 다르지 않다. 하먼과 공자는 당장 그 여섯 번의 공생이 주변의 무수한 그림자 공생들을 배제한다는 생각을 놓치고 있다. 이에 반해 들뢰즈는 여섯 번이 아니라 천 번의 차이화(되기)를 권한다. 이런 의미에서 하먼의 은유적이고 대리 인과적인 공생은 들뢰즈의 타자-되기에 다름없다. 클라인헤이런브링크가 "타자 되기는 대리적 인과관계의 정수다"라고 말하는 이유다(Kleinherenbrink, 2019/2022: 343). 들뢰즈의 되기는 타자-되기를 거쳐 궁극적으로 만인-되기, 식별불가능하게-되기를 향한다. 하먼의 비인간-객체도 끊임없는 타자-되기를 수행한다고 보이지만, RO는 그런 현실에서 물러나 꿈쩍도 하지 않는다. 이 흔들림 없는 RO 때문에 그의 정치사회이론인 공생도 한계를 갖게 된다. 격동의 서사에도 불구하고 이야기는 동인도 회사라는 RO에서 벗어나지 못한다. 전 지구적 자본주의화와 피 튀기는 제국주의가 여섯 번의 소박한 공생으로 축소될 수는 없다. 하먼의 종합은 화려하고 다양한 변화를 보이지만 끝내 RO의 그림자에 머물 뿐이라는 인상을 주는 이유다.

셋째, 들뢰즈는 '정신분석이 아니라 분열분석이다'라는 테제를 통해 비인간주의를 강조한다. 분열분석은 인간을 위한 정신분석을 넘어서 비인간 전체를 대상으로 한다. 인간 경험 내부로 포섭되지 않는 수많은 비인간이 있다. 꿀렁이는 지구행성 자체가 비인간들의 분열증적 분포를 가리킨다. 하먼의 객체지향 존재론에서도 크툴루처럼 아직 알려지지 않은 객체들이 더 많다. 이에 대한 숭고한 공포는 사변적 실재론 내부에서도 다양하게 변주된다. 티머시 모턴Timothy Morton의 '초객체hyperobjects'나 '저주체hyposubjects',

이언 보고스트Ian Bogost의 '에일리언 현상학' 등이 그것이다. 인간이 감당할 수 없을 정도의 크기나 강도를 가진 너무 낯선 객체들에 대한 아이디어들이 유통되고 있다. 특히 모턴은 하먼의 RO를 초객체라는 개념으로 확장시켜서 주목받고 있다. 초객체는 지구 행성에 오래전부터 넓게 퍼져 있었지만, 인간의 신체-관점으로는 그 파편의 일부밖에 알 수 없는 것을 가리킨다. 초객체에는 지구 가열이나 방사능, 석유, 빗방울 등이 포함된다. 예를 들어, "빗방울을 생각해 보자. 당신은 머리 위에 떨어지는 그것을 느낀다. 하지만 당신은 빗방울 자체는 지각할 수 없다. 당신은 오로지 특정하게 의인화된 빗방울만을 지각할 수 있을 뿐이다."(Morton, 2013: 11) 왜냐하면, 우리는 초객체 빗방울을 물러남으로 맞기 때문이다. 모턴은 초객체에 기초하여 인류세를 극복하기 위한 '어둠의 생태학dark ecology'을 펼치고 있다. 자연의 낯선 비인간적 이면을 끌어내어 인간중심적인 자연관을 넘어서려는 것이다. 들뢰즈의 비인간주의에도 현실 문제를 해결하기 위한 더 많은 실천이 요구된다. 이를 위해 비인간 지구행성 전체를 하먼의 객체라는 거울에 비추어 가다듬을 필요가 있다. 물론 두 사람 사이의 넘지 못할 벽을 잊어서는 안 된다. 들뢰즈는 크툴루의 공포가 가시적이고 물질적이어서 더 두렵다고 말하지만, 하먼은 그것이 미지의 물러선 객체라서 그렇다고 본다. 들뢰즈의 기계와 하먼의 객체는 모두 물질과 비물질을 포함하지만, 전자는 행위능력을 중시하고 후자는 물러섬을 강조한다. 이것이 들뢰즈의 신유물론과 하먼의 비유물론

사이의 건널 수 없는 거리다.

2007년에 열린 첫 워크숍의 명칭으로는 메이야수의 '사변적 유물론'이 유력했지만, 하먼은 "나의 열렬한 반유물론적anti-materialist 입장을 참작하여 그 대신에 사변적 실재론이라는 용어를 제안"하였다고 말한다(Harman, 2018/2023: 19). 하먼의 '비유물론 Immaterialism'은 우주를 구성하는 것은 물질보다는 차라리 비물질적인 것들이 더 많다고 본다. 물질적 별들이라는 객체만 있는 것이 아니라, 그 별에 관한 시나 소설, 그리고 천체물리학 객체들도 있다. 하먼에 따르면, "우리 눈에 보이는 사물은 기이하고 골치 아픈 특징들이 너무 많이 겹쳐 있어서, 그 모든 측면을 하나의 객체로 깔끔하게 결합하기는 어렵다."(Harman, 2012: 234) 이 때문에 하먼은 강력한 비유물론의 입장을 취한다. 비유물론은 물러나 있는 RO를 물질로 환원할 수 없다는 비환원 이론이다. 이것은 "어떤 객체를 다른 것으로 바꿔 말하려는 시도는 항상 그 객체의 하향환원 undermining, 상향환원overmining, 아니면 이중환원duomining에 해당한다"는 것이다(Harman, 2016/2020: 51). 하먼의 비유물론은 하향환원에 더 비판적이다. 일상의 모든 사물이 원자로 이루어져 있고, 모든 사건이 양자의 역학이라고 해도, 일상의 사물이나 사건을 원자나 양자로 환원할 수는 없다. 우리의 일상은 원자나 양자와는 독립된 삶을 산다. 하먼은 "내가 객체지향 사회이론을 '비유물론'이라고 지칭한 이유는 모든 유형의 유물론이 어찌할 도리가 없게도 이중환원 하는 특질을 갖추고 있기 때문이다"라고 말한다

(Harman, 2016/2020: 189). 그의 비유물론은 RO가 하향환원이나 상향환원으로부터 물러나 있다는 존재론이다.

사실 들뢰즈의 신유물론도 비환원적이기는 마찬가지다. 한편으로는 물질의 행위능력을 인정하면서, 다른 한편으로는 조건이 충족되면 다른 기계와 종합하면서 새로운 행위능력을 가지게 된다. 비인간-객체는 새로운 신체를 통해 새로운 관점과 힘을 갖게 된다. 들뢰즈와 카스트루, 그리고 브라이도티를 관통하는 신체적 유물론의 연속이다. 그러나 하먼은 들뢰즈의 차이 철학을 상향환원이라고 비판한다. 차이화가 들뢰즈의 형이상학적 환원이라는 것이다. 하먼에 따르면, "들뢰즈는 개별적 존재자들을 강조하기보다는 오히려 솟아오름, 흐름, 궤적, 그리고 도주선을 강조함으로써 객체지향 존재론의 지적 영웅에 속하지 않게 된다."(Harman, 2018/2023: 257) 그러나 들뢰즈에게 중요한 것은 환원할 수 없는 차이화다. 현행적인 것뿐만 아니라 잠재적인 것까지, 거기에는 꿀렁이는 차이화가 지배한다. 잠재적 차원의 차이소(특이점이나 역량)가 현행적 차원의 변화(차이화)로 연결된다. 분자적 에너지 변화가 나의 잠재적 미각 역량을 자극하여 현행적인 포만감과 만족감으로 나타난다. 들뢰즈의 차이 유물론은 차이소로 환원할 수 없는 차이화로 존재한다. 들뢰즈식으로 보자면, 하먼의 끊임없이 물러나 있는 RO조차 무수한 SO로 드러난다. 하먼의 비유물론이 RO에 집중하는 동안, 들뢰즈의 신유물론은 그 RO에서조차 만화방창하는 비인간 지구행성의 꿀렁임을 본다.

2007년 출범 당시 사변적 실재론은 상관주의라는 반인간중심주의를 공유하고 있었다. 인간중심적 인식론에 의해 방치된 물자체를 복원시키려는 입장을 공유한 것이다. 지금은 사변적 실재론이라는 틀을 벗어나 각자 자신만의 철학적 명패를 내세우고 있다. 그 과정에서 하먼은 그 지독한 객체지향성 때문에, 상향환원과 하향환원처럼 자신도 객체 환원에 빠진 것이 아니냐는 비판을 받기도 했다. 가까운 동료였던 레비 브라이언트Levi Bryant조차 그의 객체 일원론을 비판하며 떠났다. 그러나 하먼의 객체지향 존재론이 객체 환원주의라는 비난을 감수할 만큼 지독하게 사변적이라면 어떻게 할 것인가? 실제로 하먼의 철학은 당장 그 내용보다 사변적 집중력이 더 눈에 띈다. 하먼과 그 동료들은 초월적 물자체를 과감하게 일상의 사물들로 끌고 내려와 비인간-객체들로 대체했다. 예를 들어, 모턴은 유물론적 변주를 통해 초객체인 신자유주의에 대한 대안까지도 내놓는다. 초객체는 '실재하는 부재'(물러남)여서 현실의 변화는 잘난 초주체가 아니라 불안하고 못난 저주체 비/인간들이 결정한다는 것이다. 이런 맥락에서 모턴은 하먼의 '물러남'을 '열림'으로 해석하면서 "만약 지구를 불행하게 휘감고 있는 [초객체] 신자유주의가 실제로는 또 다른 면에서 아주 보잘것없어서 그것을 전복하기가 이상하게도 쉽다면 어떻게 할 것인가?"라고 되묻는다(Morton, 2017/2021: 68). 그는 실제로 초주체들이 초월하는 방법으로 도망가는 동안, 저주체들은 저월低越; subscendence하는 방법으로 문제를 해결한다고 주장한다. 객체지향 존재론은 이렇게 비인간의 위상을 강화하면서 '객체들의 민주주의'에 기여하기도 한다. 끝으로, 우리는 들뢰즈와 하먼의 관계를 두 개의 길에 비유할 수 있다. 로버트 프로스트Robert Frost의 '가지 않은 길'과 보르헤스의 '끝없이 두 갈래로 갈라지는 길'이 그것이다. 하먼은 지금껏 RO(물러나 있는 객체)에 매달려 그것을 뒤덮는 수많은 '가지 않은 길'들을 겪으며 자신의 '실재길'을 지키고 있다. 아무리 많은 SO나 SQ라도 RO를 대체할 수는 없다. 드디어 그의 '실재길'은 '가지 않은 길'들에 의해 무성하게 뒤덮여서 어느 길이 어느 길인지 구분할 수 없는 지경이 되었다. 지금 되돌아보면 RO라는 하먼의 '길'이 사실은 그것을 수놓은 무수한 '가지 않은 길'이 아니었을까 하는 의심이 든다. 그 길이 사실은 들뢰즈가 함께한 보르헤스의 '끝없이 두 갈래로 갈라지는 길들이 있는 정원'의 길일 수도 있겠다는 것이다. 매 순간 갈라지는 차이화의 길이 미시적 비인간과 거시적 지구행성 전체를 꿀렁이게 만든다. 들뢰즈는 처음부터 하먼의 '가지 않은 길'들을 끝없이 횡단하고 있었던 것이다. 그럼에도 불구하고 비인간 지구행성을 지금보다 더 고집스럽게, 더 과도하게, 더 위험하게 밀어붙이는 사변적 방법이 필요하다면, 들뢰즈가 가지 않은 하먼의 길을 참고해도 좋을 것 같다.

『천 개의 고원』:
비/인간적 회집체

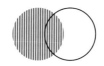

　"지구는 자신을 누구라고 생각하는가?"『천 개의 고원』을 관통하는 이 물음은 3장인 '도덕의 지질학'의 부제다. 이 흥미로운 물음은 오늘날의 사변적 실재론과 신유물론의 문제의식을 선취하고 있다. 이는 '인간 없는 사유', 또는 비인간 사유의 충실한 밑그림을 그리고 있다. 이 물음은 인간보다 빠르게 미로 문제를 해결하는 황색망사점균의 사유는 어떤 것인가? 또는 인간보다 더 똑똑하다는 AI는 어떻게 사유하는가? 하는 물음과 다르지 않다. 이것은 비인간의 사유 가능성을 묻는 것이다. 3장의 제목이 '도덕의 지질학'인 이유는 사유와 물질을 더 이상 분리할 수 없다는 의미다. 도덕과 지질은 내재적으로 하나이며, 문제는 이 둘을 어떻게 하나로 엮어 차이화할 것인가이다. 자신을 사유하는 지구행성은 스피노자의 '신 즉 자연'을 떠올리게 한다. 스피노자는 사유와 연장이라는 데카르트의 두 실체를 '신 즉 자연'으로 통일시켰다. '신 즉 자연'의 사유 실체는 협소한 인간적 틀을 벗어나 지구행성 전체로 해방된다. 들뢰즈는『스피노자와 표현 문제』에서 실체와 속성, 속성과 양태를 매개하는 표현 개념을 강조한다. 실체-표현-속성과 속성-표현-양태라는 구도에서 볼 수 있듯이, 들뢰즈에게 '신 즉 자연'은 표현이 전부다. 표현은『차이와 반복』에서 본 차이

존재의 '차이화'이자,『천 개의 고원』에서 말하는 회집체의 '탈영토
화', 또는 '되기'인 것이다. 이 표현이 바로 지구행성의 사유 방식
이다. '지구는 자신을 누구라고 생각하는가?'에 대한 응답은 '지구
회집체의 되기'로 요약된다.『천 개의 고원』의 키워드가 회집체와
되기인 이유다.

　『천 개의 고원』과『안티 오이디푸스』는 '자본주의와 분열증'의
이란성 쌍둥이다. 들뢰즈-과타리는『안티 오이디푸스』에서 한편
으로는 분열분석이라는 대안적 사유를 발견했지만, 다른 한편으
로는 적과 싸우면서 적을 닮아 간 것은 아닐까 하고 걱정한다. 분
열분석이 정신분석을 비판하면서도 그 틀을 벗어나지 못한 것으
로 간주되었기 때문이다. 분열분석은 고작 정신분석의 대체물이
아니다. 들뢰즈-과타리는 '욕망의 강도적 차이화'를 통해 비인간
적 역량을 말하고 싶었지만, 그것은 세속적인 욕망의 틀로 오해되
곤 했다. 이것을 떨쳐 버리기 위해 들뢰즈-과타리는『천 개의 고
원』을 썼다. 모든 존재는 긍정적 욕망의 흐름을 따라 끊임없이 차
이화한다.『천 개의 고원』의 각 고원은 그런 차이화, 즉 구체적 질
료와 내용이 어떻게 표현되는지를 보여 준다.『안티 오이디푸스』
의 비가시적 욕망-기계가 8년의 고민을 거쳐 가시적인 역량으
로 드러난 것이다. 신유물론적 욕망-기계의 기호에 관한 이론이
그 물질적 사례들을 찾은 것이다. 들뢰즈-과타리가 이것을 "리좀
학=분열분석=지층분석=화행론=미시정치"라고 정의하는 이유다
(MP: 50).

그러나 『천 개의 고원』에 대한 대중의 반응은 『안티 오이디푸스』의 성공에 훨씬 미치지 못했다. 후자가 68혁명의 정신을 담아 분명한 목표를 담고 있었던 데 반해, 전자는 그렇지 못했기 때문이다. 『안티 오이디푸스』가 일관된 내용과 분명한 메시지를 가지는 데 반해, 『천 개의 고원』은 각 고원이 서로 독립된 까다로운 논문들처럼 잘 읽히지 않는다. 그렇다고 들뢰즈-과타리가 두 책을 묶고 있는 '자본주의와 분열증'이라는 문제의식을 벗어난 것은 아니다. 그 연속성을 가장 잘 보여 주는 것은 마르크스주의다. 과타리가 급진적 마르크스주의자라는 것이 큰 몫을 했다. 마르크스주의가 『안티 오이디푸스』를 통해 욕망의 강을 휘돌아 나오면서, 『천 개의 고원』은 더 이상 체제 전복이나 계급 해방 테제로는 해결할 수 없는 문제들에 집중하게 된다. 투쟁의 대상도, 이를 위한 저항의 출발지점도 미시적 파시즘을 검토하는 데서 출발하기로 한 것이다. 들뢰즈가 『천 개의 고원』과 이 작품의 얼개를 그리고 있는 『카프카: 소수적인 문학을 위하여』에서 카프카를 집중적으로 다루는 이유다. 『천 개의 고원』의 배후에 흐르는 정동을 가장 잘 보여 주는 것이 바로 카프카의 작품들이다. 카프카의 단편은 '되기'로, 장편은 '회집체'로 이루어져 있다. 들뢰즈-과타리에 따르면 카프카의 작품에는 어떤 주체도 없다. 거기에는 "복수적 내지 집합적 회집체 안에서 상호적인 되기를 형성하는 상태들의 회로가 있을 뿐이다."(K: 58) 카프카는 미시적 욕망 회집체들이 어떻게 그 상위의 자본주의적 관료주의 회집체와 얽혀 있는지를 빈틈없이 보여 준다. '소수 문학'은 그 빈틈없음을 가리키는 개념이다. 그는 이 분자적 운동이 어떻게 몰적으로 정체되면서 억압을 초래하는가를 보여 준다. 『천 개의 고원』이 독특한 것은 그런 일상의 파시즘 자체를 다루기보다 그것의 존재론적 토대를 그려 내고 있다는 것이다. 『천 개의 고원』도 카프카처럼 회집체와 되기를 따라 읽어야 한다. 들뢰즈-과타리의 우주적인 지구행성 회집체는 그 내부에서 다시 수많은 미시적 회집체의 단위통일체를 이룬다. 이런 미시적이고 거시적인 회집체의 얽힘이 『천 개의 고원』의 15개 고원에서 반복되고 변주된다.

들뢰즈-과타리는 『천 개의 고원』 3장의 지구행성적 사유를 소설 《잃어버린 세계》로부터 시작한다. 이것은 '셜록 홈즈 시리즈'로 유명한 아서 코난 도일Arthur Conan Doyle의 환상소설이다. 세속적이고 평범한 한 기자가 특별한 모험을 통해 아직도 선사 시대의 공룡이 뛰노는 지구의 낯선 모습을 만나게 된다는 이야기다. 소설은 인간중심주의를 벗어나지 않으면 도저히 알 수 없는 지구행성을 표현하고 있다. 지구행성은 겉으로 보면 대지라는 기관 없는 질료이지만, 이미 그 질료는 형식화된 내용으로서 모든 순간에 차이화(형식화)하는 표현을 가진다. 회집체의 내용이 기계적 형식화라면, 표현은 언표적 형식화에 해당한다. 들뢰즈-과타리는 실체-형식, 내용-표현이라는 매트릭스를 통해 지구행성조차 기호적으로 사유하는 존재임을 말하고 있다. 이 매트릭스의 핵심은 표현의 형식화다. 물론 이것은 『차이와 반복』에서 말하는 존재의 차이화이자, 『천 개의 고원』에서 말하는 회집체의 되기이다. 지구행성의 사유 방식은 인간중심적인 고정된 분류가 아니라 운동 자체로 다루어야 한다. 인간이 보기에는 즉물적 지구일지 몰라도 지구행성은 이미 물질적이면서 정신적인 '가이아Gaia'다.

『천 개의 고원』 3장의 물음에 답하는 다양한 지층들은 지구행성의 기계적 회집체와 언표적 회집체를 가리킨다. 지층들은 크게 물리-화학적 지층, 유기체 지층, 인간 형태 지층으로 구분된다. 첫째, 지질학적 지층은 그것의 축적, 응결, 침전, 습곡을 가리킨다. 그것은 전형적인 기계적 회집체이지만, 지층과 지층 사이의 충돌과 변주는 언표적 회집체의 표현을 나타낸다. 둘째, 유기체 지층은 생물학적인 것들이다. 단 여기서의 유기체는 인간 포유류를 중심에 둔 '종속과목강문계'가 아니라, 끊임없이 절합되는 하나이자 여럿으로서의 회집체다. 3장의 표지를 차지하고 있는 가재, 즉 꼬리부터 집게까지 신체 전체가 절합된 가재가 여기에 해당한다. 가재의 이중절합은 밑 지층과 사이 지층을 통해 확장하면서, 지구행성의 이중절합에 도달한다. 그래서 들뢰즈-과타리는 "신은 '가재', 또는 이중집게, 이중구속이다"라고 말하는 것이다(MP: 86). 지구행성을 포함한 모든 회집체는 가재의 마디들처럼 이중절합되어야만 살아남는다. 셋째, 인간 형태 지층은 지층의 인간중심화를 가리킨다. 지구행성의 사유가 인간 주변에서 왜곡되어 딱딱하게 굳어지는 것이다. 이것을 가장 잘 보여 주는 것이 '얼굴성'이다.

『천 개의 고원』 7장인 '얼굴성'은 비인간 사유가 어떻게 인간적인 것으로 지층화하는가를 다룬다. 얼굴성은 얼굴, 즉 '흰 벽과 검은 구멍'의 운동을 가리킨다. 회집체의 정의에 따라, 흰 벽은 기계적 얼굴이고, 검은 구멍은 언표적 얼굴이다. 얼굴화는 흰 벽의 기표화와 검은 구멍의 주체화를 가리킨다. 들뢰즈-과타리는 "기표화와 주체화를 강요하는 것은 아주 특별한 권력 회집체들"이라고 말한다(MP: 345). 얼굴화가 인간 형태의 지층화인 것이다. 기표화의 극단에서 흰 벽은 전제군주의 얼굴이나 그리스도의 얼굴이 되고, 주체화의 극단에서는 인간중심주의가 된다. 들뢰즈-과타리는 "기표화 체제가 … 기표 그 자체 위에서 재영토화의 체계 전체를 작동시키기 때문에 도주선을 봉쇄하며 부정적 탈영토화만을 존속시키는 것이다"라고 말한다(MP: 967). 같은 맥락에서 주체화는 도주선을 단절시키면서 검은 구멍 속으로 추락한다.

얼굴성의 기표화와 주체화는 『천 개의 고원』의 4장 '언어학의 기본 전제'와 5장 '몇 가지 기호체제에 대하여'에서 재확인된다. 4장은 언어가 본성적으로 기표화의 속성을 갖는다는 내용이다. 이로부터 "언어의 기초 단위인 언표는 명령어이다"라는 중심 테제가 나온다(MP: 147). 예를 들어, 모든 시험문제는 응시자가 명령을 잘 알아듣는지, 그리고 거기에 복종할 수 있는지를 묻는다. 들뢰즈-과타리의 명령어는 언어활동 자체가 기표화하고 주체화할 수밖에 없다는 것을 의미한다. 이것은 라캉의 주체화 과정이 잘 보여 준다. 라캉의 기표는 기의에 안착하지 못하고 끝없이 미끄러지면서 억압된 기표를 주입한다. 라캉의 욕망 그래프가 낚싯바늘 모양을 한 이유다. 기표화에 길들여진 주체화는 복종하는 주체를 양산한다.

『천 개의 고원』5장은 기호체계를 네 가지로 나누어 비교한다. 기표적, 전기표적, 반기표적, 탈기표적 기호체계들이다. 먼저 기표적 기호체계는 얼굴성의 기표화에 해당하는 것으로, 소쉬르적 기표/기의라는 고정된 의미체계가 대표적이다. 전기표적 기호체계는 기표화 이전, 또는 명령어 이전의 체계다. 인간에게는 의성어, 또는 다른 존재들의 기호가 여기에 해당한다. 반기표적 기호체계는 의도적으로 기표화를 무력하게 만드는 것들이다. 상대가 못 알아듣는 것을 목표로 하는 암호나 선수들의 특정한 의미가 없는 등번호와 같은 것이다. 끝으로 탈기표적 기호체계는 기표화로부터 도주하는 것이다. 이는 기표라는 준거점이 사라진 상태의 분열적 기표들을 발명하여 정주할 수 없는 기호체계를 만든다. 이들 기호체계에 대한 들뢰즈-과타리의 논의는 두 차원에서 진행된다. 정적으로 보면 기표화 체제를 저지하는 탈기표적 기호체제를 내세우는 것처럼 보이지만, 발생적으로 보면 인간에 의해 협소화된 기표화 자체에 대한 절대적 탈영토화를 다룬다. 들뢰즈-과타리는 전기표적 기호체계에 대해 "[그것은] 기호들 없이 작용하는 '자연적' 코드화에 훨씬 가깝다. 여기서는 유일한 표현의 실체인 얼굴성으로의 환원을 찾아볼 수 없다"라고 말한다(MP: 228). 인간에 의해 고정되기 이전의 발생적 기호는 비인간적 기호체제다. 비기표적 기호체제도 인간적 기표화 내부의 전기표적 흔적을 보여 준다고 할 수 있다. 이것은 인간의 유용성에 따른 기표/기의체계가 얼마나 인위적인지를 환기시킨다. 기의 위에서 끊임없이 미끄러질 수밖에 없는 기표의 한계는 라캉이나 데리다 등에 의해서 충분히 지적되어 왔다. 들뢰즈-과타리가 이들과 다른 것은 그런 '미끄러짐'의 준거틀을 인간적인 것에서 벗어나 비인간적인 지구행성적 차원까지 밀어붙인다는 것이다.

『천 개의 고원』을 고전적 유물론으로 독해할 수도 있겠지만, 보다 근본적인 방법은 그것을 신유물론으로 독해하여, 그 안의 비/인간 사유를 읽어 내는 것이다. 인간을 중심에 둔 해방담론의 한계는 꾸준히 지적되어 왔다. 자본세Capitalocene를 맞아 『천 개의 고원』을 돌아보는 이유는 계급의 문제조차 기후 위기와 디지털 변화 속에서 해결해야 한다는 요구 때문이다. 들뢰즈-과타리가 지구행성의 지층화에서 물리-화학적 지층과 유기체 지층에 인간 형태의 지층을 더한 이유는 『천 개의 고원』에서 비/인간을 다루기 위해서다. 비/인간에서 '슬래시(/)'는 변증법적 의미를 갖는다. 비인간은 단순히 인간에 대립하는 개념이 아니라, 인간을 포함하는 지구행성적 차원을 가리킨다. 들뢰즈-과타리는 "인간 형태의 지층을 사방으로 넘쳐나는 인간의 비인간적 '되기'도 있다"고 말한다(MP: 959). 따라서 인간에 대한 사유는 비인간 위에서 이루어져야 한다. 이렇게 비/인간은 인간중심주의를 벗어난 새로운 인간적 실천전략, 또는 생존전략을 가리킨다. 비/인간 사유가 『천 개의 고원』을 읽는 기본적인 태도가 되어야 한다.

모든 것은 회집체다

『천 개의 고원』에서 전체를 꿰뚫는 개념은 무엇인가? 『들뢰즈-과타리: 교차적 평전』에서 이들은 그것이 '회집체agencement'라고 답한다. 회집체는 배치, 아장스망, 아상블라주 등으로 번역되고 있지만, 'agencer'라는 어원이 말해 주듯이 행위능력agency을 가진 기계들의 기계가 회집체다. 회집체는 차이화하는 무리 다양체를 가리킨다. 예를 들어, 지구행성은 인간, AI, 중력, 꽃, 바이러스 등등이 무리를 이루고 있고, 인간 행성도 150조 개의 미생물, 박테리아, 바이러스와 무리 지어 존재한다. 주의할 것은 회집체가 어떤 집합과 그 원소들의 관계가 아니라는 것이다. 회집체는 그런 동일성의 유전이 아니라 차이의 전염으로 이루어져 있다. 회집체를 정의하는 첫 번째 규칙이 탈영토화, 또는 되기인 이유다. 들뢰즈-과타리의 예에 따르면, 전염병 회집체는 "인간, 동물, 박테리아, 바이러스, 분자, 미생물 등 완전히 이질적인 항들"이 동시적으로 작동하는 것일 뿐이다(MP: 459). 원칙적으로 전염병 회집체는 인간이나 바이러스 등과는 별개의 존재다. 그러나 어떤 항들이 만든 관계는 그 항들로 환원시킬 수 없다. 그것은 이미 발생이고 되기이며 차이화이기 때문이다. 들뢰즈는 『경험주의와 주체성』에서 "관계는 그 항들에 외재적이다"라고 말한다(ES: 201). 결국 '되기(차이화)로서의 회집체'라는 사유는 『천 개의 고원』으로부터 약 30년 전, 들뢰즈가 철학자의 삶을 시작할 때부터 중심에 두고 있었던 것이다.

『천 개의 고원』의 주인공은 회집체다. 이 책의 15개 고원은 각각 그 내부의 수많은 기계로 이루어진 하나의 회집체이고, 그런 회집체들이 종이, 잉크, 독자 등의 회집체들과 만나 『천 개의 고원』이라는 또 다른 회집체를 만든다. 이 책 자체가 하나의 회집체이다. 그래서 들뢰즈-과타리는 『천 개의 고원』의 마지막 한 마디를 '기계권Mécanosphère'이라는 단어로 끝내고 있다. 기계권은 회집체의 신유물론적 생태계를 가리킨다. 들뢰즈-과타리는 회집체의 완성태인 "일관성의 면은 '평면태' 또는 '리좀권', '기준'이다. n차원에서는 이것을 '초권역', '기계권'이라고 부른다"라고 말한다(MP: 478). 여기서 n차원은 잠재적인 것이 아니라 현행화된 경우를 가리킨다. 현행적이든 잠재적이든 회집체는 신유물론적인 것이다. 이것은 회집체의 추상적 성격을 가리키는 추상 기계라는 말에서 확인할 수 있다. 추상 기계는 순수 기계, 즉 회집체의 접속 가능성 자체를 가리킨다. 이것은 회집체의 관념적 성격이 아니라 접속 가능성이라는 물질적 성격 자체를 가리킨다. 뒤집어 보면 관념조차 접속하는 것이므로 기계라고 불리는 회집체이기 때문이다. '자본주의 기계'가 얼마나 많은 물질적이고 관념적인 것의 접속으로 이루어진 회집체인가를 생각해 보라. '사랑 기계'가 얼마나 많은 물질적인 것으로 이루어져 있는가를 떠올려 보라. 추상 기계의 동의어에 해당하는 기관 없는 신체도 마찬가지다. 유기체로 현행화하지 않은 잠재적 신체도 이미 에너지다. 기관 없는 신체는 그 자체로 "충만한 알, 강도적 알"이다(MP: 294). 이것이 바로 『천 개의 고원』 6장 '기관 없는 신체'에서 다루는 회집체의 내용이다. 들뢰즈-과타리에게 기관 없는 신체라는 회집체의 역량은 "순수한 물질의 문제, 물리적·생물학적·심리적·사회적·우주적인 물질의 현상이다."(MP: 316)

들뢰즈-과타리에 따르면, "회집체에는 네 개의 값이 있다. 1) 내용과 표현, 2) 영토성과 탈영토화"이다(MP: 962). 내용과 표현은 회집체의 구성을 보여 준다. 회집체의 내용과 표현이란, 그것이 기계적 회집체일 뿐만 아니라 언표적 회집체라는 의미다. 회집체는 단순히 도구적 복합체가 아니라 살아 있는 다양체다. 들뢰즈-과타리는 "표현은 기호적 체계, 즉 기호들의 체제가 되고, 내용은 실천체계, 즉 능동작용과 수동작용"이라고 말한다(MP: 961). 그런데 회집체가 내용과 표현의 영토성에 머물러 있다면, 그것은 회집체로 정의되기엔 역부족이다. 회집체가 탈영토화할 때라야 비로소 내용은 기계적인 것에, 표현은 언표적인 것에 배속된다. 회집체의 네 요소 가운데 탈영토화가 핵심적인 이유다. 모든 "회집체는 정도 차는 있지만 탈영토화되거나 탈영토화되는 중에 있기 때문이다."(MP: 614~615) 탈영토화가 지구행성 회집체에 생명을 부여한다. '지구는 자신을 누구라고 생각하는가?'라는 물음은 지구행성이 단순히 탈영토화하는 기계적 회집체일 뿐만 아니라, 스스로 자신에게 생명을 부여하는 탈코드화하는 언표적 회집체임을 강조하는 것이다. 이런 차이화를 통해 생동하는 흐름을 유지하지 못하는 회집체는 소멸한다. 예를 들어, 리좀적 구조가 흐름을 잃으면 그것은 수목형이 되면서 고정되고 결국 소멸한다. 회집체는 살아 있는 생물학적 구조를 가진다. 리좀은 결국 회집체의 탈영토화가 그리는 궤적을 가리키는 이름이다.

『천 개의 고원』 1장과 2장은 회집체를 직접적으로 정의하고 있다. 먼저 2장을 보면, '늑대는 한 마리인가 여러 마리인가?'라는 부제를 통해, 회집체는 무엇보다 무리foule라는 사실을 밝히고 있다. 회집체는 몰적인 덩어리mzsse가 아니라 분자적 무리라는 것이다. 인간 행성이나 지구행성이 얼마나 많은 작은 무리로 이루어진 회집체인지 생각해 보라. 들뢰즈-과타리에 따르면, 회집체의 "형태의 유형은 점점 더 개체군, 무리, 군체群體, 집단성, 또는 다양체로부터 고려되어야만 하고, 발전의 정도는 속도, 율律, 계수, 미분적 관계의 견지에서 고려되어야만 한다."(MP: 100) 회집체의 모든 것을 결정하는 것은 무리와 속도, 즉 차이화다. 인간중심적 관점에서 보면, 인간도 지구도 양보할 수 없는 실체이며 실제로 존재한다. 그러나 인간조차 인간 게놈은 10%에 지나지 않고, 90%는 세균이나 바이러스, 박테리아 등의 비인간 게놈으로 이루어져 있다. 인간도 지구도 하나의 덩어리나 여럿의 무리일 수 있지만, 결국 이는 회집체(다양체)를 부르는 다른 이름일 뿐이다. 들뢰즈-과타리에 따르면, "동일한 회집체를 형성하는, 동일한 회집체 속에서 작동하는 다양체들의 다양체만이 있을 뿐이다. … 수목은 리좀 형태의 선들을 갖는 반면, 리좀은 나무 형태의 점들을 갖는다."(MP: 74)

『천 개의 고원』 1장 '리좀'은 회집체의 지속적인 탈영토화 양상을 가리킨다. 회집체의 영토화와 탈영토화 가운데, 영토성이 수목(나무형)을 정의한다면, 탈영토화를 규정하는 것이 리좀이다. 리좀은 뿌리줄기 식물, 즉 뿌리와 줄기조차 구분되지 않는 식물을 가리킨다. 이것은 뿌리나 줄기를 기준으로 뚜렷이 구분되는 수목과 대립된다. 리좀은 초월적인 수목형과 대립할 뿐만 아니라, 그것의 내재적 원형을 보여 준다. 리좀은 탈중심적이고, 탈이분법적이며, 탈대칭적이다. 내재적 리좀은 매 순간 차이화하면서 접속을 통해 횡단할 뿐이다. 예를 들어, 리좀 회집체의 횡단성은 자본주의 체제하에서 억압적 체제를 가로지른다. 리좀은 끊임없이 다른 질서로 이행하려는 해방의 역량이다. 『안티 오이디푸스』에서 편집증을 해방시키면서 탈중심적으로 발산하는 분열증이 바로 리좀이다. 또한 '리좀' 고원은 『천 개의 고원』이라는 책도 하나의 리좀이라는 사실을 지적하며 시작한다. 『천 개의 고원』의 15개 고원 전체가 리좀적 형태를 이루고 있다. 그래서 『천 개의 고원』을 읽을 때, 우리는 그것을 순서에 따라 읽을 필요도 없고 거기서 전체를 아우르는 주제를 찾을 필요도 없다. 들뢰즈-과타리에게 책-회집체는 시작도 끝도 없고 "대상도 주체도 없다. 책은 갖가지 형식을 부여받은 질료들과 매우 다양한 날짜와 속도들로 이루어져 있다."(MP: 11) 『천 개의 고원』이라는 회집체는 몰적으로는 15개 장으로 구분되지만, 분자적으로는 하나로 얽혀 있는 리좀이다.

『천 개의 고원』 15장의 결론은 회집체를 주어로 놓고 책 전체를 정리하고 있다. 여기서 들뢰즈-과타리는 "회집체들을 '양화하는' 계수들은 회집체의 가변적 성분들(영토, 탈영토화, 재영토화, 대지, '우주')과 관련되어 있으며, 또한 회집체의 '지도'를 구성하는 다양하게 얽힌 선들(몰적 선, 분자적 선, 도주선)과도 관련되어" 있다고 말한다(MP: 974). 회집체는 도주선의 복합체다. 회집체를 구성하는 도주선들의 얽힘은 수목과 리좀이라는 두 종류의 선을 갖는다. 수목형은 선들이 하나에 종속되어 고정되고 억압된 것이다. 수목은 몰적이며 이항대립적이고 절편적인 형태를 띤다. 이에 반해 리좀은 사물들 '사이$_{entre}$'로 지나가는 선들을 갖는다. 정해진 길을 가는 것이 아니라, 자신이 지나온 것이 곧 길이 된다. 들뢰즈-과타리는 리좀형 도주선이 "자신이 주파하는 차원만을 갖는 하나의 면을 그린다. 따라서 이 선이 구성하는 다양체도 이제 '하나'에 종속되지 않으며 그 자체로 일관성을 획득한다"라고 말한다 (MP: 963). 회집체의 도주선은 이것인가 하는 순간, 이미 다른 것으로 차이화한다. 들뢰즈-과타리의 도주는 영토화에 미세한 구멍을 내면서 거의 동시적으로 탈영토화한다.

도주선에 대한 평가는 들뢰즈-과타리 정치이론의 주요 주제다. 문제의 시작은 도주선을 비겁한 도망이라고 비판하면서 집단적 저항을 강조하는 사람들이 많다는 것이다. 역사적으로 사회는 집단지성이나 민중연대를 통해 혁명적 진보를 성취해 왔다는 것이다. 이런 관점에서 도주선은 부끄러운 회피로 간주된다. 이 때문에 들뢰즈를 비롯한 후기구조주의자들 대부분이 정치적 무기

력증을 잃고 있다고 비난받기도 했다. 도망가는 개인이 무엇을 할 수 있느냐는 것이다. 그러나 집단적 저항조차 일종의 도주라면 어떻게 할 것인가? 도주선을 비겁한 개인의 것으로 제한하는 것이 오해의 결과라면 어떻게 할 것인가? 들뢰즈는 한 사회에서 계급 간의 모순만 보고, 그 사회의 모든 무리(회집체)에 영향을 미치는 도주선을 보지 못하는 이유를 "마르크스주의를 피상적으로 받아들임으로써" 생긴 오해라고 반박한다(D: 234). 사회 회집체도 미시적, 거시적 도주선들에 의해 결정된다. 물론 격변기에 도주선들이 뚜렷해질 수는 있지만, 모든 회집체는 도주선에 의해 탈영토화할 수밖에 없다. 들뢰즈는 "한 사회는 … 그 사회의 도주선에 의해 정의되[며]… 사회뿐만 아니라 집단적 회집체도, 무엇보다 우선 그 회집체의 탈영토화의 첨점에 의해서, 그 배치의 탈영토화의 흐름에 의해서 정의"된다고 말한다(D: 235). 인류세를 맞아 우리는 도주선의 힘을 적극적으로 이용해야 한다. 그 시작은 도주선을 인간에 귀속시키는 오류를 폐기하는 것이다. 우리는 보다 광범위한 비인간적 도주선들을 발명해 내야 한다. 들뢰즈의 충고에 따라 "도주하기, 그러나 도주하면서 무기를 찾아내기"가 절실하다(D: 235). 예를 들어, AI가 가져올 도주선은 현재 인간이 생각하는 수준, 즉 인간의 직업이나 생명을 중심에 놓고 논의하는 수준을 훨씬 뛰어넘을 것이다. 디지털 문명의 새로운 도주선들은 인간과 비인간의 구분을 식별불가능하게 만들면서 새로운 세계를 가져올 것이다. 《잃어버린 세계》에서 주인공이 발견한 상상 불가능한 지구행성이상이 될 것이다. 비/인간은 지금 AI 문제로부터 지구행성에 이르기까지 회집체들의 전례 없는 도주선들 앞에 서 있다.

모든 비/인간은 되기다

『천 개의 고원』 10장 '되기'는 영화 《윌러드Willard》(1971)로 시작한다. 영화는 어느 부유한 27살 청년의 이야기다. 주인공 윌러드는 견디기 힘든 나날을 보내고 있다. 죽은 아버지가 설립한 회사를 지금 사장에게 빼앗기고, 병든 엄마는 그런 사정도 모른 채자기만 달달 볶는다. 사장은 윌러드를 다른 사원들 앞에서 무능하고 게으르다며 윽박지른다. 드디어 사장은 계획을 꾸며 아버지의 유산인 고급저택마저 빼앗으려 든다. 윌러드는 쥐보다 못한 처지에 처해 있다. 그를 위로해 주는 것은 비슷한 처지의 쥐, 쥐 떼뿐이다. 드디어 윌러드와 쥐는 동맹을 맺고 서로 전염된다. 인간의 쥐-되기는 '안티 오이디푸스'와 탈인간중심주의에서 시작한다. 들뢰즈-과타리에 따르면, 동물-되기는 "오이디푸스, 혼인, 또는 직업과 관련된 재영토화 시도들을 사전에 무효로 만든다."(MP: 444) 이런 의미에서 애인 같은 고양이, 자식 같은 강아지는 인간의 폭력적인 의인화일 뿐이다. 동물-되기에는 어디에도 가족, 직업, 결혼에 연루된 정동은 없다. 되기는 새로운 무리, 새로운 회집체를 탄생시키는 것이다.

『천 개의 고원』 10장에서 들뢰즈-과타리는 어떤 작가의 상상을 빌려 회집체와 되기의 관계를 설명한다. 작가는 신발을 이용해 개-되기를 감행한다. 신발을 손에 신는다. 이로부터 새로운 정동이 돌출한다. 신발 끈을 묶기 위해 입을 이용할 수밖에 없다. 들뢰즈-과타리는 이것을 "나의 입이 회집체에 투입되고, 개의 주둥이가 신발을 처리하는 데 도움이 되는 한 나의 입은 개의 주둥이가 되는 것이다"라고 표현한다(MP: 490). 회집체의 이합집산은 정동을 통해 되기를 수행한다. 주의할 것은 되기가 어떤 몰적인 닮기가 아니라는 것이다. 들뢰즈-과타리는 "모든 되기는 분자적이다"라고 명시한다(MP: 522). 분자적인 것이 잠재적인 것이라면 몰적인 것은 현행화된 것이다. 들뢰즈-과타리는 윌러드의 어머니가 쥐를 닮았으나 이것이 쥐-되기는 아니라고 강조한다. 되기는 신체적인 수준이 아니라 정동적인 수준을 가리킨다. 들뢰즈-과타리는 "사람들은 짖어 대는 몰적 개가 되는 것이 아니라 짖으면서 분자적인 개를 방출하는 것"이라고 말한다(MP: 521). 되기는 오히려 몰적인 것을 파괴하고 분자적인 것을 생산한다. 되기는 분자-되기다.

되기가 생산하는 것을 들뢰즈-과타리는 블록이라고 부른다. 들뢰즈-과타리는 이러한 되기 블록을 "근방voisinage의 지대, 또는 공동-현존co-presénce 지대"라고 부른다(MP: 517). 두 항은 자신들과 무관한 하나의 관계항에 들어가는데, 이 블록은 근접성proximité, 또는 근사성approximation의 원리에 따른다. 물론 분자적

근방에서 분자적인 기관 없는 신체를 구성하는 것이다. 새로 생겨난 블록은 그 생산에 관여한 항들과 무관하다. 들뢰즈-과타리는 "실재하는 것은 되기 그 자체, 즉 되기의 블록이지, 되는 자가 이행하는 고정된 것으로 상정된 몇 개의 항이 아니다"라고 말한다 (MP: 452). 여기서 중요한 것은 '되기에는 항이 없다'는 것이다. 되기는 사실상 윌러드도 없고 쥐도 없는 '윌러드의 쥐-되기'이다. 다시 말해, 윌러드의 쥐-되기는 실체나 개체적인 항을 말하는 것이 아니다. 오히려 항들은 되기 이후에 생존과 효용을 위해 만들어진 주체나 실체 속에서만 요구된다. 되기는 윌러드나 쥐로 현행화되기 이전의 잠재적 정동을 가리킨다.

되기 블록의 다른 이름은 주름pli이다. 들뢰즈-과타리의 되기는 펼쳐지는 주름이라기보다 접혀 드는 주름이다. 물론 주름의 정의에 따라 접혀 드는 것은 동시에 반드시 펼쳐지는 것이다. 그럼에도 불구하고 들뢰즈-과타리는 되기의 방법이 진화evolution가 아니라 첩화involution라고 말한다. 진화의 역량이 밖으로 폭발explosion하는 것이 아니라 안으로 내파implosion하는 것이다. 굳이 말하자면 되기는 접히는 방식으로 펼쳐지는 것이다. 들뢰즈-과타리에게 "되기는 첩화적이며, 이 첩화는 창조적이다."(MP: 453) 첩화적 되기는 하나의 되기 블록을 가리키는 것이다. 되기가 블록 생산에 기여한 항들과 무관한 것은 모든 것이 끊임없이 차이화하기 때문이다. 들뢰즈-과타리는 되기가 "주어진 여러 항 '사이에서', 할당 가능한 관계를 맺으면서 전개되는 하나의 블록을 형성하는 일"이라고 강조한다(MP: 454). 첩화, 또는 블록으로서의 되기는 기존의 항들로부터 진화되어 나온 것이 아니라, 오히려 첩화되면서 새로운 블록으로 생산된 것이다. 들뢰즈-과타리의 되기는 "리좀권, 신-진화론[첩화]"인 것이다(MP: 453).

『천 개의 고원』의 구성은 10장 '되기'를 전후로 구분할 수 있다. '되기' 이전의 고원들에서는 회집체를 정의하고, '되기' 이후에는 회집체의 이중운동을 다룬다. '되기' 고원이 『천 개의 고원』의 중심을 차지하고 있다는 것은 단순히 목차의 순서를 가리키는 것이 아니다. 이 책의 주인공은 회집체이지만, 그것을 주인공으로 만들어 주는 것은 되기다. 회집체의 탈영토화가 바로 되기다. 『차이와 반복』에서 추상적으로 정의된 차이화는 『천 개의 고원』에서 되기라는 개념으로 구체화한다. 이 개념은 오늘날 신유물론 계보의 핵심을 차지하고 있다. 회집체를 정의하는 네 가지 요소들은 결국 내용과 표현의 형식화(탈영토화), 또는 되기인 것이다. 들뢰즈-과타리가 "회집체의 영토성(내용과 표현을 포함하는)은 첫 번째 측면에 지나지 않으며, 또 다른 측면은 바로 이 회집체를 가로지르고 탈취하는 탈영토화의 선들을 구성한다"고 말하는 이유다(MP: 961~962). 회집체는 이미 되기 자체인 것이다. 회집체는 되기를 하지 않고는 존재할 수 없다. 회집체를 정의하는 네 가지 요소 가운데 탈영토화가 가장 결정적인 이유다. 들뢰즈-과타리는 "되기와 다양체[회집체]는 하나이고 동일한 것"이라고 분명하게 말한다(MP: 473).

들뢰즈-과타리는 회집체 되기가 어떻게 작동하는지를 여덟 개의 정리로 설명하고 있다.『천 개의 고원』7장 '얼굴성'에서 '탈영토화의 정리' 가운데 네 가지를 다루고, 나머지 네 가지는 10장 '되기'에서 다룬다. '얼굴성'의 탈영토화 정리는 빠르지만 강도가 약한 손-도구나 입-가슴의 탈영토화 관계와, 느리지만 강도가 높은 얼굴-풍경의 탈영토화 관계를 대비하고 있다. 그 내용을 간단히 살펴보면, 탈영토화는 '물건을 쥐는 손'의 경우처럼 두 항을 요구한다(제1 정리). 이때 손은 얼굴보다 물리적으로 빠르지만, 그렇다고 탈영토화 강도가 높은 것은 아니다(제2 정리). 그리고 탈영토화가 느린 것들은 탈영토화가 빠른 것 위에서 재영토화한다(제3 정리). 비슷한 하루하루를 살아가는 노예와 백성들이 새로 등장한 군주에 의해 삶의 변화를 겪게 되는 경우가 여기에 해당한다. 이런 위계적 관계 때문에 제3 정리는 수직적 탈영토화라고 불린다. 마지막으로 얼굴성(추상 기계)의 탈영토화는 다양한 층위에서 실행된다(제4 정리). 얼굴이라는 개념은 인간의 것만을 가리키는 것이 아니라, 대지의 풍경을 비롯해 흰 벽과 검은 구멍을 가진 모든 것을 가리키기 때문이다.

들뢰즈-과타리가 탈영토화와 재영토화의 유비로 사용하고 있는 얼굴은 이중적 성격을 갖는다. 한편에서는 기표화와 주체화를 통해 재영토화하는 동시에, 다른 한편에서는 표정처럼 풍부하게 탈얼굴화한다는 것이다. 이런 이중적 성격을 고려한 결과,『천 개의 고원』7장 '얼굴성'에서는 탈영토화 정리들이 재영토화(얼굴화)를 중심으로 서술되는 데 반해, 10장의 정리들은 탈영토화(되기)를 강조한다. 들뢰즈-과타리가 탈영토화 정리를 7장과 10장에서 나누어 다루는 이유다. 탈영토화 정리의 후반부는 '되기의 정리'인 것이다. 그 내용을 간단히 살펴보면, 탈영토화는 '되는' 항(내용)과 '되게 하는' 항(표현) 사이에서 이중적으로 일어난다(제5 정리). 따라서 탈영토화는 비대칭적 탈영토화, 즉 탈영토화되는 힘과 탈영토화하는 힘으로 구분된다(제6 정리). 그리고 탈영토화하는 것은 '내용' 역할을, 탈영토화되게 하는 것은 '표현' 역할을 한다(제7 정리). 마지막으로 탈영토화의 힘이나 속도는 회집체마다 다르다(제8 정리). 어쩌면 탈영토화의 8개 정리는 마지막에 되기의 성격을 집약하고 있다고 볼 수 있다. 매 순간 달라지는 회집체의 힘과 속도, 그 미세한 에너지가 바로 신유물론적 되기인 것이다.

되기라는 들뢰즈의 신유물론을 가장 잘 보여 주는 개념은 에세이테heccéite다. 되기는 빛보다 더 빠르게 변형되는 "환원 불가능한 다이나미즘"이다(MP: 451). 이 붙잡기 어려운 개념에 가장 가까운 것이 에세이테다. 에세이테는 '이것임'으로 번역되지만, 그 뜻을 보면 '이것인가' 정도로 번역할 만하다. 이것이라고 하기엔 너무 찰나적이다. 들뢰즈-과타리는 되기로서의 에세이테를 "하나의 정도, 하나의 강도는 다른 정도들, 다른 강도들과 합성되어 또 다른 개체를 형성하는 하나의 개체, 즉 '에세이테'다"라고 정의한다(MP: 481). 인간적 개념으로 정의할 수 없는 운동과 정지, 빠름과 느림의 유물론적 형상이 에세이테다. 들뢰즈-과타리는 이것이 오직 경도와 위도, 즉 "물질적 요소들의 집합(경도)과 특정한 권력, 또는 역량의 정도 아래서 신체가 행사할 수 있는 강도적 정동들의 집합(위도)"에 의해서만 규정된다고 말한다(MP: 493). 에세이테는 우발적 형상이다. 그것이 무슨 이름으로 불리든 그것은 '되기' 이외의 다른 것이 아니다. 들뢰즈-과타리는 에세이테가 그것의 "형상 자체 안에, 주체의 성질들로 환원되지 않는 흔들림이나 떨림이 있음을 함축"한다고 말한다(MP: 481). 에세이테는 실체인 것들이 아니라, 그 사이에 존재하는 되기인 것이다. 들뢰즈-과타리가 이를 개체individual가 아니라, 개체화individuation라고 부르는 이유다. 실체나 주체를 허락하지 않는 사이 존재가 바로 에세이테다.

그럼에도 불구하고 현실의 존재들, 특히 인간은 세계를 자기 중심적으로 조작한다. 인간은 자기 존재의 정당성을 담보해 주는 세계를 믿고 싶어 하지만, 그조차도 유물론적 난반사가 만들어 낸 것에 불과하다는 것을 인정하지 않는다. 모든 존재가 얽혀서 빛보다 빠르게 '되기' 중이라면, 나라고 할 만한 것도 없고 세계라고 믿을 만한 것도 없다. 들뢰즈-과타리는 "존재하는 것은 '에세이테' 들, 정동들, 주체 없는 개체화들뿐이며, 이것들은 집합적 회집체들을 구성한다"고 강조한다(MP: 505). 적어도 존재하는 모든 것이 반드시 우리 인간을 위해 존재한다는 생각은 오해에 불과하다. 인간중심주의가 비인간-되기라는 우주적 실재로부터 소외되는 이유다. 들뢰즈-과타리는 이로부터 벗어나기 위해 매 순간 기표화나 주체화로부터 도주하라고 말하는 것이다.

들뢰즈-과타리는 되기의 원리로 동물-되기와 소수자-되기를 내세운다. 동물-되기는 무리로서의 되기를 정의하고, 소수자-되기는 되기를 가능하게 만드는 원리다. 먼저 첫 번째 원리인 동물-되기를 살펴보자. 들뢰즈-과타리는 "동물-되기에는 언제나 무리가, 패거리가, 개체군이, 서식이, 한마디로 말해 다양체가 관련된다"라고 말한다(MP: 454). 동물-되기는 생물학적 동물과 무관하다. 그것은 특정 동물로 수렴되는 분자적 정동을 가리킨다. 동물-되기는 되기의 특성 가운데 하나인 무리 지음을 가리킬 뿐이다. 모든 회집체는 무리로 정의되며, 되기는 변화를 통해 존재하는 회집체의 다른 이름이다. 지구는 아스팔트, 페인트, 교통신호, 자동차, 운전자 등의 무리에 의해 되기를 행하는 회집체이고, 한 인간조차 10%의 인간 게놈 이외에도 90%에 해당하는 바이러스, 박테리아, 균 등과 무리 지어 생존하는 회집체이다. 그 무리가 무리화를 통해 지속하는 것이 되기이다. 『천 개의 고원』 2장은 "늑대는 한 마리인가 여러 마리인가?"라고 묻지만, 들뢰즈-과타리에게 '한 마리'의 늑대는 애초에 없다. 언제나 "늑대는 … 늑대 무리이며, 이(蝨)는 이 무리"이고, 쥐는 쥐 무리이다(MP: 455). 영화 《윌러드》에서 윌러드는 벤이나 소크라테스와 같은 이름을 가진 특정한 쥐와 소통하지만, 사건에 개입하는 것은 언제나 쥐 떼다. 윌러드는 쥐 무리를 통제하기 위해 대장 쥐인 벤에게 협상을 제안하지만, 그 협상이 통하지 않는 이유는 쥐는 항상 무리이기 때문이다.

되기의 두 번째 원리는 소수자-되기이다. 들뢰즈-과타리는 이 원리가 "다양체[회집체]가 있는 곳에는 반드시 예외적인 개체"
가 있다는 사실에 관한 것이라고 말한다(MP: 462). 회집체에는 되
기를 멈추지 않도록, 그리고 안정되지 못하도록 만드는 예외적 개
체가 필수적이다. 회집체를 도주시키는 특이자가 그 역할을 한
다. 영화 《윌러드》에서 윌러드의 쥐-되기는 쥐 무리의 예외적 개
체인 대장 쥐를 통해 이루어진다. 들뢰즈-과타리가 지적했듯이,
회집체에서 한 마리의 쥐 따위는 없다. 오직 쥐 패거리의 특이자
만이 있을 뿐이다. 그리고 "특이자는 개체도 종도 아니며, 그저 정
동들만을 운반할 뿐"이다(MP: 465). 특이자는 회집체의 가장자리
에서 그 회집체에 균열을 내면서 되기를 행한다. 들뢰즈-과타리
는 이 예외적 특이자가 사람들에게 악마, 괴물, 아웃사이더, 마법
사, 소수자라는 것을 잘 알고 있다. 인간중심적 가치와 제도에는
소수적 되기만큼 위협적인 것도 없다. 그래서 다수자-되기는 없
고 "모든 되기는 소수자-되기"이다(MP: 550). 되기는 다수자의 정
체된 억압적 권력으로부터 도주하는 것이다. 비인간에게 되기의
악마적 동맹은 전염의 역량이며 창조적 힘이기 때문이다.

들뢰즈-과타리는 『천 개의 고원』 10장 '되기'를 다시 '누구누구
의 회상'이라는 소제목들로 나누고 있다. 그 가운데 하나가 "어느
베르그손주의자의 회상"이다. 회상souvnir은 베르그손의 지속durée,
즉 순수과거로서의 기억mémoire과 구분된다. 들뢰즈-과타리는 되
기를 "서로 소통하는 온갖 상이한 '지속'들의 공존"이라고 말한다
(MP: 453). 몰적 단위의 무수한 회상은 사실 서로 얽혀 있는 분자

적 지속이 현행화한 것일 뿐이다. 말하자면 회상들의 집합적인 언표적 회집체가 지속인 것이다. 그래서 들뢰즈-과타리는 "우리는 인간을 가로지르면서도 인간을 포함하는, 그리고 동물뿐 아니라 인간도 변용시키는 아주 특수한 '동물-되기'가 존재한다고 믿는다"라고 말한다(MP: 451). 들뢰즈-과타리의 모든 되기는 사실 이 특수한 비인간-되기를 가리킨다. 인간중심적인 되기는 비인간-되기로부터 자의적으로 사후 구성한 것에 불과하다. 이제 우리는 인류세를 맞아, 지구행성적 되기가 인간적인 것을 파괴하면서 비인간적인 것을 도입할 수 있도록 해야 한다. 전통적인 인간중심적 혈통을 벗어나, 비인간적 동맹을 확장해야 한다.

들뢰즈-과타리는 인간중심주의뿐만 아니라 동물-되기조차 어떤 중심을 차지하는 것을 경계한다. 그들은 중심의 이쪽에 자리한 여성-되기나 아이-되기를 환기시키면서, 중심의 "저쪽에는 원소-되기, 세포-되기, 분자-되기가 있고, 심지어는 지각불가능하게-되기가 존재한다"고 강조한다(MP: 472). 지구 회집체의 모든 존재는 서로 식별불가능한 존재론적 가치를 갖는다. 그 궁극에 있는 것이 존재의 일의성, 일관성의 면이다. 되기의 완성태인 "일관성의 면에서 모든 것은 지각불가능하게 되며, 모든 것은 지각불가능하게-되기이다."(MP: 478) 여기에는 인간을 특권화할 아무런 근거가 없다. 인류학의 존재론적 전회가 들뢰즈-과타리의 되기에 주목하는 이유다. 기표화의 흰 벽과 주체화의 검은 구멍을 벗어나는 기관 없는 신체화의 시작은 당장 비인간으로 그 출발점을 바꾸어야 한다. 비인간 지구행성은 어떤 개별 개체의 기표화나 주체화를 통해 전모를 드러낼 수 없다. 그것은 헤아릴 수 없을 뿐만 아니라, 되기 중인 에너지의 들끓는 흐름이기 때문이다. 들뢰즈-과타리에 따르면, 이것의 "지각불가능성은 되기의 내재적 끝이며 되기의 우주적 공식"이다(MP: 529).

인간 대 비인간이 아니라
비/인간이다

『천 개의 고원』 전체가 어떤 이원론을 따라 전개되고 있다는 것은 분명하다. 현행적인 것과 잠재적인 것, 수목형과 리좀, 몰적인 것과 분자적인 것, 다수자와 소수자, 정주민과 유목민, 국가포획장치와 전쟁기계, 홈 패인 공간과 매끈한 공간 등이다. 내재성의 철학, 일관성의 면이 철저한 일원론의 철학이라면서 이렇게 이원론을 남발해도 되냐는 비판이 나올 만하다. 들뢰즈-과타리는 이에 대해 독특한 반론을 제시한다. 자신들의 이원론은 "다원론=이원론'이라는 마법적인 공식에 도달"하기 위한 방편에 불과하다는 것이다(MP: 46). 어떻게 서로 대립하는 다원론과 이원론이 하나가 될 수 있을까? 들뢰즈-과타리는 그 비밀이 실재 자체에 있다고 답한다. 자신들의 이원론은 언어를 사용하는 이상 어쩔 수 없는 선택이지만, 자신들은 일관되게 실재적 회집체, 즉 다원론적 실재를 다루고 있다고 강조한다. 유물론적 실재인 회집체는 오히려 이원론적 극점들을 파괴해야만 존재할 수 있다. 이 방편적 이원론은 들뢰즈 저작 전체를 관통하고 있지만, 특히『천 개의 고원』에서 두드러진다. 그 이유는 이 책이 다루고 있는 주제들 때문이다.『천 개의 고원』은 다른 책들보다 사회적이고 구체적인 주제들, 즉 현행적인 차원의 문제들을 다루고 있기 때문이다.『천 개의 고원』을 이해하기 위해서는 우선 '다원론=이원론'의 논리에 익숙해져야 한다.

들뢰즈-과타리의 마법적인 '다원론적 이원론'은 들뢰즈가『차이와 반복』에서 말한 '차이와 반복의 변증법'을 가리키는 것이다. 들뢰즈에게 이것은 유물론적 실재, 즉 꿀렁이며 나아가는 지구행성을 가리키는 세 차원의 변증법적 관계를 가리킨다. 이 변증법을 현행적인 것Actuel과 잠재적인 것Virtuel, 그리고 실재적인 것Reel의 관계를 통해 살펴보자. 먼저 차이와 되기의 변증법의 도식은 'Reel=Actuel+Virtuel', 즉 현행성과 잠재성으로 이루어진 실재의 작동 방식을 가리킨다. 첫 단계인 현행성(A)의 차원에서는 개별자들이 곧 세계다. 모든 것이 분리와 독립의 논리에 따라 구분된다. 인간중심적인 이원론이 중심을 차지한다. 두 번째 단계는 잠재성(V)이 현행적인 것에 우선하는 보편적인 내재적 단계다. 잠재적인 것은 이원론에 선행하는 다원론이다. 다만 현행화를 고려하지 못하는 잠재적인 것은 초월성의 위험에 노출된다. 마지막 실재(R)의 단계는 현행성과 잠재성의 끊임없는 변환, 또는 얽힘의 되기이다

(R=A/V). 현행성과 잠재성조차 하나로 얽혀 식별불가능하다. 이런 작동 방식을 다시 도식화해 보면, 첫 번째 단계는 현행적인 것을 기준으로 현행적인 것과 잠재적인 것이 대립적으로 나타난다(A:V). 두 번째 단계는 잠재적인 것을 기준으로 잠재적인 것이 현행적인 것을 포함하며 우선한다는 논리다(A⊂V). 세 번째 단계는 실재적인 것으로, 현행적인 것과 잠재적인 것이 하나로 얽혀서 되기 중이라는 논리다. 'R=A/V' 논리의 작동 방식을 가장 잘 보여 주는 것은 『감각의 논리』이다. 프랜시스 베이컨Francis Bacon의 회화의 구성 자체가 'R=A/V'의 논리로 짜여 있다. 잠재적인 것에 해당하는 아플라aplat(평평한 뒷배경)와 현행화된 형상figure, 그리고 그 사이를 매개하는 윤곽contour이 있다. 'R=A/V'에는 각각 '윤곽=형상/아플라'가 대응한다. 필자가 다른 곳에서 논한 바 있듯이, "윤곽은 형상과 아플라, 즉 현행성과 잠재성 사이에서 삼투막 같은 이중운동을 한다. 윤곽은 아플라가 형상화하는 통로인 동시에 형상이 다시 아플라로 돌아가는 장소"이다(최영송, 2019: 31).

차이와 반복의 변증법은 결국 마지막 단계를 강조한다. 'R=A/V'가 둘이면서 동시에 하나라는 것이다. 마법적인 '다원론=이원론'이다. 들뢰즈-과타리는 실체적이고 본질적인 항을 상정하지 않는다. 일방향적 생산력도 없고, 불변의 생산관계도 없다. 탈영토화는 반드시 재영토화되고, 그것은 이미 탈영토화를 향한다. 유목민은 잠시 정주하더라도 다시 떠나고, 정주민은 머무는 방식으로 떠나기를 수행한다. 유목과 정주는 상대적인 시간과 공간의 문제일 뿐이다. 들뢰즈가 가장 먼 여행은 정중동이라고 한 이유다. 분자적인 것들은 어떤 자극이나 영향에 의해 일시적으로 몰적인 것이 되지만, 그 속에서도 분자적인 힘은 도주를 지속한다. 모든 것은 미세한 차이의 흐름이다. 그것이 정지해서 고정되더라도 그조차 운동과 변화 속에서 보아야 제대로 파악할 수 있다. 고정되지 않는 흐름뿐이라면 아무런 차이도 만들어 내지 못할 것이다. 사태를 차이화로 본다는 것은 흐름과 정지를 차이와 반복의 변증법으로 보는 것이다. 들뢰즈는 이런 차이와 반복의 변증법이 "우주론 전체 위에 미시사회학의 가능성을 근거 짓는 변증법"이라고 말한다(DR: 183, 주6). 들뢰즈가 말하는 '다원론적 이원론'은 'R=A/V' 위에서 벌어지는 차이생성의 변증법이다.

영화 《윌러드》를 차이와 반복의 변증법에 따라 살펴보자. 전체적 구도는 지하의 쥐 떼와 지상의 쥐들로 구분된다. 한편에는 지하실을 가득 메운 무의식적이고 잠재적인 쥐 떼가 있고, 지상의 집 안에는 윌러드와 생활하는 벤과 소크라테스, 즉 이름을 가진 현행화된 쥐들이 있다. 첫 번째인 현행성 중심 단계에서는 인간과 쥐, 그리고 지하의 쥐 떼와 지상의 쥐들이 서로 뚜렷이 구분된다. 모든 생명이 자기의 생존을 위해 유용한 방식으로 존재한다. 인간은 인간중심적이고 쥐는 쥐 중심적이다. 지하실의 쥐 떼와 지상의 쥐들도 이원론을 따른다. 두 번째인 잠재성 중심 단계에서는 지상의 쥐들보다 지하실의 쥐 떼가 우선한다. 지하실의 쥐 떼는 우글거리는 에너지 형태로 존재한다. 이것들은 지상으로 올라와 인간의 친구가 되기도 하고, 인간을 공격하는 공포스러운 존재가 되기도 한다. 잠재적인 것은 우리에게 현행적인 것들이 우연한 것임을 일깨워 준다. 이 덕분에 인간중심주의에 대한 반성의 논리로 나아갈 수도 있다. 그렇지만 잠재적인 것이 현행적인 것보다 본질적으로 우선한다는 생각은 그것을 절대적인 것으로 간주하는 오류에 빠질 수 있다. 세 번째인 실재의 단계에서는 현행적인 것과 잠재적인 것이 얽힘과 중첩으로 나타난다. 윌러드와 쥐 떼도 영화 내내 하나로 얽혀 분자적 정동을 공유한다. 윌러드의 쥐-되기는 쥐의 짐승-되기 블록을 생성한다. 윌러드와 쥐 떼는 폭력적 동맹과 공격적 정동 안에서 점점 더 감염되어 간다. 윌러드는 폭력적인 쥐가 되고, 쥐 떼는 인간보다 더 영악해진다. 한때는 폭력적인 하나가 되어 직장 상사를 죽이기도 하지만, 결국은 서로를 공격하다 파국에 이른다. 윌러드와 쥐는 하나의 회집체가 되어 영화를 끌고 간다. 어느 순간부터 둘을 구분하는 것이 무의미하다는 것을 알게 된다.

『천 개의 고원』 14장은 홈 패인 공간과 매끈한 공간의 변증법을 다룬다. 비행기에서 내려다본 도시의 격자구조가 대표적인 홈 패인 공간이다. 이에 반해 바다, 사막, 초원은 잠재적인 매끄러운 공간이다. 첫 번째 단계에서 홈 패인 공간은 물리적이든 제도적이든 사방에 패인 홈에서 벗어나선 안 된다. 자동차는 차도를 벗어나선 안 되고, 사람은 인도를 따라서 걸어야 한다. 자동차가 달리는 도로에 주차한다거나, 사람이 함부로 도로를 가로지르면 제도에 따라 제재를 받게 된다. 그러므로 첫 번째 단계에서는 물리적이고 제도적인 홈 패인 공간을 따라야 한다. 이로부터 수많은 대립항과 이원론이 등장한다. 운전자와 보행자, 차도와 인도, 가해자와 피해자, 대물과 대인, 권리와 의무 등등. 두 번째 단계에서 매끄러운 공간은 홈 패인 공간의 기원으로 등장한다. 타락한 홈 패인 공간의 기원인 순수한 매끄러운 공간은 도시화 이전의 텅 빈 대지 같은 것이다. 홈 패인 공간과 매끄러운 공간은 물리적 요소뿐만 아니라 정동도 다르다. 홈 패인 도로에서 인간의 감각은 미세한 부분까지 외부에 위임된다. 그곳에서의 길 찾기는 네비게이션의 명령에 따르기만 하면 된다. 반면 텅 빈 대지에서의 길 찾기는 바람의 냄새를 맡아야 하고 하늘의 별을 읽어야 한다. 매끄러운 공간은 여기서 홈 패인 공간의 기원일 뿐만 아니라 돌아가야 할 절대적 공간으로 제시되기도 한다. 그러나 이미 도시화된 공간에서 매끄러운 공간에 대한 향수는 러다이트식 저항으로 왜곡될 위험도 있다. 세 번째 단계인 실재적 공간은 도시화된 홈 패인 공간에 새로운 매끄러운 공간을 도입한다. 차이와 반복의 변증법에 따라 매끄러운 공간은 도시화라는 홈 패임을 반영하여 새로운 매끄러움을 창출해야 한다. 홈 패인 공간과 매끄러운 공간은 현행적 차원에서는 뚜렷하게 대립하지만, "매끄러운 공간은 끊임없이 홈 패인 공간 속으로 번역되고 이 공간을 가로지르는 한편, 홈 패인 공간은 부단히 매끄러운 공간으로 반전되고 되돌려 보내진다."(MP: 907) 비행기에서 내려다보이는 격자구조의 도시에서 홈 패인 공간의 대표적 이미지가 품은 비밀이 드러난다. 그것은 이 홈 패인 도시화가 전자회로의 이미지를 가진다는 것이다. 도시에서 매끄러운 공간은 이제 디지털 인터넷에 의해 쟁취된다. 디지털 인터넷은 바다, 초원, 사막과는 전혀 새로운 매끄러운 공간을 창출한다. 홈 패임과 매끄러움이 얽혀 하나가 되면서 매끄러운 공간은 새로운 되기를 수행한다.

리좀과 수목의 관계도 전형적인 차이와 반복의 변증법을 따른다. 수목은 뿌리, 줄기, 가지, 잔가지, 잎사귀 등의 순서로 중심에서 주변으로 위계적 구조를 가진다. 리좀은 그런 구조가 식별불가능한 비위계적이고 탈중심적인 구조다. 들뢰즈-과타리가 이런 이원론을 다루는 방법을 보면, 한편에서는 모든 구조는 원래 리좀인데 특정한 필요에 의해 일시적으로 수목형이 된다고 할 수 있지만, 다른 한편에서는 모든 것은 현실에서 수목형으로만 존재한다고 할 수도 있다. 뿌리줄기인 리좀조차 수목형의 특정한 과정에 불과하다고 할 수도 있다. 다른 형식의 수목형이라는 것이다. 사실 현행적인 것이든 잠재적인 것이든 중요한 것은 얽힘과 되기의 상태를 유지하는 것이다. 모든 회집체는 오직 되기로서만 존재할 수 있기 때문이다. 모든 존재는 반복적으로 차이화할 뿐이다. 『천 개의 고원』 전체에서 이항적이고 대립적으로 서술되는 내용은 결국 하나로 얽혀 있는 지점에 집중하고 있는 것이다. 들뢰즈-과타리는 "사물들을 중간에서 지각하는 것은 쉽지 않다. 실험해 보라. 그러면 모든 것이 변한다는 것을 알게 될 것이다"라고 말한다(MP:

51). '다원론적 이원론'은 어떤 회집체가 지속적인 되기 속에 있지만, 그 회집체의 모든 존재가 각각 다른 수준에서 이기적인 현행화를 행한다는 것을 가리킬 뿐이다. 『천 개의 고원』은 언제나 하나로 얽혀 되기를 수행하는 회집체가 주인공이다.

들뢰즈의 되기 존재론에 따르면, 손가락을 빠져나가는 모래나 하늘에 흩어지는 구름처럼 이합집산하는 것이 인간에게는 바위가 되고 비가 된다. 들뢰즈-과타리의 실천전략은 철저하게 자신들의 존재론에 기초하고 있다. 들뢰즈-과타리는 스스로 "이원론을 빠져나가는 유일한 방법은 사이-존재, 사이를 통과하기, 간주곡이다"라고 말한다(MP: 525). 들뢰즈-과타리의 차이 존재들은 실체나 주체와 객체라는 몰적인 것들에 고정되지 않으면서 오직 사이에서 순간적인 분자들로만 존재한다. 사회정치적 전략도 여기로부터 시작한다. 현실의 문제들은 차이 흐름이 고정되고 억압된 결과이다. 잠재적인 실재인 리좀, 잠재성, 탈영토화, 전쟁기계 등은 현실에서 수목화, 현행화, 영토화, 국가장치화된다. 들뢰즈-과타리의 실천전략이 독특한 것은 그 해법을 잠재적인 층위에서 시작한다는 것이다. 이원론적이고 몰적인 현실에 균열을 내기 위해 미세한 차이를 도입해야 한다. 그런 차이들이 분리융합 하는 지점에 대한 미적분적 사유가 필요하다. 『안티 오이디푸스』와 『천 개의 고원』이 일관되게 미시파시즘을 공격하는 이유다. 잠재적 층위의 차이 역량을 동반하지 않는다면, 현행적 차원의 변화가 아무리 혁명적이라도 믿을 수 없다. 들뢰즈 실천 철학은 결국 차이화의 역량에 의해 결정되기 때문이다.

『천 개의 고원』 이후 6년 뒤에 쓰인 『대담: 1972~1990』은 들뢰즈의 사회정치론과 관련해 주목받는 장을 포함하고 있다. 「관리와 되기」, 그리고 「관리사회에 대한 후기」가 그것이다. 「관리와 되기」는 안토니오 네그리Antonio Negri의 불만에서 시작한다. 『천 개의 고원』에서 밝힌 들뢰즈-과타리의 실천전략들은 "해결되지 않은 문제들의 목록처럼 보일 뿐[이며]··· '전쟁기계'가 우리를 데려갈 곳, 우리가 모르는 그곳이 종종 비극적인 어조"로 들린다는 것이다(PP: 309~310). 급진적 마르크스주의자인 네그리는 들뢰즈-과타리의 방법론이 무기력한 것은 아닌지 의심한다. 들뢰즈-과타리도 『천 개의 고원』 이후 줄곧 이 문제를 고민했다. 투여에서 들뢰즈는 그에 대한 답으로 관리사회론을 제시한다. 네그리의 비판에 대해 들뢰즈는 자신이 '다른 방식'의 마르크스주의자라고 답한다. 여기서 '다른 방식'이란 경제결정론으로 자본주의를 설명하고, 그 해방 논리를 부르주아 대 프롤레타리아라는 계급론으로 설명하는 몰적인 방식이 아니라는 말이다. 이제 전체주의적 동원령으로는 개인화된 욕망을 충족시킬 수 없다. 자본의 병폐는 그 내재적 본성에 의한 것이어서 외적 수단으로 해결될 수 없다. 자본주의의 해체는 일회적 단절이 아니라 끝없는 '다르게-되기'로만 가능하다. 자본 문제가 아니라 그 내부의 작동 방식을 무한히 바꿔 가야 하는 것이다. 들뢰즈는 "사회는 모순에 의해서보다도 도주선들에 의해 정의되는 것"이라고 말한다(PP: 310). 존재론적 차이화의 정치사회전략은 미시전선에서 현실을 세분화하는 미시정책을 끊임없이 개발하는 것이다. 반자본주의적 투쟁은 계급이 아니라 비계급적 소수자들에 의해 도주선을 가속화하는 전쟁기계의 몫이 되었다.

들뢰즈는 현대 사회가 푸코의 규율사회에서 관리사회로 이행했다고 선언한다. 역학적이고 물리적인 통제가 인공두뇌와 컴퓨터에 의해 통제되는 시대로 바뀌었다는 것이다. 그는 "우리는 통제사회에 진입했어요. 통제사회는 더 이상 감금에 의해 기능하지 않고 지속적인 통제, 그리고 순간적인 소통으로 기능합니다"라고 말한다(PP: 316). 들뢰즈는 이 변화를 공장에서 기업으로의, 홈 패인 두더지에서 매끄러운 뱀으로의 이행이라고 말한다. 이것을 차이와 반복의 변증법에서 보면, 첫 단계는 규율사회 대 관리사회의 대립이다. 한때는 고속도로에서 교통경찰이 직접 과속을 단속하면서 규율했지만, 이제는 구간단속을 통해 운전자가 스스로를 관리/통제하도록 한다. 두 번째 단계에서는 규율사회조차 관리사회의 한 수단이었음을 본다. 규율도 결국 신체를 의도한 방향으로 관리하는 수단임에 틀림없다. 규율사회가 군대나 학교에서 신체에 직접적인 규율을 가했다면, 이제 관리사회는 신체의 내면에 복종의 욕망을 심는다. 세 번째 단계에서 실재적 관리는 규율과 관리를 구분할 수 없이 혼합적으로 사용하는 것이다. 흔히 말하는 당근과 채찍이다. 교통법규를 위반하거나 사고를 내면 징벌을 가하거나 보험수가를 높이기도 하고 교육과정을 부여하기도 한다. 중요한 것은 관리사회에 건전한 구성원이 되도록 자발적으로 복종하는 욕망주체를 창조하는 것이다. 자본주의의 본성은 새로운 자본을 향해 탈영토화하는 것이다. 그것의 외부를 향하는 반자본주의적 저항의 탈영토화 전략은 통하지 않는다는 말이다. 즉 자본주의를 넘어선 코뮤니즘 같은 것은 없다는 말이다. 만일 코뮤니즘이 가능하다면, 그 또한 자본주의의 탈영토화하는 본성을 다르게 길들이는 신유물론적 코뮤니즘이 될 것이다.

들뢰즈는 이 끝나지 않을 전투에서 우선 "새로운 무기를 찾아야 한다"고 충고한다(PP: 322). 자본주의적 관리전략은 앵무새 죽이기다. 앵무새에게 파시즘을 내면화하는 방식이다. 앵무새에게 자본주의적 욕망을 반복시켜서 신체 구조마저 바꾸는 것이다. 이에 저항하기 위해 우리는 '다르게-되기'를 모색해야 한다. 이는 예컨대 도나 해러웨이가 말하는 '다르게 이야기하기new storytelling'이다. 다른 이야기를 하고, 다른 생각을 하고, 다른 실천을 하는 것이 쑬루세를 마주한 인간의 생존전략이다. 이것은 비인간주의를 통과한 인간주의, 즉 비/인간 사유에 기초한 것이다. 회집체의 비/인간주의도 차이와 반복의 변증법을 따른다. 첫 번째로, 회집체는 인간중심적인 회집체다. 작은 세포로부터 지구행성에 이르기까지, 모든 회집체는 인간을 위해 봉사한다고 생각하는 것이다. 타자들의 생존조차 인간주의에 종속시킨다. 두 번째로, 회집체는 비인간주의이다. 작은 세포로부터 지구행성에 이르기까지, 모든 사물은 각자의 신체에서 생명을 유지하면서 살아간다. 모든 존재는 각자 자기중심적인 다수적 세계들 위에서 살아간다. 이 다양체들(회집체들)의 내재적 면, 일관성의 면에서는 인간뿐만 아니라 어떤 특권화된 존재도 있을 수 없다. 이 사실을 우리에게 폭력적으로 가르쳐 주고 있는 것이 오늘날의 인류세다. 세 번째로, 회집체는 그런 비인간적 인류세 위에서 우리는 어떻게 살아갈 것인가의 문제에 관한 것이다. 비인간 우주에서 우리는 어떻게 자신의 몫을 챙길 것인가? 들뢰즈는 주체 없는 회집체를 강조한다. 그것은 '나 없는 우리', '인간 없는 사유'를 다루는 문제다. 존재는 처음부터 그렇게 존재한다는 것이 들뢰즈의 메시지다. 다르게-되기, 그것은 기존의 틀 안에서 다른 무엇이 되는 문제가 아니다. 비인간적 전회는 지금까지 생각조차 할 수 없었던 사유를 요구한다. 반자본주의적 투쟁도, 꿀렁이는 지구행성과의 공존도 이것을 필요로 한다. 매 순간 비인간과 인간을 동시에 고려하는 '다르게-되기', 즉 차이화의 낯선 물질적 되기를 수행해야 한다. 원래 세계는 그렇게 존재하는 것이기 때문이다.

육후이의
테크노-비인간

숫자들이 흘러내리는 영화 《매트릭스The Matrix》(1999)의 타이틀은 디지털 지구행성을 예고한 것으로 유명하다. 주인공 네오 앞에 던져진 빨간 약/파란 약은 디지털 매트릭스(실재)/일상생활(가상)이라는 영화의 구도를 상징적으로 보여 준다. 네오는 빨간 약을 선택하여 매트릭스로 돌아간다. 그 세계는 인공지능(AI)이 우리의 일상을 지배하고 있는 디지털 세계다. 인간은 태어날 때부터 캡슐에 갇혀 에너지 공급원으로 사육된다. 실제로는 그 캡슐 안에 살면서, 우리가 아는 이 세계를 사는 것으로 꿈꾸고 있다. 사실 이 세계는 매트릭스에 의해 만들어진 시뮬레이션에 불과하다. 거대한 매트릭스에서 0과 1의 복합적 관계들이 디지털 객체로 물질화되어 '우리가 사는 세계'를 만든다. 영화는 매트릭스와 거짓 일상이라는 이분법 위에서 진행된다. 두 세계는 서로 영향을 주고받지만 엄연히 다른 세계다. 그런데 그 두 세계가 단절적인 것이 아니라 하나로 얽혀 있다면 어떻게 할 것인가? 마치 영화 《윌러드》에서 지하의 쥐 떼와 지상의 생명체들이 순환하듯이 말이다. 지하에 있는 쥐 떼의 에너지 변화에 따라 지상에서 생명체들의 역학 구도가 바뀌듯이, 시뮬레이션(우리 일상)이 매트릭스가 작동하는 방식이라면 어떻게 할 것인가? 실제로 우리는 영화 《매트릭스》보다 더 드라마틱한 디지털 환경에 살고 있는지도 모른다. 굳이 일론 머스크의 시뮬레이션 우주를 들먹이지 않더라도, 우리는 이미 디지털 환경의 테크노-비인간의 일원으로 살아가고 있다.

육후이Yuk Hui는 디지털 테크놀로지에 관한 논의를 통해 현대의 기술철학을 주도하고 있는 인물이다. 그는 오늘날의 디지털 관련 담론들이 장치나 제품들에 매몰되면서 진짜 중요한 변화를 놓치고 있다고 비판한다. 그러면서 그는 테크놀로지 문제를 지구행성적 기술-물음으로 가져간다. 육후이는 자신의 디지털 환경 관련 논의를 디지털 객체에서 시작한다. 그는 디지털 객체가 장치나 제품이 아니라 테크놀로지라고 말한다. 육후이는 "알고리즘의 지향성 아래 메타데이터 스키마는 범주로 작용하고, 데이터의 흐름으로부터 객관적 형식을 창조하여 우리에게 디지털 객체를 제공한다"고 말한다(Hui, 2016/2021: 192). 디지털 객체는 우선 데이터이자 거기에 규칙을 부여한 온톨로지ontologies다. 디지털 객체의 매트릭스인 디지털 연합환경은 알고리즘에 의해 끊임없이 흐름을 이어 간다. 그 흐름 속에서 디지털 객체는 다시 관계 종합을 통해 물질화하며 진화한다. 육후이는 디지털 온톨로지가 하이데거의 존재자와 같은 단어라는 데 착안하여 디지털 객체를 존재자seiendes; ontologies/존재Sein; Being의 구도 위에서 다룬다. 육후이는 하이데거의 이 구도를 자신의 '데이터/메타데이터 스키마' 또는 '온톨로지/연합환경'에 그대로 적용한다. 이것이 육후이가 하이데거의 존재-물음을 자신의 기술-물음으로 가져가는 방식이다. 온톨로지들은 연합환경을 변환시키고, 연합환경은 온톨로지들을 작동시킨다. 둘을 구분하여 말할 수도 있지만, 그것조차 둘이 하나를 이루고 있음을 전제한 다음의 이야기다.

육후이의 디지털 객체와 디지털 연합환경이 대립적으로 보이면서도 식별불가능한 것이라는 모순은 어떻게 해결할 것인가? 이것은 들뢰즈가 '마법적 이분법(이원론=다원론)'이라고 부른 것의 논리를 통해 해결할 수 있다. 자신의 첫 저작인 『디지털적 대상의 존재에 대하여』(2016)와 그 후속편인 『재귀성과 우연성』(2019)에서, 육후이는 칸트, 후설, 하이데거, 베르그손, 질베르 시몽동Gilbert Simondon, 베르나르 스티글레르Bernard Stiegler 등을 인용하면서 자신의 디지털 존재-물음을 '이원론=다원론'의 방식으로 풀어낸다. 하이데거의 존재자/존재의 구도에서 출발한 육후이의 온톨로지/연합환경의 관계는 칸트의 현상/물자체, 후설의 영역적 존재론/형상적 존재론, 시몽동의 형상/배경 등을 통해 재확인된다. 이것은 들뢰즈의 비인간/지구행성 또는 차이소/차이화의 관계이기도 하다. 이들은 일상의 이 소소한 유한자들과 이들이 범접할 수 없는 무한자를 구분하면서도, 이 둘을 연결시킬 수 있는 방법을 고민한다. 이 때문에 육후이의 이론은 부분/전체의 상호작용에 초점을 맞춘 체계 이론이 아니냐는 평가가 나오기도 한다. 그러나 육후이는『중국에서의 기술에 관한 물음』의 기본 물음에서 기器/도道의 관계를 통해 단순 체계를 극복하려고 한다. 이것은 그가 1차 사이버네틱스의 단순한 입출력 관계를 넘어 2차 사이버네틱스에 끌리는 이유이기도 하다. 흔히 유한한 도구(器)는 무한한 도道에 의해 좌우되는 것으로 알려져 있지만, 육후이는 다르게 생각한다. 그는 "중국의 기술적 사유는 기와 도가 하나로 합일되는 (道器合一) 전체론적 관점을 포함하고 있다. 따라서 도와 기라는 두 개의 기본적인 철학 범주는 분리불가능하다"라고 말한다(Hui, 2017/2019: 171). 이것은 육후이의 온톨로지/연합환경이나 들뢰즈의 비인간/지구행성(되기/회집체)의 구도를 설명하는 논리이기도 하다. 『재귀성과 우연성』에서 그는 요소/체계를 체계 이론 차원에서 검토한다. 1차 재귀성에서는 투입과 산출이 기계적으로 대응하지만, 사이버네틱스를 비롯한 2차 재귀성에서는 반드시 반복은 차이를 낳는다. 그리고 이것이 가능한 이유는 연합환경이라는 체계 자체의 우연성 자체 때문이라고 말한다. 재귀성도 우연성을 가지지만, 그것과 우연성 자체는 전혀 다른 차원이다. 손오공의 여의봉은 반복할 때마다 커지기도 하고 작아지기도 하지만, 그런 재귀성이라도 부처님 손바닥이라는 우연성에 비하면 사소해 보이기도 한다. 우연성을 다루는 육후이의 방식은 거의 퀑탱 메이야수의 '절대적 우연성' 테제에 육박한다. 그는 '재귀성과 우연성'을 통해 자신만의 디지털 존재론을 모색하려는 야심을 보이고 있다. 여기서도 그는 일관되게 존재자/존재 구도를 들뢰즈식 '이원론=다원론'으로 다룬다. 들뢰즈의 현행적인 것은 잠재적인 것과의 순환을 통해 실재적인 것을 구성한다. 육후이의 '디지털 객체와 연합환경'에 기초한 '재귀성과 우연성'에서 들뢰즈의 '차이와 반복의 변증법'이 겹쳐 보이는 것은 당연한 것일지도 모른다. 육후이는 『디지털적 대상의 존재에 대하여』의 마지막 페이지에서 "하이데거로부터 들뢰즈로, 논리학으로부터 알고리즘으로 이어지는 이처럼 긴 우회를 거친 본 작업의 목표는 기술이 … 근본적으로 얼마나 철학적인지를, 그리고 … 얼마나 실천적·기술적인지를 제안하는 데 있었다"라고 밝힌다(Hui, 2016/2021: 456). 육후이는 여기서 디지털 객체의 변환적 논리를 사유하기 위해 시몽동과 후설을 연결시키는데, 이 작업은 들뢰즈가 『천 개의 고원』에서 처음 시도했다고 밝히고 있다. 들뢰즈는 후설의 원-기하학proto-geometry을 "감각적 사물처럼 부정확하지 않고, 또 이상적인 본질처럼 정확하지도 않으며, 오히려 비정확하지만 엄밀한('우연이 아니라 본질적으로 비정확한') 과학"이라고 정의한다(MP: 705). 여기서 "비정확하지만 엄밀한"이라는 표현은 현행적 차원에서는 모순이지만 잠재적 차원에서는 얼마든지 가능하다. 들뢰즈의 마법적인 '이원론=다원론'에 모순은 없다. 우리에게 필요한 것은 '비정확한 것'과 '엄밀한 것' 사이를 이어 주는 제3항을 만드는 것이다. 육후이는 현상/물자체, 존재자/존재, 형상/배경, 현행적인 것/잠재적인 것을 이어 주는 제3항으로 관계 개념을 내세운다. 그는 들뢰즈를 따라 "질료[물질]에 강도라는 차원을 부여"하여 연합환경(지구행성)을 설명한다(Hui, 2016/2021: 355). 들뢰즈의 지구행성 회집체도 그런 육후이의 관계 종합을 되기와 차이화라는 이름으로 행하고 있다.

들뢰즈와 육후이를 같은 계열로 묶을 수 있는 근거는 시몽동과 카스트루에게서 찾을 수 있다. 두 사람 모두 시몽동의 변환체계와 개체화, 그리고 카스트루가 말하는 비인간마다의 형이상학'들'로 이어져 있기 때문이다. 육후이의 첫 단행본인 『디지털적 대상의 존재에 대하여』는 제목부터 시몽동의 『기술적 대상들의 존재 양식에 대하여』를 따르고 있다. 제목만 그런 것이 아니라, 주요한 이론에서 육후이 자신의 논리를 찾아볼 수 없을 만큼 시몽동의 그늘이 짙게 드리워져 있다. 육후이의 온톨로지/연합환경에서 환경연합은 시몽동의 개념이고, 부분과 전체를 풀어내는 변환논리도 시몽동의 형상/배경(게슈탈트)의 순환논리이다. 시몽동의 형상이 배경에서 나왔다 돌아가는 개체화 개념은 육후이의 시간의 종합 또는 관계 종합의 논리다. 한편, 개체화 개념은 들뢰즈의 차이화에도 결정적 영향을 주었다. 들뢰즈는 더 이상 나눌 수 없는 실체 철학의 단위 개념인 개체를 부정하면서, 나뉘어야 존재 가능한 분할개체를 옹호한다. 이렇게 분기하는 분할개체가 바로 시몽동의 개체화이고 이것은 들뢰즈의 차이화, 되기, 탈영토화라는 주요한 논리가 된다. 들뢰즈와 육후이 모두 개체화하는 비인간(디지털 객체)이 지구행성(연합환경)을 움직인다. 두 사람은 또한 카스트루와도 밀접하게 엮여 있다. 육후이는 자신에게 코스모테크닉스라는 기술다양성의 아이디어를 결정적으로 제공한 것이 카스트루라고 밝히고 있다. 그는 "카스트루는 강도intensity라는 들뢰즈와 과타리의 개념을 차용해 새로운 형태의 참여, 즉 '타자-되기'를 묘사하는데, … 아메리카 인디언의 관점주의는 우주적 정치로서의 다자연주의를 제공해 줄 것이다"라고 평가한다(Hui, 2017/2019: 117~118). 육후이는 탈서구적인 것에 멈추지 않고 무한한 다양성을 추구하는 카스트루의 비인간 형이상학으로부터 큰 영향을 받았다. 육후이의 기술다양성technodivessity, 정신다양성noodiversity, 생물다양성biodiversity이 그 결과물이다. 이 가운데 기술다양성을 부르는 이름인 코스모테크닉스cosmotechnics는 육후이 철학의 중심을 차지하고 있다. 카스트루가 아메리카 인디언에게서 또 다른 정신

다양성, 즉 비인간 형이상학을 발견한 것처럼, 중국 기술에서 또 다른 코스모테크닉스를 발견하려는 육후이의 시도가 『중국에서의 기술에 관한 물음』이다.

　AI를 비롯한 디지털 객체는 단순히 인간을 대신하거나 인간을 넘어서는 무엇이 아니다. 디지털 객체를 인간과 떼놓고 이야기하는 것은 무의미한 세상이 되었다. 내가 컴퓨터를 이용하는 것이 아니라, 서로 연합해서 디지털 환경을 만드는 것이다. 육후이는 개별 유저가 디지털 객체 앞에서 아무 생각 없이 버튼만 눌러 대는 수동적 행위에 머물러서는 안 된다고 말한다. 그는 SNS에서의 태깅tagging이나, 위키피디아와 같은 협력적[기여적] 주석 달기collective[contributive] annotation의 사례를 들어, 연합환경에 창조적으로 참여하는 집합적 개체화를 강조한다. 육후이는 이에 대해 들뢰즈의 '주름pli' 개념을 따라, "마치 변환이 귀납 및 연역에 더해 제3항 역할을 하듯이, 안주름[접힘implicit]과 밖주름[펼침explicit]을 넘어선 새로운 항을 추가하는 방법론으로 간주되어야 한다. 이 제3항을 온주름[얽힘complicity]이라고 부를 수 있을 것이다"라고 주장한다(Hui, 2016/2021: 395). 우리는 육후이의 디지털 객체/연합환경을 들뢰즈의 비인간-되기/지구행성이라는 맥락에서 볼 때 더 많은 아이디어를 발견할 수 있다. 그 내용을 개략적으로 살펴보면 다음과 같다. 첫째, 들뢰즈의 '모든 것은 회집체다'라는 테제는 육후이의 연합환경이 어떤 의미를 갖는지 설명해 준다. 그에게 '모든 것은 디지털 연합환경'이기 때문이다. 들뢰즈의 꿀렁이는 지구행성은 세포-인간-동식물-지구행성의 회집체 계열을 이룬다. 서로 다른 회집체들이 다른 차원의 회집체에 기여한다. 육후이도 자신의 연합환경이 서로 다른 '크기의 등급orders of magnitude'의 온톨로지들로 이루어진다고 말한다. 크기의 등급은 수학에서 상용 로그 10^n을 척도로 하는 크기의 정도를 나타낸다. 여기서 n의 차이는 차원이 다르다는 의미다. 세포-인간-동식물-지구행성은 차원이 다르다. 크기의 등급이 다른 것이다. 육후이는 '크기의 등급' 개념을 사용해 등급이 다른 존재자가 하나의 존재 스펙트럼 안에 있음을 해명하려고 한다. 존재자와 존재마저도 개체화 과정을 통한 크기의 등급만 다를 뿐 분리불가능하다. '크기의 등급'은 들뢰즈의 강도intensite 개념에 해당한다. 둘 모두 척도로 나눌 수 없는 차이화하는 역량으로 이어진 세계를 보여 준다. 육후이는 "관계는 전체집합이며, 우리는 그것 내부에 지시로 불리는 부분집합을 갖게 되고, 그것 내부에서 지시의 더 작은 부분집합으로서의 표시Zeigung를 발견한다"라고 말한다(Hui, 2016/2021: 231). 이렇게 상호객체적 관계를 통해 촘촘하게 얽혀 있는 것이 연합환경이자 들뢰즈의 지구행성 회집체다. 들뢰즈는 실재적인 것을 현행적인 것과 잠재적인 것이 순환하는 것으로 파악한다. 어떤 현행적인 것의 잠재성은 초월적인 바깥에 있는 것이 아니라, 자기의 현행적 행위능력과 아직 관계 맺지 않은 타자들의 현행적인 것들에 있다. 육후이의 객체와 환경도 따로 있는 것이 아니며, 어떤 객체의 환경은 다른 객체들과 연합한 관계의 결과다. 육후이의 연합환경은 들뢰즈의 꿀렁이는 지구행성의 디지털 버전이다.

둘째, 들뢰즈의 '모든 비/인간은 되기다'라는 테제에서 우리는 '되기'가 육후이의 관계 종합을 가리키는 것을 알 수 있다. 육후이는 디지털 객체들, 또는 테크노-비인간들의 상이한 크기 등급의 문제를 관계의 종합으로 해결한다. 그는 두 등급의 차이를 해소하는 제3항이 관계라고 말한다. 육후이의 관계 존재론은 왜 그의 '디지털 객체'가 그레이엄 하먼의 '객체지향 철학'과 다르다고 주장하는지를 잘 보여 준다. 하먼이 하이데거를 '도구-존재tool-being'라는 객체 중심으로 해석하는 데 반해, 육후이는 하이데거의 사방Geviert-존재, 즉 객체를 관계 속에 주워 담는 시간적 종합 또는 관계 종합으로 접근한다. 하먼의 객체지향 철학은 철저하게 관계를 부정하면서 객체를 옹립한다. 이에 반해 육후이는 "디지털 환경 속에 공간은 존재하지 않으며 오직 관계만 존재한다"고 말한다 (Hui, 2016/2021: 442). 육후이의 관계 종합은 '시간의 네 번째 종합'을 가리킨다. 그에게 종합은 관계의 종합이고 이것은 오직 시간성을 통해서만 정립된다. 육후이는 칸트의 종합을 세 가지로 구분한다. 이것은 칸트의 감성, 상상력, 오성의 능력을 따라 각각 포착apprehension, 기억/재생recollection/reproduction, 인식recognition을 가리킨다. 시간의 첫 번째 종합인 포착은 잡다한 자료가 정신의 시간적 형식에 저장된 것이다. 시간의 두 번째 종합인 기억/재생은 상상력(구상력)에 의해 재생산된다. 시간의 세 번째 종합인 인식은 개념화한 종합이다. 육후이는 자신의 시간론을 들뢰즈의 것과 겹

치면서 시간의 네 번째 종합을 마련한다. 그 시간에서 "미래는 항상 현재"이며, "들뢰즈는 『차이와 반복』에서 그런 시간적 구조가 시간의 세 번째 종합임을 밝히고 있다"고 말한다(Hui, 2016/2021: 445). 들뢰즈의 세 번째 시간의 종합은 영원회귀의 시간이다. 지금/여기의 수행성에 의해 과거-현재-미래 전체가 매번 재구조화되는 시간이다. 육후이가 말하는 시간의 네 번째 종합도 그렇게 작동한다. 육후이의 네 번째 종합은 그의 스승인 스티글레르의 3차 파지retention와 자신의 3차 예지protention를 가리킨다. 이것은 시간의 세 번째 종합인 인식을 디지털 객체로 외부화한 것을 가리킨다. 후설의 개념 정의에 따르면, 파지는 과거를 '다시 당김'이고, 예지는 미래를 '미리 당김'인데, 사실상 그의 시간의식은 시간이 단절적이지 않고, 현재 속에 과거와 미래가 공존하고 있음을 말하고 있다. 1차 및 2차 파지와 예지는 인간의 인식이 미치는 거리의 가깝고 먼 정도를 가리킨다. 이에 반해 3차 파지와 3차 예지는 인식을 외부화한 테크놀로지이다. 3차 파지는 CD와 같은 저장장치를 가리키고, 3차 예지는 알고리즘으로 대표된다. 나보다 나를 더 잘 아는 듯이 몰아세우는 미디어의 추천 알고리즘이 3차 예지의 대표적인 경우다. 육후이의 3차 예지는 들뢰즈의 영원회귀의 작동 방식인 순간Augenblick처럼 움직인다. 웹 환경에서 유저와 디지털 객체의 상호작용은 순간적으로 반응한다. 그때마다 정도의 차이는 있겠지만 연합환경 전체가 재편된다. 이것을 육후이는 3차 예지가 동시적으로 "다른 종합을 횡단하고 재조직하는 함수[기능]"

라고 말한다(Hui, 2016/2021: 443). 3차 예지는 오늘날 디지털 지구 행성의 되기에 결정적 영향을 끼치고 있다. 그 가운데 많은 부분이 대중이 모르는 사이 알 수 없는 방법으로 진행되고 있어서, 3차 예지에 대한 윤리학이 시급하게 요청되고 있다.

셋째, 들뢰즈의 '인간 대 비인간이 아니라 비/인간이다'라는 테제는 육후이의 테크노-비인간에 대한 질문을 던진다. 육후이는 디지털 객체를 가시적인 무엇이 아니라 프로그램 뒤에 숨겨진 "데이터와 메타데이터"로 규정한다(Hui, 2016/2021: 442). 구조나 스키마에 의해 규칙이 부여된 온톨로지가 대표적이다. 그러나 중요한 것은 그런 명칭이 아니라 그것이 어떻게 움직이고 있는가 하는 양태다. 하이데거의 존재자가 존재를 통해 규정되듯이, 육후이의 디지털 객체(테크노-비인간)는 무엇보다 연합환경을 통해 정의되어야 한다. 그것이 바로 육후이의 상호객체성interobjectivity 개념이다. 육후이는 상호객체성의 동의어로 하이데거의 사방 개념을 내세운다. 디지털 객체는 하먼이 말하는 독립된 객체가 아니다. 그것은 땅, 하늘, 신적인 것(무한자), 인간(유한자, 필멸자)의 관계가 모인 것gethering이다. 들뢰즈의 모든 비인간이 무리로 존재하는 것과 같다. 하나의 비인간 회집체는 이미 다른 회집체들의 구성물이자, 다른 회집체의 구성물로서만 존재한다. 육후이의 디지털 객체인 테크노-비인간도 마찬가지다. 육후이의 상호객체성은 후설의 상호주관성 개념을 비틀어 만든 것이다. 후설은 의식이 주체 안에서 정의되지 않고, 주체와 주체 '사이'(상호주체성)에서 발생한다고 본다. 후설의 지향성intentionality은 주체의 것이 아니라 주체 사이에서 만들어지는 것이다. 그렇게 지향성이 형성된 다음에야 주체나 대상이 현상한다. 후설의 수동적 종합이라는 개념도 이런 배경에서 생겨난 것이다. 들뢰즈나 육후이의 종합은 인간중심적인 능동적 종합이 아니라, 비인간적인 수동적 종합이다. 디지털 객체라는 테크노-비인간을 굳이 상호객체성이라고 불러야 하는 이유는 무엇일까? 그것은 디지털 객체가 개체가 아니라 분할개체, 즉 되기 중에 있는 관계 존재라는 사실을 강조하기 위해서다. 디지털 객체마다의 그 관계 전체가 서로에게 연합환경을 이룬다. 육후이는 주체와 객체가 분리되지 않았던 '원초적인 마술적 순간', 즉 상호객체성의 시대를 추구한다. 이런 맥락에서 그의 상호객체성은 들뢰즈의 역량, 특이점처럼 비가시적이고 비물질적인 분자적 에너지 흐름을 가리킨다. 이것이 현행화되어 가시적인 주체나 객체가 되면 몰적이고 물질적인 개체가 된다. 그러나 육후이는 가시적인 개체들에 현혹되지 말고 배후의 분자적 흐름이 디지털 존재라는 것을 통찰하라고 충고한다. 그가 "객체성 자체는 더 이상 존재하지 않으며 상호객체성만 존재한다"고 말하는 이유다(Hui, 2016/2021: 303).

육후이는 오늘날의 디지털 환경이 상업적인 목적에 의해 편향되어 있다고 비판한다. 특히 3차 예지를 이용한 '추천 알고리즘'이나 '개인 맞춤형 서비스'가 "(… 파괴적 의미에서) 탈개체화 disindividuation를 유발"할 수 있다고 경고한다(Hui, 2016/2021: 447).

알고리즘이 창조적인 집합적 개체화를 방해하여 연합환경을 파괴할 수 있다는 것이다. 육후이는 3차 예지의 알고리즘에 의해 인간의 정체성이 위협받고 있다고 말한다. 그에 따르면 "그것[알고리즘]은 우리에게 '나는 생각한다'가 아니라 '넌 …라고 생각할 거야'라고, '나는 생각한다'에 새로운 형태의 규정을 제공한다."(Hui, 2016/2021: 446) 나의 생각은 나의 것이 아니고, 알고리즘이 그것을 대신한다는 말이다. 들뢰즈는 일찍이 이런 사태를 관리사회라는 이름으로 경고한 바 있다. 들뢰즈는 푸코의 규율사회가 관리사회로 이행되어 훨씬 더 교묘한 파시즘적 복종을 만들어 낸다고 말한다. 말하자면 "자발적 복종은 규율사회의 도착점이었던 반면, 관리사회는 자발적 복종에서 시작한다."(최영송, 2015: 122) 관리사회는 일상의 파시즘이 전면화된 상황을 가리킨다. 교통경찰이 과속을 직접 단속하는 대신, 구간단속이라는 방법을 만들어 자발적으로 속도를 관리하도록 만드는 식이다. 자발적으로 관리하는 방식은 권력을 대신하여 서로를 감시하고 감시당하는 일상의 파시즘을 생산한다. 육후이는 "들뢰즈가 관리사회라고 부르는 적응의 지배적 형태로 구현된 재귀적 알고리즘에 비추어 볼 때, [그것은] 자체의 한계에 직면 중이다"라고 경고한다(Hui, 2019/2023: 306). 알고리즘이 개입하면서 관리사회의 폐해가 한계에 달했다는 지적이다. 들뢰즈는 관리사회에 저항하는 두 가지 방법을 제시했다. 그것의 "첫 번째 방법은 감시-관리 시선의 내면화에 고개를 돌리는 미시적 저항이다. 자발적 복종을 강요하는 길든 욕망을 배신하는 것이다. … 두 번째 저항 방법은 관리사회 자체를 개혁하기 위한 거시적 저항에 나서는 것이다."(최영송, 2015: 129~130) 들뢰즈는 개인적인 반파시즘적 저항뿐만 아니라, 해킹이나 바이러스를 이용한 집합적 저항도 필요하다고 생각했다. 그러나 들뢰즈는 인터넷이 대중화되기 시작한 1995년에 세상을 떠났다. 오늘날의 디지털 환경을 접하지 못한 것이다. 많은 사람이 디지털 연합환경에 대한 들뢰즈의 사유를 아쉬워하면서 나름의 추측을 내놓았다. 육후이도 그런 추측과 기대에 대한 응답 가운데 하나다. 물론 그 응답에 대한 비판도 무시할 수 없다. 그의 이론이 시몽동이나 스티글레르의 인용과 반복에 지나지 않는다는 것이다. 그가 들뢰즈를 다루는 방식은 더욱 미미하고 제한적이다. 그럼에도 불구하고 육후이의 디지털 존재론은 들뢰즈의 차이 이념을 공유하고 있다는 강점을 지닌다. 그가 스스로 제기한 디지털 테제를 효과적으로 이론화할 능력이 있는지는 미지수이지만, 그 테제를 본격적으로 제기한 것만으로도 주목받을 만하다. 그것이 굳이 육후이일 필요는 없지만, 들뢰즈 철학에 대한 디지털적 해명이 시급한 것도 사실이다. 비인간 지구행성의 맥락에서, 육후이가 들뢰즈의 또 다른 디지털 버전을 제공하기를 기대해 본다.

7.

『시네마』:
비인간적 이미지

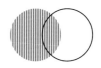

　『시네마』는 우리에게 하나의 의심을 불러일으킨다. 들뢰즈 철학 내부에 처음부터 '영화적인 것', 또는 '회화적인 것'이 자리 잡고 있었던 것은 아닐까 하는 것이다. 탈영토화, 기계, 사유 이미지, 기관 없는 신체 등의 개념들은 언어적이고 지적인 개념이라기보다, 비언어적인 이미지 요소가 강하다. 마치 추상적 언어를 비집고 흘러넘치는 구체적 형상들의 범람을 보는 듯하다. 들뢰즈 철학이 회화적 느낌을 주는 것은 그의 철학적 위상이 지구행성적 신유물론에 자리하고 있기 때문이다. 들뢰즈는 철학적 사유라는 것은 주체나 객체 사이의 무엇이 아니며, "사유는 차라리 영토territoire와 대지terre의 관계 속에서 이루어진다"고 말한다(QP: 125). 이것이 바로 그의 철학적 개념들에 유달리 지구행성적 이미지가 많은 이유다. 추상적 개념은 명석판명함을 미덕으로 내세우지만, 회화적 개념들은 애매모호함을 통해 창조성을 자극한다. 들뢰즈가 '철학은 개념을 창조하는 것'이라면서 개념보다는 창조를 강조하는 이유다. 지적 개념은 빛 속에서 분명한 지시 관계를 추구하지만, 회화적 개념은 어둠 속에서 새로운 개념을 건져 내길 바란다. 들뢰즈는 영화가 보여 주는 새로운 존재론적 면을 기대하고 있다. 그는 영화야말로 자신이 원하는 비인간적 지구행성의 존재를 보다 직접적으로 가시화할 수 있다고 믿었다.

곤 사토시今敏의 애니메이션 《파프리카》(2006)의 주요한 이미지는 인물들과 공간들이 서로 접혀 들고 펼쳐지면서 마치 DNA의 이중나선처럼 꼬여 가는 장면들이다. "현실과 꿈의 뒤죽박죽 퍼레이드가 펼쳐진다"라는 문구가 영화 포스터를 장식하고 있다. 의식과 무의식의 수많은 장면이 만나서 식별불가능하게 섞여 가는 세계다. 이 영화는 크리스토퍼 놀란의 《인셉션》(2010)에 아이디어를 제공한 것으로 알려져 있다. 《인셉션》에서도 어떤 이의 꿈은 다른 이의 꿈으로 이어지고, 그렇게 꼬리에 꼬리를 물고 진행된다. 현실과 꿈을 구분할 아무런 근거가 없다고 보는 들뢰즈에게는 "뒤죽박죽 퍼레이드"야말로 차이생성의 실재 세계다. 오히려 그는 의식과 무의식의 자리를 뒤집어, 꿈들의 무의식적 계열들이야말로 실재이고, 의식에 대한 과도한 집착이야말로 몽상에 가깝다고 할 것이다.

들뢰즈의 『시네마』에서 가장 쉽고도 어려운 개념은 면面; Plan이다. 면 개념은 단순히 영화의 한 숏shot을 의미할 뿐만 아니라, 들뢰즈 차이 철학의 핵심 개념이기도 하기 때문이다. 들뢰즈의 철학 개념들은 수직적으로 쌓여 단단한 건축물이 되기보다, 수평적으로 흩날리며 명멸하는 빛의 난반사에 가깝다. 들뢰즈 철학의 난반사는 바로 이 면에 의해 이루어진다. 들뢰즈의 개념들은 크고 작은 면들이 서로를 어지럽게 비추면서 끊임없이 유동하는 형상이다. 들뢰즈의 전 저작에서 드러나는 면 개념의 크고 작은 역할이 이를 잘 보여 준다. 예를 들어,『철학이란 무엇인가』5장에서 예술, 철학, 과학은 각각 조성면plan de composition, 내재면plan d'immanence, 지시면plan de reference으로 불린다. 들뢰즈의 면은 사실 평면이 아니라 입체에 가깝다. 영화《파프리카》나《인셉션》의 접혀 드는 시공간처럼, 또는《인터스텔라》에서 주인공이 시공간을 되돌아오듯이, 면은 만남을 통해 서로 접히고 펼쳐진다. 이것은 영화의 작동 방식인 동시에 세계 또는 우주의 작동 원리이다. 들뢰즈가 이를 "물질적 우주, 내재성의 면"이라고 부르는 이유다(C1: 117). 들뢰즈의 면 개념은 작은 모래알의 면들이자, 동시에 꿀렁이는 지구행성이라는 면이기도 하다.

이 책에서는『시네마』의 국역본을 따라 이 면을 쁠랑plan으로 음차하여 부르기로 한다. 쁠랑은 존재론적 '면'이자 영화의 '숏'이라는 의미를 갖는다. 쁠랑의 다층적 개념을 가장 잘 보여 주는 것이 영화다. 들뢰즈가 왜 말년에 영화를 통해 자신의 철학을 정리하려고 했는지 그 이유를 짐작할 수 있다.『시네마』의 도입부에서 분할개체dividual나 단위통일체unité를 가져와 쁠랑을 설명하고 있는 이유도 다르지 않다. 단위이자 통일체를 가리키는 unité는 쁠랑의 위상을 설명하기 위해 사용된 개념이다. 단위는 집합의 요소인 동시에 하나의 통일된 집합을 가리키기도 한다. 쁠랑은 단위통일체인 영화 그 자체인 것이다. 들뢰즈는 쁠랑의 이런 성격이 중요한 이유는 분할개체, 즉 "전체란 분할의 매 단계마다 자신의 성질을 바꾸지 않고는 결코 분할되지 않기 때문이다"라고 말한다(C1:

25). 이것은 뻴랑이 영화의 필름 한 조각, 또는 하나의 숏과는 다르다는 것을 말하고 있다. 뻴랑은 운동의 잘라 낸 단면이 아니라 운동하는 영화 그 자체이다. 영화 한 편도 면이고 그것을 구성하는 무수한 숏도 면이다. 하나의 영화 면도 다른 영화 면이나 정책 면, 제도 면과 결합해 영화산업 면을 형성한다. 들뢰즈는 이것을 잘 보여 주는 것이 '뻴랑-세깡스plan sequence'라고 말한다. 그에 따르면, "이런 뻴랑은 그 자체 내에 근접화면에서 원경에까지 이르는 공간의 모든 단면을 동시에 포함하지만, 그것을 뻴랑이라고 규정해 주는 통일성 또한 지니고 있다."(C1: 53)

『시네마』I권은 영화의 탄생에서 2차 세계대전까지의 전통적 영화를 다루고, II권은 2차 세계대전 이후 유럽의 새로운 영화 흐름을 다룬다. 프랑스의 누벨바그, 이탈리아의 네오레알리스모, 독일의 뉴저먼시네마, 영국의 프리시네마 등이 여기에 해당한다. I권과 II권은 운동-이미지에서 시간-이미지로의 이행을 보여 준다. 그럼에도 불구하고 들뢰즈는『시네마』의 첫마디를 "이 연구서는 영화사가 아니다"라는 말로 시작한다(C1: 7). 이것은 들뢰즈가 영화사라는 연대기적 분류 방식을 거부하면서, '이미지'의 새로운 분류 방식을 보여 주겠다는 의미로 읽을 수 있다. 말하자면 그 분류 방식 자체가『시네마』에서 보여 주려는 들뢰즈의 차이 존재론이다. 결국『시네마』를 통해 그가 어떤 생각으로 어떻게 이미지를 분류하고 있는가를 알아내는 것이 중요하다. 들뢰즈는 왜 기존의 영화사를 거부하면서,『시네마』I권은 운동-이미지로, II권 전반부는 시간-이미지로, II권 후반부는 신체, 뇌, 사유 등의 이미지로 분류하고 있는 것일까?

　우선 들뢰즈가 사용하는 이미지라는 개념이 우리가 통상적으로 사용하는 심상이나 허상이 아니라는 사실에 주의해야 한다. 그가 베르그손에게서 빌려 온 이미지 개념은 인간의 재현과는 무관하다. 들뢰즈의 이미지는 무엇보다 엄연한 존재, 즉 심상보다는 오히려 사물에 가까운 것이다. 베르그손은 실재에 대한 관념론과 유물론의 대립을 해소하기 위해 이미지라는 개념을 발명했다. 베르그손에게는 관념도 이미지이고 물질도 이미지이다. 그의 이미지는 물질이라서 감각할 수 있지만, 관념이라서 조작할 수는 없다. 뒤집어 보면 물질이 아니라서 임의로 조작할 순 없지만, 관념이 아니라서 감각의 대상이기는 하다. 영화 이미지는 만질 수는 없지만 관객에게 물질보다 더한 영향을 줄 수 있다. 이것이 들뢰즈의 신유물론이다. 그것이 다루는 대상이 물질이라서 유물론이 아니라, 그 대상이 무엇을 기능하도록 만들 수만 있다면 그것이 관념이든 물질이든 모두 유물론인 것이다.

　들뢰즈의 이미지는 베르그손의 그것보다 더 민감한 문제를 갖는다. 그 차이를 '시네마'에 대한 서로 다른 이해에서 찾아볼 수 있다. 베르그손은 영화를 '거짓 운동'으로 보았다. 스크린 위의 동영상은 한 장씩 단절된 스틸 사진이 영사기 위에서 만들어 내는 가짜 운동이라는 것이다. 베르그손에게는 여전히 인과적인 논리의 정합성이 중요하다. 이에 반해 들뢰즈에게 영화는 스크린 위에서 운동하는 이미지 자체다. 그 이미지가 곧 존재 자체다. 『시네마』에서 이미지는 운동이자 시간이자 존재인 것이다. 들뢰즈는 존재에 대한 관념론이나 실재론 모두 인간중심적인 척도에 기인한 것으로 본다. 그가 베르그손의 이미지 개념을 차용한 이유다. 들뢰즈는 "이미지의 즉자성, 이것이 물질이다"라고 말한다(C1: 117). 그가 이미지의 무한한 집합을 내재성의 면이라고 부르는 이유다. 마치 『안티 오이디푸스』의 기계처럼, 『시네마』에서 존재의 이름은 이미지다. 운동-이미지와 시간-이미지는 인간의 감각을 위한 것이 아니라, 그 자체로 인간과 동등한 존재론적 위상을 갖는 비인간들이다. 이것을 이해하지 않으면 『시네마』 II권 6장 이후 등장하는 신체-영화, 뇌-영화, 사유-영화를 이해하기 곤란해진다. 들뢰즈의 이미지는 새로 등장한 AI나 외계인에 가깝다. 들뢰즈가 보기에 영화-이미지 기계는 인간의 감각 논리와는 전혀 다르게, 또는 훨씬 더 유능하게 작동하는 존재다. 흔히 『시네마』의 패착으로 지적되는 퍼스의 기호론도 같은 맥락이다. 들뢰즈는 퍼스의 기호가 소쉬르의 기호와 달리 언어적 기호가 아니라 존재를 가리키는 이름이라는 것을 잘 알고 있었다. 퍼스의 기호인 도상(일차성), 지표(이차성), 상징(삼차성)은 『의미의 논리』의 심층-표면-명제의 구도를 반영하고 있다. 영화 속 이미지들은 우리가 현실에서 마주치는 스마트폰이나 가방, 고양이, 친구와 다른 것이 아니다. 이 모든 존재와 이미지는 동등한 가치를 갖는다. 들뢰즈가 말년에 영화나 미술의 이미지가 철학의 개념을 대체할 것이라고 말한 이유다.

『시네마』를 완결한 뒤의 한 인터뷰에서, 들뢰즈는 '뇌는 스크린이다'라는 테제를 내놓았다. 숏이자 영화인 쁠랑이 '스크린-뇌'라는 것이다. 들뢰즈는 "내가 영화에 관심을 가진 것은 레네, 또는 지버베르크의 영화에서처럼 스크린이 영화에서 뇌일 수 있다는 점입니다"라고 밝힌다(PP: 276). 『시네마』는 I권에서 현재에 정박한 인간의 스크린-뇌를 다루고, II권 5장까지의 부분에서는 탈인간적인, 즉 인간중심적인 시공간에 정박되기 이전의 '경첩이 풀린 out of joint' 스크린-뇌를 보여 준다. 들뢰즈는 그 예로 지가 베르토프 Dziga Vertov의 키노-아이 Kino-Eye를 든다. 그는 기계의 눈(키노-아이)을 높이 평가하면서, "눈은 사람이 가진 지나치게 부동적인 눈이 아닌 카메라의 눈, 즉 물질 안에 있는 눈"이라고 말한다(C1: 79). II권의 6장 이후 부분에서는 매번 생성되는 스크린-뇌를 말한다. 이 마지막 부분이 사실상 들뢰즈가 철학을 대체할 영화 이미지의 가능성을 보고 있는 부분이다. 영화가 매 순간 생성하면서 일정한 단위로 새로운 이미지를 생성하는 것은 오늘날 디지털 매트릭스에 가장 가깝다. 영화는 디지털 상호작용이나 AI의 문제를 사유할 수 있는 틀을 제시하고 있는 셈이다. 들뢰즈가 영화분석의 도구로 언어학이나 정신분석학보다는 뇌생물학이나 분자생물학이 더 적합하다고 말하는 이유다. 이것은 일종의 '시네마 현상학'이다. 헤겔이 『정신현상학』에서 정신이 '자기반성'을 통해 현상하는 과정을 보여 주고 있다면, 들뢰즈는 '시네마'를 통해 비인간적 정신의 현상학을 보여 주고 있다. 헤겔이 『정신현상학』이라는 인간중심주의에서 시작한 반면, 들뢰즈는 『차이와 반복』이라는 탈인간중심주의 또는 일종의 지구행성주의에서 출발하고 있는 것이다. 들뢰즈에게 영화는 "헤겔적 방법이 아닌 니체적 해결 방법을 발견"하는 것이다(C2: 462). 들뢰즈는 헤겔의 반대 방향으로 철학사를 밟아 가면서 마지막에서야 인간의 '정신'을 들여다본다. 물론 그 길은 헤겔의 초월적 관념이 아니라 신유물론의 내재적 입장이다. 정신분석적인 방법이 아니라 분열분석의 방식이다. 들뢰즈의 관심은 인간의 정신이 얼마나 분열적이고 발산하는 힘인지를 보여 준다.

『시네마』 I권과 II권의 가장 큰 차이는 차이화하는 내재성이 고정되어 있다가 풀려나가는 흐름이다. I권의 딱딱한 작용-반작용의 도식은 II권으로 가면서 끝없이 발산하는 방향으로 흩어진다. 『시네마』 전체를 관통하는 것이 분열분석인 이유다. 또한 『차이와 반복』에서 본 시간의 세 가지 종합이라는 관점에서, I권의 운동은 첫 번째 종합인 습관에 머물러 있는 반면, II권은 시간의 두 번째와 세 번째 종합으로 발산한다. 이런 의미에서 『시네마』는 『차이와 반복』의 영화 버전이라고 할 수 있을 것이다. 들뢰즈의 세 가지 스크린-뇌는 베르그손의 역원뿔 도식과 니체의 영원회귀의 논리를 따르고 있다. 세 가지 스크린-뇌는 『차이와 반복』 이후 들뢰즈의 주요한 논리 전개 방식인 차이의 세 가지 종합의 변주인 것이다. 『시네마』가 베르그손의 『물질과 기억』에 대한 주석을 통해 전개되는 이유도 그 때문이다.

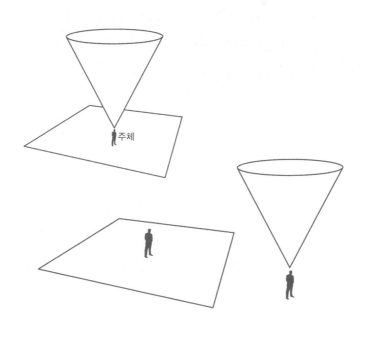

베르그손 역원뿔 도식의 변형

　세 가지 스크린-뇌는 위 그림에서 각각 베르그손의 역원뿔 도식의 평면(P)에서 작동하는 운동-이미지와, 그것을 가능케 하는 역원뿔(ABS)의 시간-이미지, 그리고 그 운동-이미지와 시간-이미지가 와해되면서 매 순간 생성하는 영원회귀에 해당한다. 필자가 다른 저서에서 밝힌 것처럼 "『시네마』 I권은 평면 위의 주체에 대한 서술이고, 『시네마』 II권은 역원뿔의 주체에 대한 서술이다."(최영송, 2017: xiii) 결국 문제는 누구의 '스크린-뇌'인가이다. 그리고 누가 가장 새로운 스크린-뇌의 가능성을 사유할 수 있는

가가 중요하다. 『시네마』 II권 후반부의 니체적 이미지가 바로 매 순간 자신을 생성하는 미래적인 비인간-이미지이다. 들뢰즈가 이 것을 도래하는 민중의 것이라고 말하는 이유다.

운동-이미지는
스크린-뇌이다

알프레드 히치콕Alfred Hitchcock의 영화 《새》(1963)는 고요하 게 시작한다. 잔잔한 바다와 보트 위의 여자, 그리고 무심한 새들 이 보인다. 이 평화로운 분위기는 새 한 마리가 여자의 머리를 공 격하면서 파국으로 치닫는다. 새 한 마리의 작은 운동으로 바다- 배-여자-새가 뒤섞이면서 전혀 다른 시간들이 뒤섞여 생성된다. 새들의 공격으로 인해 주유소가 폭발하고, 마을 전체가 초토화된 다. 들뢰즈는 이런 점증하는 운동-이미지를 새의 날갯짓에 비유 한다. "전체로서의 시간, 우주 안의 운동의 집합으로서의 시간은 공중을 활공하며 자신의 원을 계속 넓혀 나가는 새와 같다"는 것 이다(C1: 67). 들뢰즈는 이 우주적 운동이 영화 전체에서 매 순간 발생한다고 말한다. 하나의 쁠랑도 회집체고 그 쁠랑들의 쁠랑도 회집체다. 시네마는 되기 중의 회집체인 것이다.

『시네마』 I권은 이미지를 운동으로 정의하는 내용이다. 실재에 서 운동하지 않는 존재는 없다. 뒤집어 말하면, 운동하는 모든 것을 우리는 존재한다고 표현한다. 들뢰즈는 "운동-이미지와 물질-유동성은 엄격히 동일한 것"이라고 말한다(C1: 117). 신유물론에 따르면 시간도 운동하는데, 이때 운동은 물리적 이동 거리를 따지는 것이 아니라, 누적되는 떨림 자체를 가리킨다. 들뢰즈는 활강하는 새를 베르그손의 설탕물에 비유한다. 베르그손은 『창조적 진화』에서 설탕이 물에 녹으려면 기다릴 수밖에 없는 시간을 말한다. 설탕은 사물이고 물은 베르그손의 지속이다. 설탕물이 되려면 인간이 어찌할 수 있는 시간, 우주적 지속이 필요하다. 흔히 시계로 대표되는 시간은 구체적 지속이라는 실제 운동을 담아내지 못한다. 삘랑에도 이미 폐쇄적 단위로 환원할 수 없는 우주적 시간과 운동이 담겨 있기 때문이다. 설탕과 물을 이어 주는 우주적인 시간의 실, 지속이 있다. 이처럼 베르그손의 시간이 무한대를 향해 확장하는 데 반해, 들뢰즈의 시간은 무한대뿐만 아니라 무한소로도 증식한다. 그는 무한소에 대해 "적어도 그것은 연장되거나 무한대로 늘어나 더욱 가느다란 것[실]이 될 수 있다"고 말한다(C1: 26).

영화를 포함한 들뢰즈의 우주적 시간, 즉 운동하는 전체는 두 방향으로 흐른다. 들뢰즈는 무한대를 굵어지는 실에, 무한소를 가늘어지는 실에 비유한다. 실의 굵기가 반드시 정보의 양에 비례하는 것은 아니다. 더해지는 정보는 이질적인 정보를 만들 뿐이다. 이것은 들뢰즈가 단위통일체라는 개념을 통해 말하고자 하는 것이다. 단위통일체는 집합의 한 요소(단위)인 동시에 집합 자체(통일체)를 가리킨다. 들뢰즈는 영화의 속성이 단위통일적이라고 본다. 뽈랑은 상위 통일체의 단위이면서 이미 그 스스로도 하나의 집합이다. 뽈랑은 이미 정보로 가득 차 있다. 그러므로 영화를 굳이 양적인 숏, 신, 시퀀스 등으로 나눌 필요는 없다. 각각의 단위통일성은 이미 하나의 정보단위체이기 때문이다. 그래서 들뢰즈는 뽈랑을 언어학으로 읽지 말고 정보학으로 읽어야 한다고 말한다. 그리고 "뽈랑 그 자체는 눈이라기보다는 오히려 끊임없이 정보를 빨아들이는 과부화된 뇌와 흡사"하다고 말한다(C2: 523). 영화는 우리가 보는 어떤 것이 아니라, 누군가의 뇌, 스크린-뇌다.

들뢰즈는 운동-이미지에서 카메라가 갖는 독특한 위상을 강조한다. 카메라는 스크린-뇌의 지각, 정동, 행위에 해당한다. 그래서 들뢰즈는 운동-이미지를 매개하는 그것을 카메라-의식이라고 부른다. 영화에서 장면의 전환은 카메라가 대상을 비추는 행위가 아니라, 누군가의 의식 자체인 셈이다. 카메라-의식과 스크린-뇌는 그 스스로 하나의 존재이면서, 다른 비인간 존재이기도 한 것이다. 들뢰즈에 따르면, "유일한 영화적 의식은 우리 관객들도, 주인공도 아니다. 때로는 인간적이며 때로는 비인간적이거나 초인적인 그것은 바로 카메라이다."(C1: 43) 카메라는 자동차를 비롯한 수많은 이동수단과, 그것의 운동을 보여 주는 각종 이미지 사이를 이어 준다. 마르크스의 화폐가 다양한 상품운동을 매개하는 일반적 등가물인 것처럼, 들뢰즈는 "동적인 카메라가 그것이 보여 주거나 이용하는 모든 이동수단(비행기, 자동차, 배, 자전

거, 보행, 지하철)의 일반적 등가물이 된다"고 말한다(C1: 47). 카메라-의식, 또는 스크린-뇌는 인간뿐만 아니라 모든 비인간의 운동을 매개한다. 그렇게 영화는 매 순간 다른 존재들의 의식으로 옮겨 가면서 하나의 우주가 된다. 영화는 인간에게 무엇을 보여 주는 것이 아니라, 다양한 비인간들이 얽혀 하나의 지구행성이 '되는devenir' 것이다. 들뢰즈는 영화 《새》에서 새들이 여자를 공격한 다음 순간, 카메라-의식은 새의 차지가 된다고 말한다. 그것은 "새의 차원으로 바뀐 전체로서 무한한 개연성을 통해 인간에 대적하려 하는 자연을 나타낸다."(C1: 43) 스크린-뇌, 또는 카메라-의식은 매번 주체를 바꿔 가면서 영화적 우주를 펼친다. 영화는 인간이 보는 어떤 것도 아니고, 세상을 보여 주는 어떤 것도 아니다. 영화는 우리가 함께 얽혀 되어 가는 우주 자체다. 영화가 철학의 역할을 대신할 것이라는 들뢰즈의 테제는 바로 이 지점을 가리킨다. 영화=존재가 존재론의 대상이다.

영화의 탄생(1895) 이후 채 30년이 되기도 전에 오늘날의 영화 미학은 대부분 완성되었다. 영화라는 새로운 매체가 등장하자 수많은 사람에 의해 가능한 모든 실험이 행해졌다. 영화가 보여 준 비디오와 오디오의 분리, 화면의 분할, 반복 재생 등은 자연적 지각에 균열을 가하면서 새로운 감각을 불러왔다. 그 경쟁적 실험의 결과는 1920년대에 들어 할리우드의 승리로 끝났다. 영화는 배타적인 문법을 통해 할리우드의 푸른 꽃, 자본주의의 상징이 되었다. 들뢰즈는 이것을 영화가 "현대 소설, 현대 심리학, 그리고 영화의 정신들에 공통된 징표"인 유기적 재현에 굴복한 것으로 평가한다(C1: 286). 영화의 우주적 가능성이 인간중심주의에 포획된 것이다. 무한한 면들이 상호 지각하는 이미지의 절대적 체제가 인간을 중심에 둔 상대적 체제로 축소되었다. 들뢰즈에 따르면, 모든 것은 운동=이미지=사물이기에 "모든 사물은, 즉 모든 이미지는 그것들의 작용이나 반작용과 섞여 있다."(C1: 114) 이런 지각-이미지는 하나의 주관적 지각을 향해 휘어진 행동-이미지의 감각-운동 도식이 된다.

『시네마』 I권은 운동=이미지=사물=존재임을 밝힌 후, 그 하위 이미지인 지각-이미지, 정동-이미지, 행동-이미지를 다룬다. 원래 운동-이미지는 하나로 얽혀 생성하는 총체적 면들의 세계다. 이런 카오스의 운동-이미지는 어떤 중심을 둘러싸면서 세 가지 아바타로 현실화한다. 들뢰즈는 각각의 이미지 분석에서 행동-이미지를 중심으로 설명하면서도, 세부 내용에서 그것을 벗어나는 경향에 주목한다. 지각-이미지와 행동-이미지라는 감각-운동 도식을 서술하면서도, 그 내부의 흔들리는 지점을 탐색한다. 운동-이미지가 스스로를 부정하는 이 지점이 바로 『시네마』 I권에서 들뢰즈의 '숨은 그림 찾기'에 해당한다. 『시네마』 I권은 겉으로 보기에 인간에 정박된 운동-이미지, 또는 인간중심적 스크린-뇌를 설명하고 있는 듯 하지만, 그 실제 의도는 "새벽 이전의 세계로의 재합류[를 위해]… 어떻게 세 가지 변주를 소진시킬 것인가"에 있다(C1: 129~131). 이런 접근은 하위 이미지들을 분석하는 들뢰즈의 태도에 일관되게 나타난다. 『시네마』 I권의 독해는 역설적으로 운동-이미지의 와해지점을 포착하는 데 집중해야 한다.

첫째, 지각-이미지는 원래 모든 이미지의 마주침과 얽힘을 가리킨다. 그 원형은 주체와 객체를 구분할 수 없는 합류 자체다. 이것을 임의로 조정해서 인간의 생존과 실용성에 맞춘 것이 운동-이미지의 하위 분류로서의 지각-이미지다. 들뢰즈는 그 이유를 "내적 만곡incurvation에 의해 사물들은 내게 이용 가능한 면들을 뻗어 오고, 동시에 행동이 된 나의 지연된 반응은 그것들을 이용할 줄 알게 된다"라고 설명한다(C1: 126). 이를 통해 주관적 숏은 주관적 지각으로, 객관적 숏은 객관적 지각으로 인간화한다. 우리가 화면의 크기를 따라 지각의 대상을 분류하는 풀 숏, 미디엄 숏 등이 그것이다. 여기서 원래의 지각-이미지를 회복하기 위해 할리우드 영화 내부에서 숏체계의 균열을 가져온 것이 자유간접화법이다. 이것은 주관적 관점과 객관적 관점을 구분 불가능하게 만드는 숏이다. 들뢰즈는 장 미트리Jean Mitry를 인용하면서 반半-주관적 이미지인 쁠랑-세깡스plan-sequence를 그 사례로 든다. 할리우드 영화에 흔히 보이는 숏/역숏을 이용한 봉합과, 풀 숏으로 상황을 보여 주는 장면들이 여기에 해당한다. 빵이 보이고, 그것을 보는 내 얼굴이 보인다. 빵을 보는 나의 주관적 시점이다. 그런데 내 얼굴에서 카메라가 물러나 빵과 나를 보여 주는 객관적 시점이 된다. 자유간접화법, 즉 직접화법과 간접화법이 동시에 사용된 것이다. 쁠랑-세깡스는 연출의 강도나 맥락에 따라 영화 전체를 뒤흔드는 효과를 갖는다. 이것은 자연적 지각에 혼란을 초래하여 연속성을 해체하고 낯선 흐름을 도입한다. 감각-운동 도식을 거스르는 감각-이미지를 불러온 것이다.

들뢰즈는 카메라의 비인간적 지각이 인간의 지각보다 뛰어나다고 주장한다. 발터 벤야민Walter Benjamin의 사례에서 볼 수 있듯이, 가파른 언덕에서 굴러떨어지는 인간은 지각이 불가능하지만, 카메라-의식은 뒤집히고 부딪히면서도 모든 순간을 기록한다. 벤야민은 새로운 지각의 등장은 새로운 사유와 새로운 삶을 가져온다는 믿음으로 새로운 혁명의 가능성을 엿보기도 했다. 베르토프의 키노-아이 사례도 있다. 그는 물질적인 비인간의 눈이 인간의 것보다 훨씬 뛰어나다고 보았다. 카메라-의식은 기차와 함께 달리고, 비행기처럼 하늘 위에서 내려다볼 수도 있다. 영화에 대한 들뢰즈의 태도는 벤야민이나 베르토프보다 한발 더 나아간다. 벤야민과 베르토프는 여전히 영화가 가져올 변화를 인간의 편에서 주목했다. 그들은 영화 매체가 가져올 인간의 감각적, 인지적 변화에 관심이 있었다. 반면, 들뢰즈는 인간적 지각을 포함하는 비인간적 지각 전체를 알고 싶어 한다. 영화 자체를 비인간이라는 특이적 존재로 본다. 카메라는 누군가의 지각이고, 시네마는 누군가의 뇌다. 영화는 또 하나의 지구행성이 된다. 영화의 등장으로 벤야민과 베르토프는 어제와 다른 세계가 가능하다고 보았지만, 들뢰즈는 또 하나의 평행적 지구행성이 등장한 것으로 본 셈이다.

들뢰즈는 이러한 지각-이미지의 성격을 분명하게 드러내기 위해 고체적 지각, 액체적 지각, 기체적 지각을 구분한다. 고체적 지각이 순수하게 현행성의 층위에 있는 운동-이미지라면, 액체적 지각과 기체적 지각은 그것을 벗어나는 과정에 있는 지각이다. 고체적 지각은 주관적 시점이든 객관적 시점이든 단일한 중심에 붙잡힌 지각이다. 우리의 인간중심적인 주관적 지각이 대표적이다. 액체적 지각은 인간적인 지각을 벗어나면서 그 대상이나 환경을 분명하게 특정할 수 없는 지각이다. 주관적 시점과 객관적 시점이 물처럼 뒤섞인 자유간접화법의 경우다. 그러나 자유간접화법이 인간중심적인 지각의 한계를 완전히 벗어난 것은 아니다. 기체적 지각은 지각의 중심이 공기처럼 수많은 불확정성으로 흩어진 경우다. 들뢰즈가 기체적 지각을 미분적 지각, 또는 분산적 지각이라고 부르는 이유다. 들뢰즈는 기체적 지각에 이르러서야 "카메라-의식은 이제 더 이상 형식적, 또는 물질적이 아닌 발생적이고 미분적인 정의로 상승한다"고 말한다(C1: 162~163). 지각-이미지는 인간중심적인 고체적 지각에서 액체적 지각으로, 나아가 기체적 지각으로 되돌아가려는 영화의 본성을 다루고 있다.

둘째, 정동-이미지의 다른 이름은 클로즈업이다. 이때의 클로즈업은 통상적인 화면의 크기를 가리키는 것이 아니라, 클로즈업의 정동을 의미한다. 예를 들어, 세르게이 에이젠슈타인Sergei Eisenstein 영화에서의 꽉 쥔 주먹이나 끓는 주전자의 몽타주가 여기에 해당한다. 이 주먹과 주전자는 그 자체가 정동을 갖는다. 들뢰즈는 이것을 두고 "얼굴에 대한 클로즈업은 없다. 그것[얼굴]은 자체가 클로즈업이다. 클로즈업 자체가 얼굴이기도 하다"라고 말한다(C1: 170). 정동-이미지가 클로즈업인 이유는 그것이 얼굴성을 갖기 때문이라는 것이다. 얼굴성visagéité은 『천 개의 고원』에서 다룬 '흰 벽-검은 구멍'을 통해 작동하는 힘이다. 들뢰즈에 따르면, 이 얼굴성으로서의 정동-이미지는 "감각 신경 위에서의 운동적 경향이다. 다른 말로 표현하면, 부동화된 신경판 위에서 일어나는 일련의 미세한 움직임들이다."(C1: 168) 여기서의 신경판은 얼굴의 흰 벽이고, 미세 운동은 얼굴의 검은 구멍이다. 정동-이미지는 지각-이미지가 스크린-뇌에 들어와서 행동-이미지로 나가기 전에 일시 정지되어 떨리는 상태다. 정동-이미지의 틈은 잠재적인 얼굴성이 현행화(얼굴화)하기 직전, 즉 얼굴성의 특질들이 윤곽을 띠며 얼굴화하기 직전의 떨림이다. 그다음 순간 얼굴성은 얼굴화envisagée; visagéifiée; dévisage하여 그 표층에 이르게 된다. 표정으로 현행화한 것이다. 이런 맥락에서 보면 들뢰즈가 정동-이미지를 다루는 이유는 분명하다. 그는 얼굴화 이면에 얼굴성의 본성이 있음을 강조한다. 실천적으로 얼굴화를 되집어서 얼굴성에 이르도록 하려는 것이다.

정동적 얼굴성만 가진다면 풍경이나 공간도 클로즈업이다. 들뢰즈는 "클로즈업은 하늘, 풍경, 또는 아파트의 일부, 시각의 단편 등을 나타냄으로써… 힘이나 특질을 구성하도록 한다"고 말한다(C1: 198). 그는 칼 드레이어Carl Dreyer의 클로즈업 영화인 《잔다르크의 수난》(1928)의 얼굴 클로즈업보다 로베르 브레송Robert

Bresson의 《소매치기》(1959)의 손이 더 많은 얼굴성을 갖는다고 말한다. 이런 맥락에서 일종의 도시 초상화라고 할 수 있는 《고양이를 부탁해》(2001)에 나오는 인천의 풍경들은 모두 클로즈업이라고 할 수 있을 것이다. 심지어 들뢰즈는 색채도 클로즈업이라고 본다. 미켈란젤로 안토니오니Michelangelo Antonioni의 《붉은 사막》(1964)에서 붉은색은 그 자체로 풍경이고 클로즈업이다. 들뢰즈는 이로부터 '정동=클로즈업=얼굴'이라는 도식을 끌어낸다. 이 도식으로 그려진 공간은 《파리에서의 마지막 탱고》(1972)처럼 도저히 좌표화할 수 없는 공간에 빠지게 된다. 들뢰즈는 이런 공간을 '불특정 공간espace quelconque'이라고 부른다. 모든 인간적 정보가 박탈된 '정동=클로즈업=얼굴'의 공간은 비인간의 침입을 불러온다. 낯선 정동들의 파괴적 효과가 확정적 공간을 해체하고, 그것이 원래 인간만을 위한 땅이 아니었음을 깨우치게 한다. 불특정 공간은 우리에게 물리적 좌표공간을 벗어난 촉각적 공간을 돌려준다. 들뢰즈는 이 불특정 공간에 대해 그것은 "잠재적 연결의 공간으로, 순수한 가능태의 장소로서… 이들은 모든 현행화, 모든 제한의 선행조건이다"라고 말한다(C1: 207). 정동-이미지는 얼굴화된 인물과 관계, 장소로부터 그것들을 끄집어내어 잠재적 결합 상태로 되돌리는 것을 목표로 한다. 인간적 이미지는 '정동=클로즈업=얼굴'을 통해 박탈되었던 비인간 이미지를 회복한다.

셋째, 행동-이미지는 할리우드 영화에 가장 부합하는 이미지다. 행동-이미지는 상황적 구조와 인물의 행동이라는 이분법 위에 배치된다. 들뢰즈는 "상황과 인물, 또는 행위는 상관적이면서 동시에 대립적인 두 극단과 같다"고 말한다(C1: 265). 행동-이미지는 다시 큰 형식과 작은 형식으로 나뉜다. 큰 형식은 S-A-S′, 즉 상황Situation-행동Action-상황′Situation′의 변증법 형식이다. 오늘날 대부분의 할리우드 영화들이 여기에 해당하며, 특히 다큐멘터리, 사회심리물, 필름 느와르, 서부극 등에서 분명하게 나타난다. 평화로운 마을(S)에 악당이 나타나 위기가 닥쳐오지만(A), 그를 물리치고 다시 평화를 찾는다(S′)는 식이다. 이에 반해 작은 형식은 행위에서 상황으로 움직이는 A-S-A′의 형식이다. 주의할 것은 A-S-A′를 큰 형식처럼 해석해서는 안 된다는 것이다. 어떤 사람(A)이 시련을 이기고(S) 새사람이 된다(A′)는 이야기가 아니다. 이것은 오히려 큰 형식에 해당한다. 작은 형식은 큰 형식에 대립하는 것으로, 큰 형식의 와해가 시작되는 지점이다. 작은 형식은 차라리 A-S(a′, a″, a‴⋯), 즉 행동을 지표로 하는 상황의 유추를 가리킨다고 해야 할 것이다. 큰 형식과 달리, 작은 형식에는 보편적 상황이 주어지지 않는다. 오직 국지적 행동을 지표index로 하여 상황을 추론할 뿐이다. 연기가 나는 행동을 지표로 보면서 불이 난 상황을 유추할 뿐이다. 들뢰즈는 타원ellipse의 어원에 따라, 작은 형식을 두 가지 지표(생략과 타원)로 설명한다. 하나는 상황이 생략된 결핍의 지표다. 상황은 오직 행동이라는 지표에 의해서만 유추된다. 문틈으로 신혼방을 엿보는 사람들의 표정(행동)으로만 생략된 방 안의 상황을 알 수 있다. 다른 하나는 타원의 성격에 기초하여 모호함의 지표라고 불린다. 타원은 평면 위 두 정점에서 거리가 일정한 점들의 집합이다. 두 개의 점은 상황을 모호하게 만든다. 이것은 하나의 행동, 또는 두 개의 행동이 서로 다른 상황들을 유추하도록 만드는 경우다. 한 남자가 시체 옆에 칼을 들고 서 있다. 그가 죽인 것일까? 증거물을 주운 것일까? 살인 장면을 목격한 것일까? 들뢰즈는 이 모호함의 지표에 대해 "행동 속의, 또는 두 행동 사이의 아주 작은 차이는 두 상황 사이의 상당히 먼 거리를 끌어들인다"라고 지적한다(C1: 299). 모호함의 지표를 거리의 지표라고도 부르는 이유다.

　행동-이미지는 운동-이미지 가운데 가장 지층화된 이미지다. 명석판명한 상황과 인물이 아무런 여지도 두지 않고 해석된다면, 그것은 행동-이미지다. 이처럼 어떤 지각과 행동이 직접적으로 연결되어 도식적으로 작동하는 것이 감각-운동 도식이다. 들뢰즈는 행동-이미지에는 "매우 강한 감각-운동적 연결이 필요하며, 행동양식이 정말로 주조화되어 있어야 한다"고 말한다(C1: 286). 들뢰즈가 행동-이미지의 두 형식을 구분하는 이유는 감각-운동 도식이 어떻게 와해되는지를 보여 주기 위해서다. 큰 형식의 전체적 상황은 작은 형식의 국지적 행동에 의해 지연된다. 큰 형식의 구조적 필연성은 작은 형식의 우연성에 의해 흔들리기 시작한다. 나선형으로 진행하는 큰 형식의 감각-운동 도식(S-A-S′)은 그 내부에서 균열되면서 작은 형식이라는 타원형(생략과 모호함)을 그릴 뿐이다. 큰 형식의 명석판명함은 작은 형식의 애매모호함으로 대체된다. 들뢰즈가 작은 형식을 "감각-운동 도식의 역전"이라고 부르는 이유다(C1: 297). 이 역전을 통해 운동-이미지는 "분산적 상황, 의도적으로 약한 관계들, 방랑-형식, 상투성들에 대한 의식화, 음모의 고발 등"의 변화를 가져온다(C1: 377). 아무리 인간중심적인 이미지라도 그 내부에는 이미/항상 그 원형으로서의 비인간 이미지가 도사리고 있다. 들뢰즈의 운동-이미지는 흔히 할리우드의 감각-운동 도식을 설명하는 것으로 보이지만, 사실은 그조차도 자신을 폭파할 지뢰를 심기 위한 위장전술임을 눈치채고 있어야 한다.

『시네마』 I권과 II권이 2차 세계대전을 기점으로 영화사를 나누는 것도 감각-운동 도식이다. 감각-운동 도식은 "노력-저항, 작용-반작용, 자극-반응, 상황-대응방식, 개체-환경…"의 이분법 위에서 작동한다(C1: 186). 행동-이미지의 큰 형식에 적용되는 이 분법이다. 그 경계는 작은 형식으로 흐려지다가 II권의 시간-이미지에서는 감각-운동 도식으로 지층화하기 이전의 차이생성 하는 순수 이미지의 세계로 돌아간다. 『시네마』 전체가 이런 이분법에 대한 비판과 그 와해지점의 소개, 그리고 그 원초적 발생지점으로의 회귀로 구성되어 있다. 이 세계가 바로 운동=이미지=시간인 "즉자적인 영화로서의 우주, 메타시네마metacinema"의 세계다(C1: 118). 『시네마』는 결국 I권의 인간중심적 뇌-스크린의 한계를 통해, II권의 비인간 지구행성의 뇌-스크린으로의 이행 과정을 담은 메타시네마다. 이것이 바로 들뢰즈의 시네마=존재론이다.

시간-이미지는
현재 첨점과 과거 시트들의 식별불가능성이다

알랭 레네Alain Rensnais의 《히로시마 내 사랑》(1959)은 껴안은 남녀의 벗은 몸 위로 핵폭발의 분진이 떨어지면서 시작된다. 하나된 그들의 신체는 원폭 박물관의 사진, 다큐멘터리, 자료들 속 원폭 피해자들의 일그러진 신체들과 교차편집되면서 그들과도 하나가 된다. 영화는 두 남녀의 이야기이지만, 서사는 흐르지 않는다. 두 사람 사이에서 시간과 공간은 연대기적으로 진행되지 않고, 제자리에서 떨면서 지금 이 첨점에 호응하는 과거의 시간들이 동시에 출몰한다. 영화는 시간-이미지, 즉 모든 시간이 동시에 얽혀 있는 이미지를 보여 준다. 이것은 시간의 직접적 이미지, 즉 인간의 것이 아니라 시간 자신의 존재를 드러낸다.

들뢰즈는 『시네마』 II권의 도입부에서 운동-이미지의 위기와 시간-이미지의 등장을 다룬다. 그는 그것을 감각-운동 도식의 붕괴, 직접적 시간-이미지의 등장, 순수시청각 이미지의 등장으로 설명한다. 제2차 세계대전을 기점으로 1920년대에 주류로 자리 잡은 할리우드 영화 방식에 위기가 찾아온다. 영화 제작과 관련된 모든 영역에서 변화가 발생한다. 열린 내러티브, 핸드 헬드 카메라, 자연광 촬영 등이 프랑스의 누벨바그, 이탈리아의 네오레알리스모, 독일의 뉴저먼시네마, 영국의 프리시네마를 낳았다. 그 결과로 감각-운동 도식, 즉 외부의 자극이 곧장 행동으로 이어진다는 도식이 붕괴된다. 그리고 이에 따라 시간의 직접적 이미지가 등장한다. 운동-이미지에서 시간은 플래시백을 이용한 '회상'이나 타임머신 장면에서 '미래'로의 이동과 같이 간접적으로 제시되었다. 시간-이미지는 시간을 직접적으로 드러낸다. 이 직접적 시간-이미지를 이해하려면 역설적으로 우리가 가진 선형적 시간 개념에서 벗어나야 한다. 이런 맥락에서 시간-이미지는 우리의 연대기적 시간 개념을 와해시키는 이미지를 가리킨다. 그것이 바로 순수시청각 이미지다. 여기서는 영화의 스토리 진행과 무관해 보이는 이미지나 음향이 등장한다. 운동-이미지에서 시지각 기호와 음향 기호는 서사에 복무하는 감각-운동 도식에 종속되어 있었지만, 시간-이미지에서 그것들은 그 논리적 이음매를 이탈한다.

운동-이미지에서 시간-이미지로의 이행, 그 중심에 있는 들뢰즈의 개념이 '견자見者'다. 그는 "더 이상 행위의 영화가 아니라 견자의 영화cinéma de voyant"라고 말한다(C2: 13). 견자가 보고 있는 이미지는 감각-운동 도식으로 환원될 수 없는 순수한 시지각적, 음향적 상황이다. 『시네마』 I권의 행동-이미지와 그 변주들은 인간중심적으로 만곡된 세계에 대한 믿음에 기초한다. 이제 그런 행동-이미지가 더 이상 작동하지 않는 견자의 영화인 시간-이미지에서 『시네마』 II권이 시작된다. 견자는 아르튀르 랭보Arthur Rimbaud의 개념으로, 그는 '견자의 편지'에서 견자를 "인습적 관념이나 제약에서 벗어나 세계의 본질을 꿰뚫어 보는 자"라고 설명한다. 들뢰즈는 이것을 빌려 와 "사유하는 인간 속에 존재하는 한없이 많은 또 다른 사유자"라고 정의한다(C2: 332). 《히로시마 내 사랑》에서 남자가 "당신은 히로시마에서 아무것도 보지 못했어"라고 하자, 여자는 "나는 히로시마에서 모든 것을 보았어요"라고 답한다. 여자의 목소리 위로 원폭과 관련된 사진과 다큐멘터리와 기록들과 피해자들이 보인다. 여자와 관객은 그것을 '본다.' '볼 수밖에 없는' 무능력한 상황은 우리를 대중영화와는 전혀 다른 곳으로 데려간다. 그 이유를 해명해 줄 아무런 서사 행위 같은 것이 없다. 박물관을 걸어가며 마주친 것들, 차를 타고 배회하는 이미지들이 전부다. 하지만 견자인 그 여자도 관객도, 이제 그 이전으로는 돌아갈 수 없다. 들뢰즈는 우리 모두가 수동적으로 마주친 그 이미지들 앞에서 견자가 되었다고 말한다. 그 마주침으로 언어, 행동, 서사는 정지하고 다른 종류의 스크린-뇌가 우리를 덮친다. 이 돌발적 이미지들이 여자를, 관객을, 읽고 있는 우리를 견자로 만든다.

견자는 이중적 이미지를 갖는다. 한편으로는 행동-이미지에 대한 믿음이 와해되면서 '보는 것'밖에 할 수 없는 사유 무능력에 처한 자이다. 다른 한편으로 견자는 그 사유 무능력이 강제하는 투시자이자 예언자로서의 새로운 사유다. 들뢰즈는 이 지점에서 "우리는 전능한 하나의 사유를 재건하려 하지 말고 이 무능력을 우리의 사유 방식으로 삼아야 한다"고 강조한다(C2: 335). 인간중심적 사유의 무능력에 직면하여, 그 사태 자체를 긍정하는 존재를 가리키는 것이다. 그렇게 견자는 새로운 스크린-뇌가 된다. 이 스크린-뇌는 운동-이미지에서 시간-이미지로, 또는 행동 영화에서

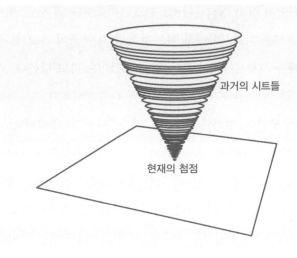

과거의 시트들

현재의 첨점

현재의 첨점과 과거의 시트들

견자의 영화로 이행한다. 견자의 이미지가 바로 비인간 이미지,
또는 인간 없는 이미지다.

『시네마』 Ⅱ권의 전반부는 말 그대로 베르그손의 역원뿔 도식
에 대한 들뢰즈의 유물론적 주석이다. 그 주석의 핵심에 '현재의
첨점과 과거의 시트들'이라는 개념이 자리하고 있다. 베르그손의
역원뿔 도식에서 스크린-뇌는 면과 역원뿔을 이어 주는 역원뿔의
첨점에 서 있다. 스크린-뇌(주체)가 현행적으로 처한 지금/여기
가 바로 현재의 첨점이다. 현재의 첨점은 역원뿔이 가리키는 잠재
적인 기억, 또는 순수과거들 없이 작동할 수 없다. 현재의 첨점에
처한 즉시 역원뿔의 시트들, 즉 수많은 미세한 디스크에서 첨점
의 사건에 해당하는 기억을 불러온다. 기억은 각 시트들 위에서,

그리고 여러 시트 사이에서 지금/여기로 번역되어 온다. 그 결과, 두 종류의 시간-이미지가 등장한다. 하나는 과거 시트들의 공존이고, 다른 하나는 현재의 첨점 자체의 동시성, 또는 현재의 첨점과 과거 시트들 사이의 동시성이다. 예를 들어, 들뢰즈는 "레네는 공존하는 과거의 시트의 방향에서 가장 멀리 나아갔고, 로브-그리예는 동시적인 현재의 첨점들의 방향으로 가장 멀리 나아간 것처럼 보인다"고 평가한다(C2: 535). 레네의 《히로시마 내 사랑》에서 여자는 자고 있는 남자의 움찔하는 손을 보면서 전쟁에서 죽은 첫사랑 독일 병사를 떠올린다. 과거의 시트들은 현재와 공존하고 있다. 히로시마에서 지금 이 일본 남자의 손이라는 현재의 첨점은 여자의 고향인 프랑스 느베르에서의 비극적 첫사랑을 끌어온다. 시간은 뒤 시간이 앞 시간을 밀어내는 방식이 아니라, 꾸역꾸역 얽히면서 누적된다. 그 누적된 역원뿔의 시간을 지금/여기서 자극하는 것이 현재의 첨점이고, 그 자극으로 살아나는 것이 과거의 시트들이다. 그렇게 자극하는 시간이 더해지면서 다르게 생성하는 것이 들뢰즈의 시간-이미지다.

들뢰즈는 시간-이미지를 기억-이미지, 식별불가능한 이미지, 크리스탈-이미지라고 부른다. 기억-이미지는 현재의 첨점에 의해 불려 온 과거의 시트들을 가리킨다. 현재의 첨점과 과거의 시트들은 각각 현행적인 것과 잠재적인 것에 대응한다. 그래서 식별불가능한 이미지는 현행성과 잠재성의 식별불가능성을 가리킨다. 현재의 첨점에서 자극받은 '스크린-뇌'는 과거의 시트들을 끌어오는데, 이때 과거의 시트들 속을 돌아 나오는 회로는 현행적 이미지의 자극 정도에 따라 작은 회로와 큰 회로로 나뉜다. 작은 회로는 우리에게 거의 자극을 주지 못하는 자동적 재인인 반면, 큰 회로는 새로운 사유를 촉발할 정도의 주의 깊은 재인을 준다. 식별불가능성은 현행성과 잠재성 사이의 끊임없는 교환을 가리킨다. 자동적 재인은 회로 속에서 거의 교환이 일어나지 않는 반면에, 주의 깊은 재인일수록 회로의 순환은 점점 더 많아진다. 현행성과 잠재성의 극단적인 회로 순환, 즉 멈추지 않고 진행되는 그 순환으로 완전히 식별불가능해진 것이 크리스탈-이미지이다. 예컨대, 엘리베이터 내부의 양쪽 거울에서 서로를 비출 때 생기는 끝없는 이미지 같은 것이다. 무엇이 현행적 이미지이고 무엇이 잠재적 이미지인지 구분할 수 없다. 이것이 과거인지 미래인지도 식별할 수 없다. 들뢰즈는 이 크리스탈-이미지를 완전한 크리스탈, 균열된 크리스탈, 배아적 크리스탈, 해체 중인 크리스탈로 나누지만, 그 하위 이미지들은 사실 시간-이미지의 성격을 보여 주는 것에 불과하다. 크리스탈-이미지는 강도적으로 다른 미래 이미지를 보여 줄 뿐이다. 이는 도래하지 않은 시간에 대한 잠재적 이미지들이다.

이 도래할 시간-이미지들은 역설적으로 장소에 의해 결정된다. 베르그손의 역원뿔 도식에서 가지 않은 길에 해당하는 평면이 크리스탈-이미지의 강도를 결정한다. 이것은 시간의 세 가지 종합 가운데 마지막 종합인 영원회귀, 또는 차이와 반복의 변증법이기도 하다. 물질적 장소에 매이지 않은 시간조차, 사유 공간을 떠날 수는 없다. 오늘날 디지털 영화나 VR 영화, 게임 이미지에서 보여 주는 비물질적 장소는 시간-이미지의 극단을 보여 준다. 무 장소의 장소, 유토피아가 항상 도래할 시간으로 남는 이유다. 영 화《히로시마 내 사랑》은 프랑스 여자 엘르와 일본 남자 루이의 이틀 간의 사랑 이야기에서 출발하지만, 그 끝에서는 인간적 차원 을 넘어선 시공간으로 마무리된다. 마지막 장면에서 여자는 "히로 시마는 당신 이름이에요"라고 말하고, 남자는 "당신 이름은 느베 르, 프랑스의 느베르"라고 답한다. 영화 속 남자와 여자는 드디어 시간-이미지의 비밀에 도달한 것이다. 1959년의 영화에서 나오 는 "낙진 섞인 빗물이 태평양을 죽이고 어부들을 죽였어요. 음식 물도 공포의 대상이었죠"라는 대사는 우리에게 후쿠시마 원전 폭 발(2011)과 오염수 방류(2023)의 이미지들과 식별불가능한 시간을 제공한다. 모든 시간은 지금/여기에 누적되어 진동한다. 들뢰즈 의 시간-이미지, 크리스탈-이미지다. 동시에 사건은 신체에 새겨 지고 정신에 얽히면서 인간도 장소가 된다. 시간은 장소에 누적되 고 지구행성에 등록된다.

시네마는
비인간 존재다

오즈 야스지로小津安二郎의 영화《꽁치의 맛》(1962)은 홀로된 아버지를 챙기며 시집가지 않는 딸과 그런 딸이 내내 마음에 걸리는 아버지의 이야기다. 결국 그가 딸을 시집보내고 텅 빈 집에 돌아와 남겨진 물건들과 집을 확인하면서 영화는 끝이 난다. 그 마지막 순간에 우리는 텅 빈 공간이나 사물들이 영화의 주인공이었다는 사실을 깨닫게 된다. 쓰나미처럼 고요하지만 저항할 수 없는 사물들과 공간들이 달려든다. 우리는 문득 그 이미지들이 우리를 보고 있었다는 사실을 보게 된다. 이 지각, 이 정동, 이 운동, 이 시간은 인간의 것이 아니다. 이 이미지는 비평가들이 흔히 말하는 인간 너머의 이미지, 즉 '초월적 이미지'라는 말로도 부족한 면이 있다. 오즈 영화에서 사물이나 공간의 이미지는 어쩌면 인간이 존재하기 전부터 있어 온 이미지라고 해야 할 것이다. 낯선 비인간-이미지다.

『시네마』 II권의 6장 이후는 와해된 베르그손의 역원뿔 위에서 진행된다. 베르그손의 도식에서 역원뿔(ABS)의 시간 시트들이 파편화되어 사라지고, 평면(P)의 수없이 많은 첨점이 동시에 공존하게 되면서 장소도 사라진다. 주체(S)를 중심에 둔 좌표계는 더 이상 불가능하게 되었다. 주체도 객체도 사라진 셈이다. 이제 평면 위에서의 감각-운동 도식도 없고, 역원뿔의 기억도 없다. 역원뿔과 평면이라는 토대가 사라지면서 남은 것은 지금/여기의 사건과 행위뿐이다. 과거-현재-미래가 하나로 얽힌 시간과, 좌표화할 수 없는 공간에서 영원회귀의 순간만 차이화하면서 반복한다. 그런데 이 무질서가 오히려 모든 것을 생성변화 하도록 해 준다. 순간적인 행위사건에 전체가 차이생성 한다. 인간에게 낯선 이미지들이 사방에서 돌출한다. 그 이미지는 인간적 이미지를 대체하는 비인간 이미지들이다. 인간적 이미지에서 물러나면서 오히려 비인간 이미지라는 실재가 돌아온 것이다. 스크린-뇌를 통해 드러나는 비인간 지구행성의 이미지다.

이런 종류의 이미지는 장 마리 스트로브Jean Marie Straub와 다니엘 위예Danièle Huillet의 지구Erde(대지) 숏에서 가장 잘 드러난다. 이들의 영화에서 반복적으로 등장하는 들판, 산, 성터, 강 등은 시간이 지날수록 영화의 다른 요소들을 비집고 전면에 나선다. 이런 풍경들은 다른 장면이나 사운드를 건너뛰어 변증법적으로 반복된다. 이것은 마치 지구행성의 자기반성처럼 보인다. 스크린-뇌에서 지구행성, 또는 대지의 풍경이 끊임없이 자신을 비추기 때문이다. 스트로브와 위예는 마치 고고학자처럼 대지 위에 누적된 정동을 고고학적으로 발굴한다. 새로운 사건과 행위가 더해지면서 지구행성 전체가 매 순간 꿀렁인다. 흔히 떼어 놓으면 참이지만 모아 놓으면 거짓이 되는 경우를 모순이라고 한다. 그런데 스트로브와 위예의 영화는 예외적이다. 모순되는 요소들이 한꺼번에 모여 있지만, 거기에는 아무런 대립도 없다. 고대 그리스의 복식과 인물들이 등장하는데, 배경은 현대식 건물들과 차들이 다니는 모습을 보여 주고 있으며, 보철기를 낀 배우가 소설을 읽는 방법으로 대사를 한다. 이 모순된 것들이 모여서 오히려 창발적으로 풍부한 이미지를 생성한다. 이런 요소들이 갈등 없이 공존할 수 있는 이유는, 그것이 영원회귀처럼 시공이 하나로 누적되어 얽혀 있는 비인간 지구행성의 이미지이기 때문이다. 들뢰즈는 이런 이미지를 두고 "인간 이전, 또는 이후의 무언의 역량들을 융기시키고 있는 듯이 보인다. 시각 이미지는 이제 고고학적, 지층적 구조지질학적인 것이 된다"라고 말한다(C2: 470). 이는 곧 화면을 꽉 채우는 고양된 낯선 정동으로, 지구행성의 또 다른 이미지들이다.

『시네마』를 이해하는 결정적 방법 가운데 하나는 '그러므로 내게 신체를 달라'라는 이미지의 요구를 이해하는 것이다. 신체를 요구하는 이미지라니, 난감하다. 들뢰즈는 "이것이야말로 … 사유가 비사유에 도달하기 위해, 즉 삶에 도달하기 위해 잠겨 들어가는, 또는 잠겨 들어가야만 하는 것이다"라고 한다(C2: 377). 이것은 메를로-퐁티식의 사유하는 신체를 말하는 것이 아니다. 들뢰즈의 이 신체는 지금껏 비사유, 또는 비인간으로 배제되었던 신체, 그래서 아직 도래하지 않은 신체, 사물, 민중을 말한다. 이 '신체 영화'는 새로운 신체를 생성할 것을 요구하는 스크린-뇌다. 들뢰즈는 익숙한 신체의 스크린-뇌가 아니라, "가시적인 신체의 사라짐에 이르도록, 우아한, 또는 찬란한 신체를 추출해 내는" 스크린-뇌를 요구한다(C2: 378). 들뢰즈는 이런 신체의 사례로 일상적 신체에 대비되는 제의적 신체를 든다. 그가 말하는 제의적 신체는 인간중심적 신체를 떠난 신체로, 일상적 신체들을 일순간 다른 종류의 신체 속으로 사라지게 만드는 신체다. 들뢰즈는 이것이 바로 "영화가 가질 수 있었던 가능성, 곧 신체를 증여할 가능성"이라고 말한다(C2: 381). 예를 들어, 앤디 워홀이 6시간 30분 동안 찍은 잠자는 신체는, 일상적인 신체의 수준을 넘어, 다른 종류의 사유를 강요하는 제의적 신체가 된다. 이 제의적 신체는 강도 0의 정지된 시간 속에 침잠되어 있다. 그런데도 더 많은 잠재적 형상이 제의적 신체 위를 빠르게 지나간다. 인간적 이미지를 조금만 뒤틀어도 배후의 비인간 이미지들이 쏟아지듯 창발한다.

　들뢰즈는 존 카사베츠John Cassavetes의 영화를 '신체의 영화'로 분류하면서 사유를 능가하는 신체의 태도를 강조한다. 그는 인간의 신체를 떠난, 그것조차 포함하는 다른 종류의 신체를 보여 주고자 한다. 이것이 바로 들뢰즈가 『시네마』 II권의 6장 이후에서 영원회귀의 스크린-뇌를 통해 보여 주려는 한 사례다. 이 이미지들은 베르그손의 역원뿔 도식에서 빌려 온 운동-이미지와 시간-이미지의 와해, 또는 그 둘의 식별불가능성에 해당하는 것이기도 하다. 들뢰즈는 신체 영화를 가리켜 "게스투스gestus(신체형식)는 이미 또 다른 시간-이미지, 즉 시간의 질서, 또는 배열, 그 첨점들의 동시성, 그 시트들의 공존성이기도 하다"라고 말한다(C2: 387). '신체 영화'는 결국 인간중심적인 '행동 영화'에 대립하는 것으로, 비인간 이미지에 해당하는 것이다. 여기서 중요한 것은 아직 인간을 기준으로 삼는 탈인간중심주의가 아니라, 그런 탈인간주의조차 포함하는 비인간주의다. 탈인간적 척도가 아니라 처음부터 비인간적인 차원의 문제제기다. 말하자면 우주적, 또는 지구행성적 차원의 문제제기다. 그래서 들뢰즈는 이 스크린-뇌가 "비사유로서의 신체의 비-선택, 정신적 선택의 이면, 또는 전도를 발견한 다"고 말하는 것이다(C2: 400).

들뢰즈는 스크린-뇌를 자동기계automaton라고 말한다. 자동기계는 약 2500년 전에 아리스토텔레스가 노예를 대신해 스스로 일하는 기계를 상상하면서 부른 이름이다. 들뢰즈는 이것을 영화 《2001 스페이스 오디세이》(1968)의 첫 장면에서 원시인들 사이로 떨어지는 '검은 거석'에 비유한다. 들뢰즈는 이 검은 거석이 "지구, 태양, 그리고 달이라는 세 물질의 영혼인 동시에, 짐승, 인간, 기계라는 세 두뇌의 배아이기도 하다"고 말한다(C2: 404). 이 배아가 자라나 자동기계, 컴퓨터, 영화가 된 것이다. 여기서 우리는 자동기계라는 이름에 현혹되어서는 안 된다. 자동기계는 반복을 자동화하는 그런 기계가 아니다. 이것은 오늘날 사이버네틱스의 우연적 재귀성, 즉 차이화하는 반복을 수행하는 제2차 사이버네틱스를 가리키는 말이다. 들뢰즈가 스크린-뇌를 자동기계라고 부르는 이유도 이와 같다. 스크린에서는 이미지가 철저하게 계산적으로 반복되지만, 그 반복은 시간과 장소, 관객에 따라 우연성을 불러들인다. 같은 관객이 같은 영화를 다시 보더라도 차이 나는 해석을 하는 이유다. 이런 의미에서 스크린-뇌는 인간-뇌에 뒤처지지 않을 뿐만 아니라, 오히려 우월한 측면을 갖는다.

들뢰즈는 스피노자적인 의미의 정신적 자동기계를 따라, 인간의 정신에서 출발하는 사유가 아니라, 인간을 포함하는 수많은 존재자의 수동적 마주침에 의한 사유에 주목한다. 인간적 스크린-

뇌(감각-운동 도식)가 직접화법이나 간접화법에서 벗어나지 못하는 데 반해, 비인간적 스크린-뇌는 '자동기계의 자유간접화법'이 가능하다. 정신적 자동기계는 인간의 머리 뒤쪽에서 오히려 그것을 조정하면서 작동하는 스크린-뇌, 또는 뇌-세계를 가리킨다. 들뢰즈에 따르면, "세계와 두뇌의 동일성, 즉 자동기계는 하나의 전체를 형성하는 것이 아니라, 안과 바깥을 서로 접촉, 현존, 대면, 대치시키는 한계, 또는 막을 형성한다."(C2: 404) 자동기계인 스크린-뇌는 하나의 메시지로 끌어당기는 전체론holism이 아니라, 전체를 구성하는 모든 부분이 각각의 경계에서 메시지를 발산하는 유기주의organism이다. 그리고 그 경계에서 발산하는 이미지들의 마주침과 충격, 떨림이 바로 비인간의 사유다. 들뢰즈에게는 이미지가 인간의 것이 아니듯, 사유도 인간만의 것이 아니다. 들뢰즈의 사유는 신유물론의 행위능력이다. 그런 행위능력들의 결합이 바로 회집체다. 행위능력을 가진 모든 것은 지구행성 회집체를 작동시키는 물질이다. 들뢰즈는 그것을 일찍이 공장-기계, 노동자-기계, 임금-기계, 자본주의-기계 등으로 불렀다. 그래서 들뢰즈에게 스크린-뇌는 세계와 뇌의 동일성을 의미한다. 스크린-뇌는 세계와 뇌가 하나로 얽혀 있음을 직접적으로 보여 준다. 들뢰즈에 따르면, "안[뇌], 그것은 심리학, 과거, 함입, 두뇌를 파고 들어가는 모든 깊이의 심리학이다. 바깥[세계], 그것은 성운들의 우주론, 미래, 진화, 세계를 폭발시키는 모든 초자연적인 것이다. 이 두 힘은 서로 끌어내고 교환하며 결국 그 한계에서 식별불가능하게" 된다(C2: 404). 스크린-뇌는 스피노자의 자연, 즉 정신적 자동기계에 해당하는 제2의 자연, 즉 디지털 자동기계다. 스크린-뇌는 세계와 뇌 사이에서 소산적 자연들을 낳은 능산적 자연처럼, 차이와 반복을 통해 새로운 인간, 동물, 식물, 광물을 낳는다.

정신적 자동기계는 인간적인 직, 간접화법으로 묶을 수 없는 자유간접화법을 사용한다. 주의할 것은 자유간접화법을 단순히 현대 영화에서 말하는 1인칭과 3인칭의 혼합으로 이해해서는 곤란하다는 점이다. 들뢰즈에 따르면, "이것[자유간접화법]은 직접화법과 간접화법의 혼합이 아니라, 다양한 형식을 갖는 독창적이면서 환원 불가능한 새로운 차원이다."(C2: 467) 자유간접화법의 핵심은 인간의 시점에 의해 구분되는 것이 아닌 "새로운 차원"을 가리킨다. 대중영화에서 흔히 사용하는 자유간접화법의 일반적 사례를 보자. 처음엔 등장인물의 시점 숏(POV)처럼 보이다가, 그 인물이 화면에 포함되어 장소나 상황을 보여 주는 객관적 숏이 된다. 그러나 들뢰즈가 보기에 이런 자유간접화법은 여전히 인간의 주관적 시점이거나 인간을 위한 객관적 숏에 불과하다. 중요한 것은 그것이 새로운 사유인가 하는 것이다. 그것이 새로운 사유라면 그 이미지가 어떤 것이든 그것은 들뢰즈식의 자유간접화법이 된다. 미카엘 하네케Michael Haneke의 《히든》(2005)의 첫 장면을 보자. 골목에서 어떤 이층집을 바라보는 비정상적으로 긴 숏이다. 관객들은 그 객관적 숏 다음으로 넘어갈 것을 생각하지만, 아직도 화면은 그대로다. 관객은 점점 불안해진다. 이제 관객은 이것이 누군가의 시선은 아닐까 생각하게 된다. 동일한 숏이 객관적 화법에서 주관적 화법으로 옮아 간 것이다. 이것이 바로 자유간접화법에 해당하는 것이다. 하네케의 이 낯선 테크닉은 단순히 형식적 자유간접화법에 그친 것이 아니다. 사실상 이 시선은 우리를 감시하는 카메라의 스크린-뇌다. 인간중심적 이미지로 환원할 수 없어서 더 불안한 이 이미지가 우리에게 낯선 스크린-뇌를 가진 존재가 있음을 고지한다. 그것은 인간의 화법으로 가둘 수 없는 새로운 사유를 보여 준다. 비인간 이미지의 스크린-뇌는 인간화된 행동 영화를 찢고 튀어나오는 낯선 시공간을 보여 준다. 이 과정을 들뢰즈는 '중성화neutraliser'라고 부른다. 인간화되기 이전의 상태, 비인간의 상태로 되돌려놓는다는 말이다. 이런 비인간 이미지는 더 이상 그것의 주인을 특정할 수 없다. 들뢰즈의 비인간 이미지는 우주적, 또는 지구행성적 이미지들의 관계 맺음에서 생성하는 것이기 때문이다.

들뢰즈의 비인간 이미지는 거짓의 역량을 통한 이야기 꾸며 대기fabulation를 의미한다. 보편적 진리를 뒤집는 거짓의 힘을 통해 새로운 이야기를 만들어 내는 것이다. 들뢰즈에 따르면 영화의 "서사는 거짓을 만들어 내는 것이 되었으며, 이야기는 묘사가 되었다. 바로 영화 전체가 현실 속에서 작동하는 자유간접화법이 된 것이다."(C2: 302) '내가 보여 주는 것이 실재이며 나는 진리를 말한다'라는 진리모델에 균열을 가하는 것은 허구모델이 아니라 거짓의 역량에 해당한다. 이는 진리모델을 위협하는 저항의 힘을 역설적으로 지칭하는 것이다. 들뢰즈는 그런 비인간적 이야기를 통해 새로운 기억을 덧대어 나가야 한다고 주장한다. 이야기 꾸며대기를 통해 기억은 베르그손의 역원뿔인 기억, 또는 순수기억을 바꾸어 나간다. 들뢰즈는 이 기억을 회집체의 집합적 언표라고 말한다. 들뢰즈는 이야기 꾸며대기가 "민중의 창조로 고양시킬 수 있는 집합적 언표의 생산"이라고 말한다(C2: 429). 이야기 꾸며대기는 개인적 차원이 아니라 집합적 차원에서 발생한다. 예컨대, 레네의《밤과 안개》(1956)가 담고 있는 홀로코스트는 수용소에 대한 정보가 아니라 그 배후의 악마적 고통을 담고 있다. 이렇게 집합적으로 공유하는 기억, 즉 세계-기억을 만드는 것이 이야기 꾸며대기이다.

거짓의 역량과 이야기 꾸며대기가 중요한 이유는 그것이 '도래할 민중'을 세우는 문제이기 때문이다. 들뢰즈가 회집체를 통해 타자를 생산한다고 할 때, 이것은 다른 이야기를 꾸며대서 다른 타자, 즉 새로운 민중을 생산하는 것이다. 들뢰즈는 "이야기 꾸며대기는 항상 그 자체로 기억이 되고 기억은 한 민중의 창조가 된다"고 말한다(C2: 430). 여기서의 민중은 권력과 자본의 반대편에서 저항하는 노동자계급이나 인민을 가리키는 개념이 아니다. 영화에서의 타자-되기는 사회적 통념이나 척도의 재생산이 아니라, 민중들이 스스로 '이야기 꾸며대기', '거짓의 역량'의 문제를 통해 자기를 창조하는 지점이다. 도래할 민중은 타자-되기를 넘어 '만인-되기', '비인간-되기'를 추구하며, 궁극적으로 지구행성적 '식별불가능하게-되기'를 지향한다. 비인간 이미지에 익숙해지는 것이 쉽지는 않다. 우리를 꽉 붙들고 있는 인간중심적 사유에서 벗어나야 하기 때문이다. 이런 곤란함은 들뢰즈 철학의 고유한 문제다. 사실 그의 철학 전체가 탈인간적이고 비인간적인 사유이기 때문이다. 비인간과의 마주침을 통해 감각을 바꾸고 지각을 바꾸며 사유를 바꿔서 삶의 태도를 바꿔야 한다. 들뢰즈는 이런 훈련에 가장 적합한 것이 영화라고 생각했다. 카메라-의식과 스크린-뇌는 인간적 이미지로는 도저히 도달할 수 없는 새로운 민중과 혁명을 예고한다. 그래서 들뢰즈는 새로운 윤리학으로 세르주 다네 Serge Daney의 "고다르적 교육법, 스트로브적 교육법"을 권한다(C2: 475). 고다르의 반자본주의적 이미지와 스트로브의 지구행성적 이미지가 미래 사유를 책임져야 한다는 의미다. 생태 지구와 디지털 지구의 시대, 도래할 민중과 도래할 혁명은 지구행성의 비인간의 몫이다.

도나 해러웨이의
비인간 물질-기호

영화 《경계선BORDER》(2018)에서, 외모가 특이한 여자는 냄새로 상대의 마음을 읽어 낸다. 그녀는 이 능력으로 공항 출입국에서 불법 소지물을 검색하는 일을 하고 있다. 그러다 그녀는 자신과 비슷한 외모를 가진 한 남자를 만나 사랑을 하게 되고, 그를 통해 자신들이 인간이 아니라 트롤이라는 종이라는 것을 알게 된다. 숲에서 벌어지는 둘의 섹스 장면은 충격적이다. 여자에게서 남성의 성기가 돌출하고, 남자처럼 보였던 트롤은 여성의 역할을 한다. 이후 남자(?)는 아이를 낳아 여자(?)에게 보낸다. 우리의 성性 관념을 뒤흔드는 순간이다. 이 영화는 SF 작가인 어슐러 르 귄Ursula Le Guin의 《어둠의 왼손》(1969)의 계보를 잇고 있다. 이 소설의 배경인 겨울나라 게센인들은 양성인이다. 한 달의 22일은 성이 잠재되어 있고, 나머지 기간에는 합의하여 생물학적 성을 정한다. 게센인들은 상대를 남성이나 여성으로 보지 않는다. 출산도 교대로 할 수 있다. 그런데 만약 이런 이야기가 정상이라면 어떻게 할 것인가? 오히려 우리가 알고 있는 남성과 여성이라는 고정관념이 인간에게만 해당하는 것이라면 말이다. 이것이 르 귄의 애독자인 도나 해러웨이Donna Haraway의 이야기하기storytelling가 가진 문제의식이다. '어떤 생각'을 가지고 생각할 것인가 하는 것이 모든 것을 결정한다. 그는 "어떤 생각들이 생각들을 생각하는지가 중요하다. 어떤 이야기들이 이야기들을 이야기하는지가 중요하다"라고 말한다(Haraway, 2016a/2021: 72). 해러웨이 철학을 '새로운 이야기하기new storytelling' 철학이라고 부르는 이유다.

　해러웨이에게 세계적 명성을 가져다준 것은 두 개의 선언이다. 『사이보그 선언』(1985)과 『반려종 선언』(2003)이 그것이다. 두 선언은 마르크스의 『공산당 선언』(1884)의 뒤를 잇고 있다. 『공산

당 선언』은 한 정당의 강령이지만, 동시에 유령처럼 떠돌던 시대
정신을 관통한 것으로 유명하다. 해러웨이의 선언들도 한 형상과
그것이 매개하는 배경의 이야기들을 탁월하게 드러낸다.『사이보
그 선언』은 기계와 결합한 유기체의 이야기에 그치지 않고, 그것
과 관련된 배후의 정보자본주의를 폭로하는 이야기를 선보인다.
사이보그의 영웅서사나 내적 고뇌를 비추기보다, 그것을 가능하
게 만든 기술/과학/정보/생태 이야기들을 조명한다. 해러웨이의
사이보그는《공각기동대》(1995)와 같은 반인 반기계가 아니다. 오
히려 그는 7, 80년대 우리나라 수출 자유 지역에서 전자회로를 조
립하던 우리의 누이들을 콕 집어 사이보그라고 지칭했다. "성 산
업과 전자제품 조립 공장에 고용된 젊은 한국 여성들은 고등학교
에서 모집되고 집적회로를 만드는 교육을 받는다. 읽고 쓰는 능
력, 특히 영어 능력은 다국적 기업에 이처럼 '값싼' 여성노동을 매
우 매력적인 것으로 만든다."(Haraway, 2016b/2019: 71~72) 이처럼
산업자본주의가 정보자본주의로 이행하는 과정에 엮여 든 인간
과 비인간이 모두 사이보그다.

『사이보그 선언』 이후 18년이 지나 발표된 또 다른 선언의 주
인공은 '반려종companion species'이다. 해러웨이는『반려종 선언』
에서 반려종은 또 다른 사이보그라고 말한다. "'지구에서 살아남
으려면 사이보그가 되자!'라는 주홍글씨[에서]… '빨리 뛰어! 꽉 물
어!'로의 변화라는 것이다(Haraway, 2016b/2019: 120~121). 해러웨
이는『반려종 선언』에서도『사이보그 선언』과 같은 방식으로 자

신의 '이야기하기' 철학을 전개한다. 그 방식이 바로 물질-기호론 material-semiotics이다, 해러웨이는 자신의 반려견인 카옌 페퍼를 하나의 물질-기호로 다룬다. "모든 공식 품종과 모든 개는 분명 산 노동, 계급 형성, 갈고 다듬은 젠더 및 성의 개념들, 인종적 범주, 그리고 다른 지역과 지구적 층위들의 무수한 역사와 개의 반려인 들을 연계시킬 수 있는 실천과 이야기 속에 융합되어 있다"는 것이다(Haraway, 2016b/2019: 235). 내 옆의 반려종조차 수많은 네트워크에 촘촘하게 얽혀 있다는 이야기다. 해러웨이는 "나는 내 개가 매일 새로 만들어 내는 소우주적 생태계, 즉 똥scat이라고 부르는 것을 아침에 배달된 《뉴욕 타임즈》의 비닐 포장지 ―공업화학 연구 제국 덕분에 이용 가능한― 를 손에 끼고 집어 들면서 개 똥 삽은 아무짝에도 쓸모가 없다고 느낀다. 이 느낌은 나를 신체화incarnation, 정치경제, 기술과학, 생물학의 역사로 다시 착륙시킨다"라고 이야기한다(Haraway, 2016b/2019: 135~136). 개똥과 관련된 이야기들이 바로 개똥의 물질-기호다. 이것은 꿀렁이는 지구행성 전체가 긴밀하게 얽혀 있는 회집체라는 것을 보여 준다. 인간과 비인간은 서로에게 동등한 반려종이라는 선언이다.

해러웨이는 『겸손한_목격자@제2의_천년.여성인간©_앙코마우스™를_만나다』(1997)라는 긴 제목의 책에서 처음으로 세계를 물질-기호적으로 설명하기 시작했다. 그가 물질-기호의 대상으로 삼고 있는 것은 《경계선》의 트롤이나 《어둠의 왼손》의 게센인처럼 경계에 선 비인간들이다. 해러웨이는 자신의 "이야기하기는 더 이상 인간예외주의라는 상자에 담길 수 없다"고 말한다 (Haraway, 2016a/2021: 73). 『겸손한_목격자』에서는 여성인간©이나 앙코마우스™ 외에도 칩, 유전자, 폭탄, 태아, 씨앗, 두뇌, 생태계, 데이터베이스 등을 물질-기호로 다루고 있다. 예를 들어, 여성인간FemaleMan©은 남성도 여성도 아니며, 유전자 실험을 통해 탄생한 쥐인 앙코마우스™는 자연물도 인공물도 아니다. ©와 ™이라는 상표권을 부착한 이들은 생명체인 동시에 상품이기도 하다. 물질-기호론은 형상에 얽혀 있는 배경들을 탐색하는 방법이다. 물질-기호는 그 얽힘과 분리불가능성 자체이기 때문이다. 해러웨이는 "기호학적 육신성semiotic fleshliness을 '물질적 기호', '기호적 물질'이라고 부르게 되었는데, 그 분리불가능성을 일컫는 것"이라고 정의한다(Haraway, 2016b/2019: 345). 게슈탈트(형상/배경) 구도를 빌려 보면, 형상은 고립된 것이 아니라 배경의 수많은 다른 형상의 힘들이 모인 것이다. 이 힘들의 민첩한 순환들이 물질-기호를 작동시킨다. 해러웨이는 배경에 자리한 수많은 형상이 얽혀서 특정한 하나의 형상을 만든다고 말한다. "형상figure은 표상도 교훈적인 예시도 아니고, 여러 갈래에 걸치는 신체들과 의미들이 서로를 형성하는 물질-기호적인 결절점, 내지는 매듭이다."(Haraway, 2008/2022: 13) 그 결절점과 매듭이 신체-관점의 다른 이름이다. 해러웨이는 모든 물질-기호들을 유물론적 신체로 본다. 이것은 어릴 적 성당 성체식의 생생한 경험에서 유래한다. 빵과 포도주를 단순한 기호가 아니라 예수의 실제 피와 살로 느낀 것이다. 물질과 기호는 처음부터 떼려야 뗄 수 없는 것임에 틀림없는 것이다. 해러웨이에 따르면, "신체는 언제나 만들어지는 중에 있다. 그것은 언제나 이질적인 척도, 시간, 그리고 육신의 현존 속으로 거미줄이 쳐진 여러 종류의 존재들의 활기찬 얽힘이고, 언제나 어떤 되기이며, 언제나 관계 맺기 속에서 구성된다."(Haraway, 2008/2022: 203~204) 물질은 기호 없이 드러날 수 없고, 기호는 물질 없이 존재할 수 없다. 이것이 바로 해러웨이의 물질-기호적 신유물론이다.

물질-기호로부터 새로운 이야기로 이어지는 해러웨이의 철학적 구도는 들뢰즈의 시네마론과 비슷한 궤적을 그린다. 들뢰즈는 『시네마』 I권(운동-이미지)에서 세계가 하나로 얽혀 있는 운동이자 이미지라는 것을 밝히고 있다. 그것은 분절할 수 없는 물질-기호의 다른 이름이다. 『시네마』 II권의 전반부를 차지하고 있는 시간-이미지는 선형적 흐름이 아니라, 하나로 얽혀 순간적으로 작동한다. 『시네마』 II권의 후반부는 온전히 탈인간중심적 '이야기 꾸며 대기fabulation'에 관한 것이다. 해러웨이의 '새로운 이야기하기new storytelling'와 만나는 지점이다. 다음에서는 들뢰즈의 시네마론에 기대어, 해러웨이의 물질-기호적 이야기를 살펴보기로 한다.

첫째, '운동-이미지는 스크린-뇌이다'라는 들뢰즈의 테제는 영화가 반드시 인간의 뇌를 보여 주는 것으로 제한될 수는 없음을 말한다. 『시네마』 I권은 운동-이미지가 원래 인간의 것이 아니라 비인간 지구행성의 것이었음을 보여 준다. 베르그손과 들뢰즈의 이미지는 운동이나 떨림 그 자체를 의미한다. 그것이 인간중심적 신체-관점에 의해 왜곡되면서 지각-이미지, 정동-이미지, 행동-이미지 등의 하위 이미지들로 변형된다. 해러웨이의 물질-기호 개념도 들뢰즈의 운동-이미지의 궤적을 따른다. 형상에 매몰되면 배경의 다양하고 구체적인 물질-기호들을 놓치게 된다는 것이다. 형상은 물질과 기호의 분리불가능한 얽힘이 일시적으로 고정된 매듭일 뿐이다. 해러웨이는 이것을 다양한 개념들로 변주한다. 예를 들어, "연속적 베 짜기weaving는 나의 용어로는 물질-기호적 실천이다"라는 식이다(Haraway, 2016a/2021: 282, 주74). 베 짜기 외에 매듭knot이나 실뜨기String Figures도 사용된다. 해러웨이는 실뜨기의 연장선상에서 SF의 약어들을 물질-기호로 정의한다. 그녀에 따르면 SF는 "과학 소설science fiction, 사변적 우화speculative fabulation, 실뜨기, 사변적 페미니즘speculative feminism, 과학적 사실science fact, 지금까지so far" 등의 의미망을 갖는다(Haraway, 2016a/2021: 10). 이 밖에도 친족kin이나 종류kind, 생물학 용어인 홀로바이온트 holobiont, 창조물creature을 대신한 크리터critter 등이 동의어로 사용된다. 해러웨이가 기술문화technoscience나 자연문화natureculture 를 띄어 쓰지 않고 한 단어로 붙여 쓰는 이유도 물질-기호적 얽힘을 강조하기 위해서다. 해러웨이 개념에 조어가 많은 이유다. 예를 들어 "생태진화발생역사민족지기술심리EcoEvoDevoHistoEthnoTechnoPsyco"처럼 다소 심해 보이는 경우도 있다(Haraway, 2016a/2021: 222). 생태학과 진화론, 발생생물학, 역사, 민족지학, 기술, 심리가 물질-기호적으로 얽혀 든다는 의미다. 그러나 아무리 복잡한 개념들이 나열되어도, 결국 그것이 물질-기호의 얽힘이라는 원리를 벗어나는 경우는 거의 없다.

해러웨이의 물질-기호는 다원론적 대안에 주목한다는 측면에서 들뢰즈의 꿀렁이는 지구행성과 느슨한 유사성을 가진다. 두 사람 모두 전경의 비/인간은 후경의 역동적 차이화(되기)의 결과라고 강조하기 때문이다. 들뢰즈의 존재론적 구도(Reel=Actuel+Virtuel)에서 보아도, 두 사람 모두 현행적인 것(A)이나 잠재적인 것(V)을 분리하여 강조하기보다 그것들이 얽혀 있는 실재(R)에 주목한다. 그러나 그런 유사성만큼이나 두 사람의 차이도 분명하다. 들뢰즈가 존재론을 해명하는 데 몰두하는 동안, 해러웨이는 실천적 대안을 찾아 더 많은 시간을 보냈다. 들뢰즈가 실재적인 것의 형이상학적 원리에 집중한 반면, 해러웨이는 그 실재적인 것과 잠재적인 것 모두를 현행적인 것으로 번역하고 있다. 이런 맥락에서 들뢰즈가 현실로 내려오는 데 있어 어쩔 수 없이 거쳐야 하는 중간 과정을, 해러웨이는 놀랍게도 그 현실에서 곧장 출발하고 있다. 이것이 해러웨이의 탁월한 장점인 동시에 그가 들뢰즈를 비판하는 이유다. 그럼에도 불구하고 해러웨이가 들뢰즈주의적 신유물론의 비자발적 계승자임을 부정하기는 어렵다. 두 사람 사이의 유사한 개념들이 이것을 증명하고 있다. 예를 들어, 해러웨이의 복수종multispecies은 들뢰즈의 다양체multitude에 해당한다. 이 세상 어디에도 고립된 채 홀로 존재하는 것은 없다. 모든 것은 끊임없는 '되기 중의 회집체'로만 존재할 수 있다. 해러웨이는 복수종을 "종-횡단cross-species 팀의 멤버들… 파트너"라고 부른다(Haraway, 2008/2022: 280). 모든 종은 이미 복수종이다. 꿀렁이는 지구행성은 이미 비인간들의 축제이다. 그것은 물질-기호적으로 얽힌 다양체, 즉 해러웨이의 "물질-기호적 춤"이다(Haraway, 2008/2022: 41).

둘째, 들뢰즈의 '시간-이미지는 현재 첨점과 과거 시트들의 식별불가능성이다'라는 테제에서 '시간-이미지'는 현행적인 것과 잠재적인 것의 난반사하는 크리스탈-이미지로 대표된다. 그것은 현재의 첨점과 과거 시트들의 동시성에 기초한 것이다. 이런 시간의 식별불가능성은 공간의 비장소성을 동반한다. 예를 들어, 《히로시마 내 사랑》에서 현재와 과거, 심지어 기록(기억)이 혼재하는 시간이나, 《파리에서의 마지막 탱고》에서 보여 주는 익명의 장소와 거기에 가득 찬 흐르지 않는 시간의 경우다. 『시네마』 II권의 전반부는 영화에서 과거-현재-과거라는 선형적 시간이 아니라 매 순간 점멸하는 디지털 시간을 다룬다. 니체의 영원회귀와 들뢰즈의 '차이와 반복'의 시간이다. 해러웨이는 이런 시간에 조응하는 삶의 방식을 탐색한다. 모든 것이 빈틈없이 얽혀 있는 물질-기호적 삶이다. 그가 이것을 정의하는 핵심은 공생symbiosis이다. 모든 생명(삶bios)은 함께sym 얽혀 있다는 것이다. 물질-기호는 점멸하는 타자-되기의 오래된 동시성이 누적되어 하나의 형상으로 드러난다. 해러웨이는 자신이 "물질-기호론에 관해서, 세계만들기의 실천에 관해서, 공생발생적일symbiogenesis 뿐만 아니라 언제나 합리적 물질주의의 성격을 띠는 공-생산sym-poiesis에 관해서 이야기하고 있다"고 강조한다(Haraway, 2016a/2021: 152). 그의 공생산sympoiesis 은 체계 이론의 자기생산autopoiesis 개념을 재해석한 것이다. 두 개념 모두에서 생명체의 생성은 공존에 기초하고 있지만, 자기생산은 개별 생명체를 중심에 두는 반면, 공생산은 그 개별 생명체와 이어져 있는 외부 네트워크를 강조한다. 전자는 자기auto를 생산하고, 후자는 함께sym 생산한다. 해러웨이의 공생산은 공생발생이나 공영혼발생symanimagenesis으로 이어진다. 공영혼발생 개념은 카스트루의 신체-관점(영혼), 즉 신체마다 다른 영혼을 갖는다는 신체적 애니미즘을 발전시킨 것이다. 그는 카스트루의 '유물론적 애니미즘'을 "공영혼발생적인 감각적 유물론sensible materialism" 으로 확장한다(Haraway, 2016a/2021: 152). 공영혼발생은 개별적 신체-영혼보다는 지구행성적 애니미즘의 발생을 강조한다.

지금/여기의 함께sym 얽힘은 들뢰즈의 신유물론과 해러웨이의 물질-기호론이 공유하는 개념이다. 이로부터 해러웨이는 들뢰즈의 '되기becoming' 개념을 자기식으로 해석하여 '함께-되기 becoming-with' 개념을 만들어 낸다. 해러웨이는 "되기가 아니라 함께-되기가 핵심"이라고 강조한다(Haraway, 2016a/2021: 28). 들뢰즈의 'R=A+V'로 풀어 보면, '되기'가 실재적인 것으로서의 차이화를 가리키는 데 반해, '함께-되기'는 현행적인 것으로서의 공생을 가리킨다. 해러웨이는 여기서도 구체적 현실에 집중한다. "물질적 기호론은 아무 데도 없는 곳이 아니라 구체적인 상황이 벌어지는 장소에서 발현되며, 얽혀 있고 세속적"이기 때문이다(Haraway, 2016a/2021: 13). 함께-되기는 공생하는 타자들과 유익함을 나누고 효능감을 공유한다. 이것은 해러웨이 이론의 문제해결 능력으로 이어진다. 해러웨이는 그 구체적 전략으로 '상황적 지식situated knowledge'을 내세운다. 이 개념은 기술과학적 지식보다는 그것의 "과정들, 주체들, 객체들, 의미들, 책임 등의 덩어리들을 절합하여 세분화하는 것"을 중시한다(Haraway, 1997/2007: 145). 공인받은 보편적 지식이 아니라, 지금/여기의 상황에 어울리는 구체적 지식이 진정한 지식이라는 것이다. 상황적 지식은 정해진 좌표를 지워 가며 스스로 자기 자리를 만들어 간다. 카스트루의 역逆변증법처럼 개별자의 상황적 지식이 역逆실행을 통해 기존의 보편적 진리를 뒤집는다. 해러웨이에 따르면, "젠더, 인종, 국가, 계급에 의해서 구조화된 특수한(종속된) 입장은 동시에 모든 곳에 '존재'하나, 어떤 입장도 보편적인 전체로 존재할 수는 없다."(Haraway, 1991/2023: 349) 오직 상황적 지식만이 보편적 지식을 보장해 준다.

셋째, '시네마는 비인간 존재다'라는 들뢰즈의 테제는 지구행성이 비/인간의 것이라는 선언이다. 비인간 시네마는 인간중심주의를 벗어나 비인간의 스크린-뇌를 보여 준다. 이것은 꿀렁이는 지구행성이 자기를 성찰하려는 새로운 종류의 이미지다. 들뢰즈는 이 낯선 이미지의 서술 방식을 '이야기 꾸며대기fabulation'라고 부른다. 익숙하고 그럴듯한 이야기로부터 고개를 돌려 가 보지 않은 곳으로 이끄는 이야기다. 이야기 꾸며대기는 도래할 민중을 창조하는 힘을 가진다. 새로운 이야기가 있은 다음에야 그것에 어울리는 것들이 생겨난다. 『시네마』 Ⅱ권의 후반부가 스크린-뇌나 신체-영화 등의 전위적 개념들에 집중하는 이유다. 어쩌면 『시네마』 Ⅱ권의 후반부 자체가 이야기 꾸며대기의 대표적 사례일지도 모른다. 들뢰즈에게 "이야기 꾸며대기는 항상 그 자체 기억이 되고, 기억은 한 민중의 창조가 된다."(C2: 430) 언제나 한 시대를 지배하는 좌표적 진리가 있어 왔다. 자기 외에는 모두 거짓이라는 이름으로 억압해 온 진리들이다. 그러나 그 보편적 진리가 거짓이고, 오히려 억압된 그 거짓들이 진짜 진리라면 어떻게 할 것인가? 들뢰즈는 그 밀려난 거짓들을 전면에 내세우기 위해 '거짓의 역량'이라는 개념을 만들어 냈다. 인류세 위기를 맞아 우리에게도 남은 것은 새로운 이야기를 꾸며댈 수 있는 거짓의 역량뿐이다. 이제 모든 이야기가 꾸며대어질 수 있는 권리를 얻었다. 『시네마』가 비인간 '스크린-뇌'에서 다시 출발하려고 한 것과 같다. 들뢰즈의 이야기 꾸며대기가 추구하는 사변적 이념은 해러웨이의 '새로운 이야기하기'에 직접 맞닿아 있다. 그 이념은 생각조차 하지 못했던 '새로운' 이야기로 출발하는 것이다. 해러웨이에 따르면, "다른 이야기들을 이야기하기 위해 어떤 이야기들을 가지고 이야기하느냐가 중요하다. 어떤 매듭이 매듭을 매듭짓는가, 어떤 사유가 사유를 사유하는가, 어떤 설명이 설명을 설명하는가, 어떤 연결이 연결을 연결하는가가 중요하다."(Haraway, 2016a/2021: 27) 최선을 다해 궤도를 이탈하는 이야기를 발명해야 한다. 거짓의 역량을 이용해 이야기를 꾸며대야 한다. 해러웨이는 '새로운 이야기'의 모범으로 카스트루의 경우를 든다. "'애니미즘이야말로 유물론의 유일하게 합리적인 버전이다.' 어떤 개념들이 개념들을 개념화하는지가 중요하다. … 어떤 세계들이 세계들을 세계만들기 하느냐가 중요하다."(Haraway, 2016a/2021: 228)

　해러웨이는 남다른 SF 애호가다. 새로운 이야기하기의 사례로 SF만 한 것도 없을 것이다. 해러웨이는 이에 대해 "뭔가 더 좋은 것을 과감하게 생각하고 상상하며 감지하고 만들어 내는 작업으로의 초대가 내재하고 있다. 이것이야말로 언제나 나를 매료시켜 온 SF 세계만들기이다. 그것은 현실의 세계만들기이다"라고 말한다(Haraway, 2008/2022: 121). 해러웨이는 직접 SF를 쓰기도 했다. 그 SF 단편 〈카밀 이야기: 퇴비의 아이들〉은 『트러블과 함께하기』에 부록처럼 붙어 있지만, 오히려 책의 본문이 부록처럼 보인다. 해러웨이에게는 개념보다 이야기하기가 더 중요하기 때문이다. 비판은 이야기하기에 아무런 도움도 주지 못한다. 개념으로는 실뜨기를 할 수 없다. 이야기하기에는 실뜨기처럼 목적도 없고 경쟁도 없다. 오직 상대를 받아들이는 응답-능력reseponse-ability이 전부다. 해러웨이는 "응답은 얽힌 관계성의 접촉지대에서 얼굴을 마주하는 것"이라고 말한다(Haraway, 2008/2022: 282). 놀이 과정에서의 상호존중이나 친밀함이 목적이다. 이성적인 인지능력이 아니라 감성적인 소통능력이 필요하다. 공명이라는 이름으로 편견을 강화하는 인간의 소통이 아니라, 거기에 균열을 내면서 비인간을 끌어들이는 낯선 비소통noncommunication이 필요하다. 해러웨이는 이것을 "비-의인적 감수성nonanthropomorphic sensibility"이라고 부른다(Haraway, 2008/2022: 117). 습관적인 인간화에서 벗어나 인간조차 무수한 비인간들이 얽힌 결과라는 것을 감각적으로 느끼는 것이 중요하다. 오직 비인간 감수성을 통해서만 새로운 이야기하기를 발명할 수 있기 때문이다. 새로운 이야기하기에서 중요한 것은 익숙한 이야기들과의 작별이다. 사유의 인간중심적 관성에서 탈출해야 한다. 이제 "은유를 바꿀 때가 된 것이다."(Haraway, 1991/2023: 339)

해러웨이의 〈카밀 이야기〉는 2013년, 스탕제르가 주관한 한 워크숍에 참가하여 만든 작품이다. 이 창작 워크숍의 주제는 아기를 주인공으로 다섯 세대를 이어 가는 것이었다. 전 지구적 기후 위기를 맞아 다섯 세대에 걸쳐 생존한다는 것 자체가 문제적이다. 이것은 우리의 과제이기도 하기 때문이다. 해러웨이는 이 작품에서 폐허가 된 지구행성에서 어떻게 살아갈 것인지를 묻는다. 해러웨이가 인류세와 지구 종말을 대하는 태도는 '퇴비주의compostism'로 요약된다. 수많은 포스트Post 이론에 반대하면서, 해러웨이는 퇴비Compst를 지지한다. "우리는 퇴비compost이지, 포스트휴먼posthuman이 아니다. 우리가 사는 곳은 인간성humanities이 아닌 부식토성humusities을 띠고 있다."(Haraway, 2016a/2021: 166) 퇴비주의는 트럼프나 일론 머스크와 같은 초부자들이 우주선을 타고 화성으로 도망가는 이야기가 아니다. 우리는 디스토피아가 된 지구행성일지라도 그것을 껴안고 퇴비 속에서 삶과 죽음을 이어가야 한다. 그래서 해러웨이는 현재의 지구 위기의 인류세를 쑬루세Chthulucene로 바꾸어 부르자고 제안한다. 그는 자신의 궁극적 메시지를 짧고 분명하게 전한다. "잘 살고 잘 죽는 법을 배워야만 합니다. … 포스트휴먼 대신 퇴비를. 쑬루세를 채우는 이들은 이야기꾼입니다."(Haraway, 2016b/2019: 366) 쑬루세의 지구 종말 시나리오에 대해 찬사도 저주도 아닌 대안적 이야기하기를 발명해야 한다. 새로운 이야기만이 쑬루세의 재세계화reworlding 또는 다른 세계화autre mondialisation를 가능하게 할 것이다. 신체-관점은 악착같이 이 자리에 머물도록 우리를 막아설 것이다. 생긴 대로 살아야 한다고 유혹할 것이다. 사실 이런 신체로 저런 신체-관점을 갖기는 불가능하기 때문이다. 그러나 어쩔 도리가 없다. 새로운 이야기하기는 낯선 신체로 뛰어드는 도박(speculation)이기 때문이다. 사유는 운명적으로 사변적speculative(말도 안 되는 것)이다. 매달린 절벽에서 손을 떼는 용기로 다른 이야기하기를 시작해야 한다.

8.
접기:
비인간적「내재성: 생명…」

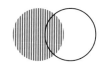

영화 《드라이브 마이 카》(2021)는 죽은 아내로부터 상처를 받은 남자 주인공 가후쿠와 산사태를 모르는 체하여 엄마를 죽게 만든 여자 주인공 마사키의 이야기다. 영화의 마지막 부분에서 이들이 상처로부터 회복하는 계기는 말 그대로 '내재성: 생명'을 깨닫게 됨이다. "나는 엄마를 죽였어"라고 자책하는 마사키는 자신의 자책감 안에 엄마를 미워하면서도 그리워하는 두 아이가 동시에 있음을 본다. 그리고 그 둘이 사실은 '하나임'을 알게 되면서 회복의 계기를 찾는다. 엄마는 미울 수도 있으면서 그리울 수도 있는 존재인 것이다. 그것은 아무런 모순도 없는 내재적 사실이다. 또한 가후쿠는 드라마 작가인 아내가 항상 자기 드라마의 남자 배우와 잔다는 사실을 알게 된다. 심지어 자신의 집에서 섹스하는 장면을 목격하기도 한다. 가후쿠는 아내가 왜 자신을 사랑하면서도 다른 남자와 자는지 도무지 이해할 수 없었다. 그 수수께끼를 풀기도 전에 아내는 사고로 죽는다. 이 풀리지 않는 의문이 가후쿠의 상처다. 이 상처는 영화 마지막에서 마사키의 질문으로 회복의 계기를 맞는다. "가후쿠 씨는 아내의 그 모든 것을 그대로 받아들이기가 어렵나요? 그냥 그런 사람으로 받아들이는 것이 어렵나요? 남편을 진정으로 사랑하면서도, 다른 남자를 끝없이 갈망하는 것이 이상한가요? 제가 보기에 거기엔 아무 거짓도 없고 모순도 없는 것 같은데, 이상한가요?" 이것이 들뢰즈의 내재적 생명이다.

1992년에 과타리가 죽은 뒤, 홀로 남겨진 들뢰즈는 1995년 11월 4일, 병원 창밖으로 투신자살한다. 그가 생을 마감하기 직전에 발표한 글이 「내재성: 생명…」(1994)이다. 내재성은 들뢰즈가 최후까지 붙잡고 있던 개념이다. 내재성이 생명 자체라는 것은 유물론적 형이상학, 또는 신유물론의 시작을 알린다. 이런 의미에서 「내재성: 생명…」은 들뢰즈의 철학적 유언이라고 할 수 있다.

「내재성: 생명…」에서 생명은 우선 '한 생명UNE VIE'이다. 하나라고 표기된 이 생명은 모든 생명이 얽혀 있는 하나의 회집체를 가리킨다. 우리에겐 펼쳐지는 우주, 꿀렁이는 지구행성 같은 것이다. 그 '하나의 생명'은 인간을 포함한 무수한 '여럿의 생명'으로 이루어져 있다. 그렇다고 이 거대한 생명 회집체와 작은 생명들의 회집체들을 분명하게 구분할 수 있는 것은 아니다. 회집체에는 주체가 없기 때문이다. 주체조차 이미 회집체이고 모든 회집체는 되기 중이다. 들뢰즈에 따르면, "하나의 어떤 생명은 도처에 존재한다. 즉 하나의 어떤 생명은 살아 활동하는 이런저런 주체가 가로지르는 모든 순간 속에, 체험되는 이런저런 객체들이 헤아리는 모든 순간 속에 존재한다."(IV: 514) 그래서 「내재성: 생명…」에서 말하는 생명은 하나의 생명이면서 동시에 여럿인 생명이다. 들뢰즈는 찰스 디킨스Charles Dickens의 단편 *Our Mutual Friend*에서 하나이면서 동시에 여럿인 생명의 예를 보여 준다. 이 책에서는 사람들이 죽기 직전의 한 불량배를 살리려고 매달려서 애를 쓴다. 이때 불량배는 혼수상태에서 '포근한 무엇'이 자기에게 전해지는 것을 느낀다. 이것이 죽음에 대립하는 하나의 큰 생명이다. 이 불량배가 조금씩 회복되면서 사람들은 점점 더 냉담해지고, 그 불량배도 무례한 놈으로 되돌아간다. 이 냉담한 객체와 무례한 주체가 여럿의 작은 생명이다. 이러한 상황 변화에 대해, 들뢰즈는 "지금 개별자의 생명은 비인격적이면서도 특이한 하나의 생명에게 자신의 자리를 넘겨주고 있다"라고 말한다(IV: 513). 물질만큼이나 정신도 서로 먹고 먹히는 것임을 이만큼 잘 보여 주는 사례도 드물 것이다. 생명이 하나이면서 동시에 여럿일 수 있는 이유는 이 모든 것이 차이화하고 있기 때문이다. 주체와 객체 이전의 비인간적 생명은 이미 항상 모든 곳에 존재하는 생명이다. 이것이 '내재적 생명'의 의미다.

「내재성: 생명…」의 내용은 초월론적 장, 내재성의 면, 하나의 생명으로 전개된다. 이 세 가지 개념은 서로 다른 방식으로 생명을 가리키는 동의어다. 들뢰즈에 따르면 철학은 개념을 창조하는 것이고, 그런 개념들은 운동을 통해 내재성의 면을 구성해 낸다. 『철학이란 무엇인가』에서 들뢰즈-과타리는 이것을 수많은 개념의 물보라를 감쌌다가 흘려보내는 내재적 파도에 비유한다. 개념들의 운동장, 테이블, 그릇은 내재성이지만, 그 의미가 전부는 아니다. 내재성의 면 위에서 수많은 개념이 펼쳐지기는 하지만, 그 모든 개념을 아우르는 내재성의 면은 초월적인 것이 아니다. 들뢰즈는 "내재성의 면이 한 객체와 한 주체에 할당된다고 할 때, 바로 그 객체와 주체 속에서 내재성의 면 그 자체가 현행화된다"고 적고 있다(IV: 516~517). 내재성은 위에서 본 생명의 논리를 그대로 반복하고 있다. 생명이 내재성 자체이기 때문이다. 들뢰즈는 주체나 객체의 삶 경험과 초월론적 경험을 구분한다. 전자가 인간중심적인 경험이라면 후자는 비인간 경험에 해당한다. 이것은 들뢰즈가 두 생명의 의식을 구분하는 것에서도 확인된다. 그는 인간의 주체적 의식과 분명하게 구분되는 "비-주체적인 의식의 순수 흐름으로서, 선-반성적이며 비인격적인 의식"을 제시한다(IV: 509). 이로 인해 주체나 객체의 인간적 경험들과 뚜렷이 구분되는 비인간적 경험이 '초월론적 경험'이라는 것을 알 수 있다. 들뢰즈가 자신의 '이원론=다원론'에서 밝혔듯이, 여기서 경험, 의식, 생명을 이분법적으로 구분하고는 있지만, 이는 결국 하나와 여럿이 식별 불가능한 차원의 실재(R=A/V)이다. 실재는 차이화하는 하나로 얽힌 생명이다.

그렇다면 내재적으로 생명(삶)을 산다는 것은 어떤 의미일까? 내재성은 전체가 차이화 속에 있음을 알고 삶 속에 그것을 녹여내는 것이다. 내재적 삶은 어떠한 우월한 사물이나 가치도 거부하며, 심지어 그런 것들을 종합하는 주체조차 부정한다. 만약 주체라는 것이 있더라도, 그것은 내재적 삶의 결과일 뿐 우선하는 것이 아니다. 들뢰즈는 "이 같은 순수 내재성을 다른 어떤 것도 아닌 생명UNE VIE이라고" 일컫는다(IV: 512). 생명은 어떤 방향도, 가치도, 규범도 강제하지 않는다. 삶은 주어진 길을 따르는 것이 아니라 자기가 만들어 나가는 것이다. 이런 내재적 삶을 보여 준 인물로, 들뢰즈는 조에 부스케Joe Bousquet를 든다. 프랑스 시인 부스케는 1914년 7월, 1차 세계대전이 발발하자, 열아홉의 나이로 전쟁에 참가했다. 1918년 5월의 한 전투에서 그는 척추를 관통하는 총상을 입었고, 1950년에 사망할 때까지 하반신 불수로 침대에서 살다 죽었다. 전장에서 총을 맞고 침대에서 살아갈 수밖에 없는 삶. 부스케는 이런 삶을 현실에 체현하기 위해 자신이 태어났다고 말했다. 그는 행복이든 불행이든 자기의 좁은 삶에 가둘 것이 아니라, 넓은 바깥에서 찾으면서 "나는 내가 거인인 듯 그렇게 내 생속에 거주하고 싶다"라고 말했다. 그는 그렇게 하나의 별로, 하나의 바람으로, 하나의 행성으로 살았다.

영화 《드라이브 마이 카》의 두 주인공은 상처를 가지고 있다. 가후쿠는 아내의 죽음을 방치했다는 마음의 상처를 가지고 있고, 마사키는 엄마의 죽음을 모르는 체했다는 상처를 가지고 있다. 마사키는 그와 관련된 얼굴의 상처까지 가지고 있다. 두 사람은 영화 말미에서 그 상처들이 자신들만의 것이 아니었음을 깨닫게 된다. 들뢰즈는 "상처는 분명 사물들의 상태와 체험 속에서 육화되거나 현실화된다"라고 말한다(IV: 517). 부스케처럼 영화의 두 사람도 자신들의 상처가 더 큰 생명과 얽혀 있음을 받아들인다. 연극 장면의 마지막 대사가 영화를 압축한다. "우리 살아가요. 그리고 저세상에 가서 얘기해요. 우린 고통받았다고, 울었다고, 괴로

웠다고요. 우린 기쁨에 넘쳐서 미소를 지으며 지금 우리의 불행을 돌아볼 수 있을 거예요." 이는 내재적 생명을 살아가는 겸손한 인간의 태도다.

우리는 한발 더 나아가 비인간 존재로서 '내재적 생명'을 사는 방법을 고민해 볼 수도 있다. 이것은 비인간 존재마다 스스로 만들어 가는 특이적 삶을 가리킨다. 지금/여기의 수행적 선택이 과거를 바꾸고 미래를 바꾸면서 차이화하는 삶이다. 매 순간 주어지는 선택이 곧 나의 삶을 만든다. 푸코의 존재미학처럼 삶 자체를 잘 만들어 내는 것이 전부다. 들뢰즈는 "비인격적이면서도 특이한 하나의 생명"을 강조하면서 "그것은 더 이상 개별화로부터 비롯된 생명이 아니라 특이화로부터 비롯된 에세이테"라고 강조한다(IV: 514). 생명은 개별화된 수체나 객체가 아니라, 매번 특이화(차이화)하는 그 차이화의 순간(에세이테)에 달려 있다. 삶은 외부에서 초월적으로 주어진 가치나 규범이 결정할 수 없다. 삶은 선과 악으로 나뉘기 전의 중립지대와 같다. 차이화하는 생명, 되기 속의 삶을 자기 안에서 찾아야 한다. 권력과 자본의 보편법칙에 자기를 끼워 맞추는 삶이 위험한 것은, 이것이 차이화하는 삶을 억압하기 때문이다. 내재적 삶은 차이화를 보장하는 삶이다. 들뢰즈에 따르면, "생명은 내재성의 내재성이요, 절대적인 내재성이다. 말하자면 생명은 그 자체로 완벽한 역량, 완벽한 지복[무상의 기쁨]"이기 때문이다(IV: 512). 문제는 이런 생명을 틀에 박힌 것으로 만드는 억압에서 벗어나는 것이다. 이것이 바로 들뢰즈 사회철학이 출발하는 지점이다. 생명은 주어진 틀을 반복하는 것이 아니라 새로운 삶을 발명하는 것이다. 차이화하는 미시적 발명들이 꿀렁이는 지구행성적 삶을 사는 방법이다.

「내재성: 생명…」과 「현실적인 것과 잠재적인 것」(1996)은 모두 잠재적인 것이 무엇인지를 분명하게 하려는 의도를 담고 있다. 다수의 저작에서 이미 충분하게 이해된 것으로 보이는 '잠재적인 것'에 대해, 들뢰즈는 무엇을 더하고 싶었던 것일까? 그 답은 잠재적인 것에 의해 재규정되는 현행적인 것에 주목하면 분명해진다. 들뢰즈에 따르면, "잠재적인 것과 현실적인 것 사이에 이루어지는 이 같은 지속적인 교환, 바로 이 지속적인 교환이 내재성의 면 위에 등장하는 결정체들cristals을 정의한다."(AV: 523) 사실상 현행적인 것과 잠재적인 것의 구분은 무의미하다. 그것은 더 이상 현행화가 아니라 흐름 속의 결정체화이기 때문이다. 현행적인 것은 잠재적인 것, 즉 에너지 역량을 흡수하고 방출하는 결정체의 작은 회로들이다. 여기서 나라고 할 만한 것은 없다. 나(자아, 주체)는 누적적 회집체들의 효과다. 나는 사회적 회집체의 일부이면서, 그 아래로 쌓여 있는 미시적 회집체들의 인간 행성이고, 그 위로도 겹겹이 쌓여 지구행성 회집체의 일부다. 회집체는 그렇게 하나이자 여럿이다. 그러므로 굳이 나를 사유하고 싶으면 비/인간적 사유를 해야 한다. 회집체의 누적적 사유, 즉 미시적, 거시적 층위를 교차 사유하는 것이다.

영화 《드라이브 마이 카》는 여러 이야기가 서로 영향을 주고

받으면서 교차한다. 그 속에서 삶(인생)에 대한 건조하지만 그칠 수 없는 질문들이 점점 더 겹쳐진다. 무라카미 하루키의 원작과 하마구치 류스케의 시나리오, 영화 속 죽은 아내의 시나리오, 그리고 주인공이 연출하는 안톤 체호프의 '바냐 아저씨'의 이야기들이 영화 내내 뒤섞인다. 실재 삶처럼 이 다층적인 회집체들은 서로를 풍부하게 만든다. 하나의 서사로는 도저히 도달할 수 없는 생명의 감각이 순간마다 튀어나온다. 우리의 삶(생명)도 마찬가지다. 회집체들을 관통하는 누적적 교차 사유가 필요하다. 다른 시간들, 다른 공간들이 빠르고 짧게 교차하는 생명의 감각을 살펴야 한다. 그것은 오만한 인간중심적 삶이 아니라, 겸손한 비인간의 삶이다. 생명(삶)은 철학보다 훨씬 풍부하다.

Deleuze, Gille(1953). *Empirisme et subjectivité*. Paris: PUF. 한정헌·정유경 옮김(2012). 『경험주의와 주체성: 흄에 따른 인간본성에 관한 시론』. 난장.

_____(1962). *Nietzsche et la Philosophie*. Paris: PUF. 이경신 옮김(2001). 『니체와 철학』. 민음사.

_____(1963). *La Philosophie critique de Kant*. Paris: PUF. 서동욱 옮김(2006). 『칸트의 비판철학』. 민음사.

_____(1964). *Proust et les signes*. Paris: PUF. 서동욱·이충민 옮김(2004). 『프루스트와 기호들』. 민음사.

_____(1965). *Nietzsche*. Paris: PUF, 1965. 박찬국 옮김(2007). 『들뢰즈의 니체』. 철학과현실사.

_____(1966). *Le Bergsonisme*. Paris: PUF. 김재인 옮김(2021). 『베르그손주의』. 그린비.

_____(1968a). *Différence et répétition*. Paris: PUF. 김상환 옮김(2004). 『차이와 반복』. 민음사.

_____(1968b). *Spinoza et le problème de l'expression*. Paris: Minuit. 현영종·권순모 옮김(2019). 『스피노자와 표현 문제』. 그린비.

_____(1969). *Logique du sens*. Paris: Minuit. 이정우 옮김(1999). 『의미의 논리』. 한길사.

_____(1981a). *Francis Bacon: logique de la sensation*. Paris: Minuit. 하태환 옮김(1995). 『감각의 논리』. 민음사.

_____(1981b). *Spinoza: Philosophie pratique*. Paris: Minuit. 박기순 옮김(2001). 『스피노자의 철학』. 민음사.

_____(1983). *Cinéma I: L'image-mouvement*. Paris: Minuit. 유진상 옮김 (2002). 『시네마 I: 운동-이미지』. 시각과 언어.

_____(1985). *Cinéma II: L'image-temps*. Paris: Minuit. 이정하 옮김(2005). 『시네마 II: 시간-이미지』. 시각과 언어.

_____(1986). *Foucault*. Paris: Minuit. 허경 옮김(2003). 『푸코』. 동문선.

_____(1988). *Le pli: Leibniz et le baroque*. Paris: Minuit. 이찬웅 옮김(2004). 『주름: 라이프니츠와 바로크』. 문학과 지성사.

_____(1990). *Pourparlers: 1972~1990*. Paris: Minuit. 신지영 옮김(2023). 『대담: 1972~1990』. 갈무리.

_____(1993). *Critique et clinique*. Paris: Minuit. 김현수 옮김(2000). 『비평과 진단』. 인간사랑.

_____(2015). David Lapoujade éd. *Letters et Autres Textes*. Paris: Minuit. 서창현 옮김(2022). 『들뢰즈 다양체: 편지와 청년기 저작, 그리고 알려지지 않은 텍스트들』. 갈무리.

Deleuze, Gille and Guattari, Féllix(1972). *L'Anti-Œdipe: Capitalisme et schizophrénie I*. Paris: Minuit. 김재인 옮김(2014). 『안티 오이디푸스: 자본주의와 분열증』. 민음사.

_____(1975). *Kafka: Pour une littérature mineure*. Paris: Minuit. 이진경 옮김(2001). 『카프카: 소수적인 문학을 위하여』. 동문선.

_____(1980). *Mille plateaux: Capitalisme et schizo-phrénie II*. Paris: Minuit. 김재인 옮김(2001). 『천 개의 고원: 자본주의와 분열증 2』. 새물결.

_____(1991). *Qu'est-ce que la philosophie?* Paris: Minuit. 이정임 · 윤정임 옮김(1995). 『철학이란 무엇인가』. 현대미학사.

Deleuze, Gille and Parnet, Claire(1977). *Dialogues*. Paris: Flammarion. 허희정 · 전승

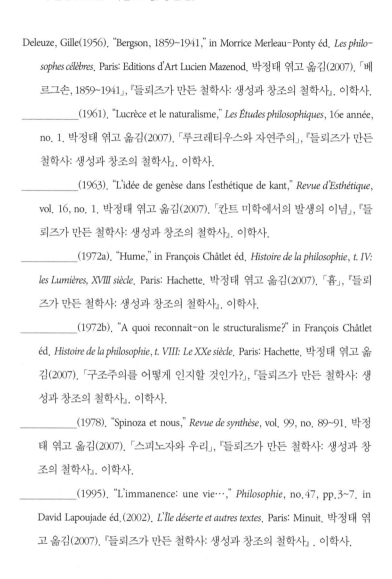

화 옮김(2005).『디알로그』. 동문선.

Deleuze, Gille(1956). "Bergson, 1859~1941," in Morrice Merleau-Ponty éd. *Les philosophes célèbres*. Paris: Editions d'Art Lucien Mazenod. 박정태 엮고 옮김(2007).「베르그손, 1859~1941」,『들뢰즈가 만든 철학사: 생성과 창조의 철학사』. 이학사.

_____(1961). "Lucrèce et le naturalisme," *Les Études philosophiques*, 16e année, no. 1. 박정태 엮고 옮김(2007).「루크레티우스와 자연주의」,『들뢰즈가 만든 철학사: 생성과 창조의 철학사』. 이학사.

_____(1963). "L'idée de genèse dans l'esthétique de kant," *Revue d'Esthétique*, vol. 16, no. 1. 박정태 엮고 옮김(2007).「칸트 미학에서의 발생의 이념」,『들뢰즈가 만든 철학사: 생성과 창조의 철학사』. 이학사.

_____(1972a). "Hume," in François Châtlet éd. *Histoire de la philosophie, t. IV: les Lumières, XVIII siècle*. Paris: Hachette. 박정태 엮고 옮김(2007).「흄」,『들뢰즈가 만든 철학사: 생성과 창조의 철학사』. 이학사.

_____(1972b). "A quoi reconnaît-on le structuralisme?" in François Châtlet éd. *Histoire de la philosophie, t. VIII: Le XXe siècle*. Paris: Hachette. 박정태 엮고 옮김(2007).「구조주의를 어떻게 인지할 것인가?」,『들뢰즈가 만든 철학사: 생성과 창조의 철학사』. 이학사.

_____(1978). "Spinoza et nous," *Revue de synthèse*, vol. 99, no. 89~91. 박정태 엮고 옮김(2007).「스피노자와 우리」,『들뢰즈가 만든 철학사: 생성과 창조의 철학사』. 이학사.

_____(1995). "L'immanence: une vie…," *Philosophie*, no.47, pp.3~7. in David Lapoujade éd.(2002). *L'Île déserte et autres textes*. Paris: Minuit. 박정태 엮고 옮김(2007).『들뢰즈가 만든 철학사: 생성과 창조의 철학사』. 이학사.

Agamben, Giorgio(1995). *Homo sacer: Il potere sovrano e la nuda vita*. Torino: Giulio

Einaudi Editore. 박진우 옮김(2008). 『호모 사케르: 주권 권력과 벌거벗은 생명』. 새물결.

_____(2006). *Che cos'è un dispositivo?* Milano: Nottetempo. 양창렬 옮김(2010). 「장치란 무엇인가?」, 『장치란 무엇인가? 장치학을 위한 서론』. 난장.

Bergson, Henry(1889). *Essai sur les données immédiates de la conscience.* Paris: Alcan. 최화 옮김(2001). 『의식에 직접 주어진 것들에 관한 시론』. 아카넷.

_____(1896). *Matière et mémoire: Essai sur la relation du corps à l'esprit.* Paris: Alcan. 박종원 옮김(2005). 『물질과 기억』. 아카넷.

Braidotti, Rosi(1994). *Nomadic Subjects: Embodiment and Sexual Difference in Contemporary Feminist Theory.* New York: Columbia University Press. 박미선 옮김(2004). 『유목적 주체: 우리시대 페미니즘 이론에서 체현과 성차의 문제』. 여이연.

_____(2002). *Metamorphoses: Towards a Materialist Theory of Becoming.* Cambridge: Polity. 김은주 옮김(2020). 『변신: 되기의 유물론을 향해』. 꿈꾼문고.

_____(2013). *The Posthuman.* Cambridge: Polity. 이경란 옮김(2015). 『포스트휴먼』. 아카넷.

_____(2021). *The Posthuman Feminism.* Cambridge: Polity. 윤조원·이현재·박미선 옮김(2024). 『포스트휴먼 페미니즘: 더 나은 미래를 위한 변혁의 힘』. 아카넷.

Dolphijn, R. and Van der Tuin, Iris eds.(2012). *New Materialism: Interviews and Cartographies.* Michigan: Open Humanities Press. 박준영 옮김(2020). 『신유물론: 인터뷰와 지도제작』. 교유서가.

Foucault, Michel(1966). *Les Mots et les Choses: Une archéologie des sciences humaines.* Paris: Gallimard. 이규현 옮김(2012). 『말과 사물』. 민음사.

_____(1969). *L'Archéologie du savoir.* Paris: Gallimard. 이정우 옮김(1992). 『지식의 고고학』. 민음사.

_____(2004). "Preface," in Gille Deleuze and Féllix Guattari(1972). *Anti-Oedipus: Capitalism and Schizophrenia*. Robert Hurley et al eds. London: Continuum.

Haraway, Donna(1991). *Simians, Cyborgs, and Women: The Reinvention of Nature*. London: Routledge. 황희선·임옥희 옮김(2023). 『영장류, 사이보그 그리고 여자: 자연의 재발명』. 아르테.

_____(1997). *Modest_Witness@Second_Millennium. FemaleMan©_Meets_OncoMouse™. Feminism and Technoscience*. New York: Routledge. 민경숙 옮김(2007). 『겸손한_목격자@제2의_천년.여성인간©_앙코마우스™를_만나다: 페미니즘과 기술과학』. 갈무리.

_____(2000). *How Like a Leaf: an Interview with Thyrza Nichols Goodeve*. New York: Routledge. 민경숙 옮김(2005). 『한 장의 잎사귀처럼: 사이어자 N. 구디브와의 대담』. 갈무리.

_____(2008). *When Species Meet*. Minneapolis: University of Minnesota Press. 최유미 옮김(2022). 『종과 종이 만날 때: 복수종들의 정치』. 갈무리.

_____(2016a). *Staying with the Trouble: Making Kin in the Chthulucene*. Durham: Duke University Press. 최유미 옮김(2021). 『트러블과 함께하기: 자식이 아니라 친척을 만들자』. 마농지.

_____(2016b). *Manifestly Haraway*. Minneapolis: University of Minnesota Press. 황희선 옮김(2019). 『해러웨이 선언문: 인간과 동물과 사이보그에 관한 전복적 사유』. 책세상.

Hardt, Micheal(1993). *Gilles Deleuze: An Apprenticeship in Philosophy*. Minneapolis: University of Minnesota. 김상운·양창렬 옮김(2004). 『들뢰즈 사상의 진화』. 갈무리.

Harman, Graham(2011). *The Quadruple Object*. London: Zero Books. 주대중 옮김(2019). 『쿼드러플 오브젝트』. 현실문화.

_____(2012). *Weird Realism: Lovecraft and Philosophy*. London: Zero Books.

_____(2015). *Quentin Meillassoux: Philosophy in the Making*. Edinburgh: Edinburgh University Press.

_____(2016). *Immaterialism: Objects and Social Theory*. Medford: Polity. 김효진 옮김(2020). 『비유물론: 객체와 사회이론』. 갈무리.

_____(2018). *Speculative Realism: An Introduction*. Medford: Polity. 김효진 옮김(2023). 『사변적 실재론 입문』. 갈무리.

_____(2020). *Art and Objects*. Cambridge and Medford: Polity. 김효진 옮김(2022). 『예술과 객체』. 갈무리.

Hui, Yuk(2016). *On the Existence of Digital Objects*. Minneapolis: University of Minnesota Press. 조형준 옮김(2023). 『디지털적 대상의 존재에 대하여: 대상, 관계, 논리 —www부터 인공지능까지』. 새물결.

_____(2017). *The Question Concerning Technology in China: An Essay in Cosmo-technics*. Falmouth: Urbanomic. 조형준·이철규 옮김(2019). 『중국에서의 기술에 관한 물음: 알고리즘 시대 인문학의 새로운 시작 —코스모테크닉스 시론』. 새물결.

_____(2019). *Recursivity and Contingency*. London: Rowman Littlefield. 조형준 옮김(2023). 『재귀성과 우연성: AI 시대에 철학하기, 포스트휴머니즘과 트랜스휴머니즘을 넘어』. 새물결.

_____(2021). *Art and Cosmotechnics*. Minneapolis: University of Minnesota Press.

Kant, Immanuel(1781A/1787B). *Critik der reinen Vernunft*. Riga. 백종현 옮김(2006). 『순수이성비판』 1~2. 아카넷.

_____(1793B/1908V). *Critik der Urteilskraft*. Berlin: bey lagarde und Friederich. 백종현 옮김(2009). 『판단력비판』. 아카넷.

Kleinherenbrink, Arjen(2019). *Against Continuity: Gilles Deleuze's Speculative Realism*. Edinburgh: Edinburgh University Press. 김효진 옮김(2022). 『질 들뢰즈의 사변

적 실재론: 연속성에 반대한다』. 갈무리.

La Boétie, Étienne de(1570). "Discours de la servitude volontaire." 박설호 엮고 옮김 (2004). 『자발적 복종』. 울력.

Latour, Bruno(1996). "On actor-network theory, A few clarifications," *Soziale Welt*, 47. Jahrg., H. 4. 홍성욱 엮음(2010). 「행위자네트워크 이론에 관하여: 약간의 해 명, 그리고 문제를 더 복잡하기 만들기」, 『인간·사물·동맹: 행위자 네트워 크 이론과 테크노사이언스』. 이음.

Lovecraft, Howard Philips(1934). "From Beyond," *The Fantasy Fan*, vol. 1, no. 10. 정 진영 옮김(2012), 『러브크래프트 전집 2』. 황금가지.

Lyotard, Jean-François(1988). *The Inhuman: Reflection on Time*. Goffrey Bennington and Rachel Bowlby trans.(1991). Oxford: Blackwell.

Marx, Karl(1959). *Capital, III*. Ben Fowkes trans.(1981). New York: Penguin Books, 김수행 옮김(1990). 『자본론 III(상)』. 비봉출판사.

_____(1844). *Manifest der kommunistischen Partei*, MEW 4. Stuttgart: Dietz. 박 종철출판사 편집부 엮고 옮김(1992). 「공산주의당 선언」, 『칼 맑스/프리드리 히 엥겔스 저작선집 1』. 박종철출판사.

Meillassoux, Quentin(2006a). *Après la finitude: Essai sur la nécessité de la contingence*. Paris: Editions du Seuil. 정지은 옮김(2010). 『유한성 이후: 우연성의 필연성에 관한 시론』. 도서출판b.

_____(2006b). *Potentialité et virtualité*. Paris: Éditions Ismael.

_____(2007). "Subtraction and Contraction: Deleuze's Remarks on *Matter and Memory*," in Robin Mackay ed. *Collapse: Philosophical Research and Development, vol. III*. Falmouth: Urbanomic.

_____(2011). *Le Nombre et la sirène: Un déchiffrage du Coup de dés de Mallarmé*. Paris: Fayard.

_____(2015). *Métaphysique et fiction des mondes hors-science*. Paris: les editions aux forges de vulcain. 엄태연 옮김(2017). 『형이상학과 과학 밖 소설』. 이학사.

Meillassoux, Quentin et al.(2007). "Speculative Realism," in Robin Mackay ed. *Collapse: Philosophical Research and Development, vol. III.* Falmouth: Urbanomic.

Morton, Tmothy(2013). *Hyperobjects: Philosophy and Ecology after the End of the World.* Minneapolis and London: University of Minnesota Press. 김지연 옮김(2024). 『하이퍼객체: 세계의 끝 이후의 철학과 생태학』. 현실문화.

_____(2017). *Humankind: Solidarity with Non-Human People.* New York: Verso Books. 김용규 옮김(2021). 『인류: 비인간적 존재들과의 연대』. 부산대학교출판문화원.

Nietzsche, Friedrich Wilhelm(1880). *Menschliches, Allzumenschliches II.* Chemnitz: Schmeitzner. 김미기 옮김(2002). 『인간적인 너무나 인간적인 II』. 책세상.

_____(1883). *Also sprach Zarathustra.* Chemnitz: Schmeitzner. 정동호 옮김(2000). 『차라투스트라는 이렇게 말했디』. 책세싱.

_____(1886/1887). *Jenseits von Gut und Böse · Zur Genealogie der Moral.* Leipzig: C. G. Naumann. 김정현 옮김(2002). 『선악의 저편 · 도덕의 계보』. 책세상.

Reich, Wilhelm(1933). *Massenpsychologie des Faschismus.* Kopenhagen, Prag and Zurich: Sexpol Verlag. 오세철 · 문형구 옮김(1980). 『파시즘의 대중심리』. 현상과인식.

Shannon, Claude E. and Weaver, Warren(1949). *The Mathematical Theory of Communication.* Bloomington: University of Illinois Press.

Spinoza, de Benedictus(1677). *Die Ethik.* über. von Jakob Stern(1977). Stuttgart. 강영계 옮김(1990). 『에티카』. 서광사.

Uexkill, Jakob von(1965). *Mondes animaux et monde humain: suivi de Théorie de la signification.* Paris: Denoël. 정지은 옮김(2012). 『동물들의 세계와 인간의 세

계: 보이지 않는 세계의 그림책』. 도서출판b.

Viveiros de Castro, Eduardo(2009). *Métaphysiques cannibales: Lignes d'anthropologie post-structurale*. Paris: PUF. 박이대승·박수경 옮김(2018). 『식인의 형이상학: 탈구조적 인류학의 흐름들』. 후마니타스.

_____(2011). *The Inconstancy of the Indian Soul: The Encounter of Catholics and Cannibals in 16-century Brazil*. Cambridge: Prickly Paradigm Press. 존재론의 자루 옮김(2022). 『인디오의 변덕스러운 혼: 16세기 브라질에서 가톨릭과 식인의 만남』. 포도밭출판사.

_____(2019). "Posfácio a Ideias para Adiar o Fim do Mundo, de Ailton Krenak," in Ailton Krenak. *Ideias para adiar o fim do mundo. Companhia das Letras*. São Paulo: Companhia das Letras. 박이대승·박수경 옮김(2024). 「《세계의 종말을 늦추기 위한 생각들》에 대한 후기」, 『세계의 종말을 늦추기 위한 아마존의 목소리』. 오월의 봄.

宇野邦一(2001). 『ドゥルーズ 流動の哲学』. 講談社. 이정우·김동선 옮김(2003). 『들뢰즈, 유동의 철학: 한 철학자의 지적 초상화』. 그린비.

최영송(2015). 「들뢰즈의 통제사회와 국정원 댓글 사건」, 박홍원·김수미 엮음. 『커뮤니케이션 다시 읽기』. 새물결.

_____(2017). 『질 들뢰즈, 시네마』. 커뮤니케이션북스.

_____(2019). 『질 들뢰즈의 《감각의 논리》 읽기』. 세창출판사.

들뢰즈의
지구행성